고대유사

고대유사

고대 · 고대인 · 고대정신

인권환

KOREA
UNIVERSITY
PRESS
고려대학교
출판문화원

발간사

2015년 봄, 개교 110주년을 맞는 우리 고려대학교에 새로이 합류한 신입생 여러분을 환영합니다. 입학을 축하하며, 새내기들을 위한 선물로 이 책 〈고대유사—선배들은 이렇게 살았다〉를 마련했습니다.

〈고대유사〉(高大遺事)는 본디 대선배인 안권환 선생께서 지난 2009년부터 2011년 말까지 36회에 걸쳐 〈고대교우회보〉에 연재했던 글입니다. 이 글들을 묶어 한 권의 책으로 펴낸 것입니다.

우리 학교의 역사를 정식으로 기술한 책으로는 지난 2005년 개교 100주년을 맞아 본교 출판부에서 펴낸 〈고려대학교 백년사〉(전3권)가 있습니다. 이 방대한 〈백년사〉가 우리나라 역사에서 〈삼국사기〉(三國史記)에 해당한다면, 저자가 쓰고 싶었던 것은 바로 〈삼국유사〉(三國遺事)에 대응하는 것이었습니다. 즉, 공식적인 역사가 아닌, 주로 인물들에 초점을 맞춘 더욱 다채롭고 역동적인 이야기들을 정리하여 후배들에게 남긴 것입니다.

여러분의 선배들이 우리나라의 근현대사에서 얼마나 중요한 역할을 수행해 왔는지에 대해서는 굳이 부언할 필요가 없을 것입니다. 대표적으로 4·19학생혁명은 우리 선배들이 그 하루 전 도화선에 불을 댕겨(4·18의거) 촉발된 민족사적 사건이었습니다. 우리나라 민주주의의 역사에서 4월혁명이 갖는 의미를 생각한다면 새내기 고대생 여러분은 그분들의 후배임을 늘 자랑스럽게 여겨도 좋을 것입니다.

이 책을 세상에 내놓으신 저자 인권환 선생께 감사드립니다. 힘든 취재와 고증을 마다 않고 헌신하시어 우리에게 이 뜻 깊은 책을 선사하셨습니다. 새내기 고대생 여러분! 옛말에 '온고지신'(溫故知新)이라 했습니다. 부디 옛것을 잘 익혀 미래를 설계하는 데 활용하시기 바랍니다. 아울러 시대의 벽을 넘어 과거 시간의 선배들과 가슴으로부터 깊은 교감을 나눌 수 있기를 바랍니다. 감사합니다.

2015. 3.

고려대학교 총장

염 재 호

차례

高大遺事

I.
고대의 건학 이념과 의의

1905년 고대의 전신인 '보성전문학교'(普成專門學校)의 개교는 '한국 최초의 근대 고등교육기관의 탄생'이란 점에서 우리나라 근대사와 근대교육사에 있어 획기적인 일이었다. 즉 19세기 말, 외래의 기독교인에 의하여 처음으로 근대적 교육기관으로 배재학당(1885), 이화학당(1886) 등이 세워진 바 있었으나, 이들은 모두 초·중등 과정의 학교였으므로 대학이 없던 당시 고등교육을 위한 최고학부는 보성전문학교의 출현이 그 효시였다. 그 후의 전문학교로서 세브란스의전(1917), 연희전문(1917), 이화여전(1925), 숭실전문(1925) 등이 연달아 창립되었는데, 대부분 기독교 전파를 위한 종교적 목표에서 설립된 교육기관이었다. 이에 비하여 보성전문은 민족의 자본으로 민족의 교육을 우 해 설립되었다는 점에서, 그 국가적 민족적 의의가 남다르고 컸던 것이다.

그렇다면 보전의 개교와 건학 이념은 무엇이며 그 역사적 의의는 어떤 것인가.

첫째, 그 건학 이념으로서의 '교육구국'(教育救國)을 들 수 있다. 교육구국이란 교육을 통해 인재를 양성하여 망해 가는 국운(國運)을 되돌리겠다는 당시의 국가적, 민족적 염원과 열망이 응집된 지상의 과제였다.

일본을 선두로 한 열강(列强)들의 마수가 간단(間斷)없이 뻗쳐 오고, 이를 극복할 국력이 한계에 달하여 나라의 운명이 풍전등화(風前燈火)의 상황에 처해 있던 한말(韓末), 이미 회생불능의 위기를 느낀 듯 있는 우리의 선각자들은 국가와 민족의 장래를 위하여 무엇보다도 근대적 고등교육기관 설립의 필요성을 절감하고 있었다. 즉, 신교육에 의한 인재의 양성을 통하여 국권회복의 지상과제를 성취하고자 함이었다. 이때 누구보다도 먼저 이를 깨닫고 실천에 옮긴 이가 보전(普專)의 설립자 이용익(李容翊, 1854-1907)이었다. 그는 당시 무역·철도·금융 등 근대산업과 자주경제를 일으켜 국력 증대를 도모했던 선각자였고, 무엇보다도 결사코 을사오조약(乙巳五條約, 1905)을 반대했던 항일 민족주의자였다. 그가 통한의 을사조약이 강압적으로 체결된 1905년 보전을 설립한 후, 일본 세력에 쫓겨 블라디보스토크에서 1907년 세상을 떠날 때, 고종(高宗)에게 올린 "청컨대, 널리 학교를 세우고 인재를 교육하여 국권을 회복하소서"(請廣建學校 教育人材 以復國權)라고 한 유소(遺疏)에 그의 국가 백년대계를 위한 원대한 교육관이 잘 나타나 있고, 이는 바로 그가 세운 '보전'의 건학 이념이기도 했던 것이다.

결국, 보전의 탄생은 한 민족 지도자의 선각자적 경륜(經綸)에 의하여 성취된 역사적 필연이었던 것이다.

둘째, 보전 개교의 역사적 의의로 우선 최초의 근대학문과 신교육의 실현을 위한 교육 혁신적 의의를 들 수 있다.

한말의 교육제도는 여전히 조선 시대 구식 체제가 계속되고 있었고, 그 교육 내용 또한 유교적 인성교육(人性敎育)의 테두리를 벗어나지 못한 전근대적인 것이었다. 물론 19세기 말, 외국 기독교 교파에 의한 일부 근대 학교의 창설, 갑오경장(甲午更張)의 개혁 시책에 의하여 일시 신교육기관의 설치가 시도되었지만, 극히 일부만을 위한 소규모이거나 초·중등교육조차 유명무실하게 된 경우가 많아 새로운 시대에 맞는 서구 근대학문의 도입과 이를 교육할 신고등교육기관의 출현은 절실한 시대적 요청이었다.

이와 같은 상황하에서의 보전의 개교는 이상의 시대적 요청에 부응하는 것으로 전통학문과 구교육에 대한 일대 혁신을 의미하는 것이었다. 보전 최초의 학생모집 학과로 당시 《황성신문》(皇城新聞)에 난 광고는 법학·이재학·농업학·상업학·공업학 등 5개 학과를 망라하고 있다. 비록 지원자 미달 등의 사정으로 법학·이재학(法學·理財學, 경제·경영학과에 해당)의 두 학과만 뽑게 되었지만, 전체 모집광고로 볼 때, 당시 보전의 목표는 서구의 사회과학, 자연과학의 다양한 근대학문의 수용과 교육이란 원대한 것이었음을 알 수 있다. 또 초기 개강과목 중 '국제법', '국제무역론', '은행부기학' 등 당시로선 첨단학문이 대부분이었고, 애덤 스미스의 《국부론》(國富論), 루소의 《민약론》(民約論), 아리스토텔레스의 《정치학》(政治學) 등이 강의 내용에 포함되고 있었으며, 초창기 교수들이 모두 외국의 대학에서 근대학문을 전공한 신예 학자들이었다는 점 등에서 당시 보전의 교육사적 위상을 잘 알 수 있다.

셋째, 끝으로 보전 개교의 의의로 들 수 있는 것은 우리 민족주의와 민족주체의식의 교육적 실현이다. 즉 보전의 개교에서 한국 민족주의의 본격적 출발과 전개, 민족주체의식 확립의 사상적 배경과 의의를 찾을 수 있다는 것이다. 근대 한국 민족주의는 1894년 동학농민운동이 발발하면서 싹 텄다고 할 수 있다. 그리고 여기에 장지연(1864-1921), 박은식(1859-1925), 신채호(1880-1936) 등 선각적 지식인들의 민족자강론(民族自强論)이 대두하면서 확산되었던바, 여기에 보전의 개교는 매우 큰 의미를 지니는 것이었다. 즉 1905년 을사늑약(乙巳勒約)에 의해 대부분의 국권이 침탈당하면서 이에 항거하는 반작용이 다양하게 전개되었는데, 같은 해 이용익에 의한 보전의 개교, 장지연 등에 의한 대한자강회(大韓自强會)의 조직, 그리고 1년 후인 1906년 안창호(1878-1938)가 미국에서 창립한 공립협회(共立協會) 등이 그것이었다. 또 한국 근대 민족주의의 단초가 되었던 동학이 1905년 손병희(1861-1921)에 의해 천도교(天道敎)로 개칭, 항일 전선의 대오를 갖춘 것도 같은 맥락이었다.

이처럼 한국 민족주의의 발생과 더불어 탄생한 보전의 건학 이념은 민족주의적 교육이념을 바탕으로 하였고, 이러한 민족주의적 교육이념은 보전 초창기의 교풍이나 사상적 분위기가 자강론적 민족주의, 반항적 민족주의로 형성되는 방향타(方向舵) 역할을 하였다. 이런 가운데 당시 보전생(普專生)들은 애국심과 애교심이 일체가 된 민족주의적 정신을 키워 왔고 이러한 정신은 현재에 이르기까지 고대정신, 고대 전통의 한 갈래를 형성해 온 것이다.

II. 고대 전통론

1. 전통의 의의와 형성

고대정신과 전통을 논하기 전에, 우선 전통의 개념과 그 형성 과정에 대하여 간단히 살피기로 한다.

전통이란 말의 사전적 정의는 "어떤 집단이나 공동체에서 지난날로부터 이어져 내려오는 사상, 관습, 행동 따위의 양식, 또는 그것의 핵심을 이루는 정신"(《새국어사전》, 동아, 1989)으로 되어 있다. 이와 같은 정의를 바탕으로 논자(論者)는 전통의 개념과 본질을 다음의 세 가지로 나누어 정리하고자 한다.

첫째, 전통은 역사적 집단적 개념이다. 전통은 그것을 소유한 집단의 역사 속에서 자연발생적으로 생겨나, 그 집단이 존속하는 한, 연면(連綿)히 지속한다. 따라서 전통은 어느 때, 어느 누구에 의하여 갑자기 생겨날 수 없는 것처럼, 또 어느 날 돌연히 없어지거나 끊어질 수 없는 것이다. 즉 일시적 침체나 부진은 있을 수 있어도 단절되거나 없어지지 않는 것이 전통의 속성이다.

둘째, 전통은 과거, 현재, 미래를 일관하는 생명을 지니고 있다. 그러기에 전통은 시공을 뛰어넘는 불변의 특성을 지닌다. 이는 전통이 모든 집단 구성원의 취사선택을 거친 끝에 공명, 공감을 받아 역사적 마멸(磨滅)을 견디고 살아남은, 살아 움직이는 생명체인 때문이다. 그러므로 과거의 것 중, 버려야 할 인습(因襲)과 생명을 지닌 채 전승되는 전통은 엄연히 구분되어야 한다.

셋째, 전통은 복고적 향수나 회고적 관상(觀賞)의 대상이 아니다. 또 과거 역사의 우월성을 과시하기 위한 집단의 자랑거리는 더욱 아니다. 전통은 우연히 발견되는 것이 아니라, 끊임없는 연찬(研鑽)을 통하여 찾아지는 것이며, 꾸준한 실천을 통하여 체득되는 것이고, 새로운 비판과 검증을 통하여 창조되는 것이다. 고위금용(古爲今用), 온고지신(溫故知新), 그리고 법고창신(法古創新)의 정신에서 전통의 참다운 의미는 발휘되는 것이다.

그렇다면, 이러한 전통은 어떻게 형성되는가.

앞에서 전통은 역사적, 집단적 개념이며, 불변의 생명을 지닌 것이고 과거의 단순한 답습이 아니라, 새롭게 창조되는 것이란 점을 말하였다. 이렇게 볼 때, 어느 특정 집단의 전통의 형성은 심원한 근원과 오랜 역사, 그리고 역대에 걸친 다양한 구성원들의, 소속집단에서의 생활과 체험의 총화(總和)로서 이루어지는 것임을 알 수 있다.

고대 전통의 형성 또한 마찬가지다. 즉 고대의 전통은 설립자 및 역대 운영자들의 교육철학, 여기에 교수, 학생, 직원, 졸업생 등 모든 고대인들의 정신과 기질, 고대의 학풍, 교풍 등이 오랜 역사를 통하여 어우러지면서 자연발생적으로 형성된 것이라 할 수 있다. 그리고 그것은 선후배지간, 사제지간, 동창 간의 끈끈한 연대감 속에서 자연스럽게 형성된 것이며, 캠퍼스에서, 강의실에서, 연구실에서, 운동장에서, 그리고 각종 모임과 술자리 등에서, 경험을 공유하는 집단적 참여 속에 오랜 세월을 두고 무르익으면서 생겨난 것이다.

한편 고대 전통의 형성에는 개교 이래 무한히 변천해 온 시대적 상황의 영향과 건학 이념에서 태생한 고대의 생래적(生來的) 성격에서 기인하는 영향도 매우 컸다. 즉 나라의 운명이 경각에 달렸던 한말의 수난, 이민족의 식민지 지배 기간의 저항, 해방 후 좌우 간의 각축, 자유당 및 군사정권의 독재에 대한 민주투쟁 등이 전자에 해당한다면, 교육구국(教育救國)이라는 개교이념과 외세나 특정 종교에 의하지 않은 주체적 민족의식에 바탕을 둔 순수 민족 자본에 의한 민간 사학(私學)이란 성격의 영향이 후자에 해당한다고 할 수 있다.

결국 고대의 전통은 이상에서 살핀 모든 것들이 혼연일체가 되어 고대적 유전자의 결합으로 이루어진 정신적 공통분모요, 정신적 DNA라 하겠다.

2. 전통론의 문제점과 검토

기존의 대부분의 고대 전통론에는 대체로 두 가지의 문제점이 공통적으로 나타난다.

첫째는 '민족', '저항', '야성' 등의 용어를 들어 평면적인 설명에 그치거나, '호랑이', '막걸리', '농악' 등 고대의 상징적 존재를 내세워 그 전통성을 말한다는 점이다. 물론 이상의 모든 것들이 고대 전통론에서 빼놓을 수 없는 용어와 상징물인 것은 사실이다. 그러나 이들의 나열이나 피상적 설명이 그대로 전통론이 되는 것은 아니다. 이들이 고대 전통론에서 올바른 의미를 확보하고 그것이 정당하고 확고한 전통론으로 정립되기 위하여는 사실적 근거와 이에 따르는 구체적인 내용과 이론이 수반되어야 하고 체계적 정리와 서술을 통한 검증과 논리가 뒤따라야 한다. 그리고 그것은 또한 전 고대인의 폭넓은 공명, 공감을 끌어낼 수 있는 것이어야 한다. 왜냐하면 고대의 전통은 모든 고대인의 정신적 구심점이 되고 그 정체성(Identity)의 바탕이 되는 것이기 때문이다.

둘째는 대학 전통의 의의와 개념에 대한 정당한 파악이 선행되어야 한다는 것이다. 대학의 전통은 교풍인가, 학풍인가. 대학의 교육 목표는 지식인가, 학문인가. 이 두 가지에 대한 명확한 구분과 정확한 파악 없이는 올바른 대학 전통론이 나올 수 없다. 기존의 고대 전통론들이 이 두 가지를 혼동하거나, 어느 한쪽에만 치우쳐서 다른 한쪽을 소홀히 하거나 한쪽에만 치우친 나머지 다른 쪽을 비전통(非傳統)으로 몰아 도외시 내지 타기(唾棄)할 것으로 무시하는 경향이 많았던 것이 사실이다. 이래서는 올바른 전통을 추출(抽出)해 내기가 어렵다. 왜냐하면 대학의 전통은 이상의 두 가지를 동시에 모태로 하고 있으며, 이 양면성의 토대 위에 형성되는 것이기에 양자가 조화 일치되는 데서 정당한 전통론이 성립될 수 있기 때문이다.

그러나 이상 두 가지 차원의 문제는 대학이 지니고 있는 기능에서 분명히 양분되어 있다. 대학은 분명히 교육적 기능과 연구적 기능을 동시에 가지고 있다. 그리고 이러한 두 가지 기능은 교육적으로, 제도적으로 그리고 대학의 운영과 조직, 인재 양성과 그 목적에 있어 차별화되는 것이 사실이다. 그렇다면 대학의 전통은 이러한 대학의 기능과 어떻게 관련되는가.

이를 알기 쉽게 도표화하면 다음과 같다.

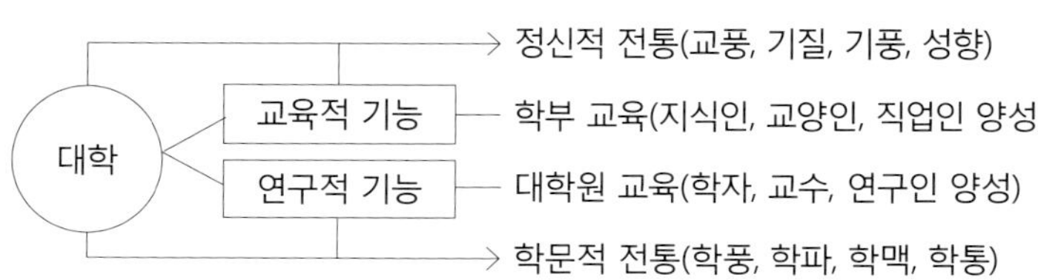

대학의 양대 기능은 교육과 연구이다. 일반적인 교육 기능을 수행하는 것이 학부 교육이고, 심화된 연구 기능을 수행하는 것이 대학원 교육이다. 그리고 전자를 통하여 지식인, 교양인, 직업인을 양성하고 후자를 통하여서는 학자, 교수, 연구인을 양성한다. 결국 대학의 기능은 학부 교육과 대학원 교육의 양면으로 이루어지며, 이는 대학이란 하나의 기구 속에 공존하면서 대학의 통합적 기능을 수행한다. 그리고 대학의 전통은 대학의 역사 속에서 대학의 기능으로서의 교육과 연구의 바탕 위에서 형성된다. 즉 이들을 수행하기 위한 방침, 시책, 제도, 기구 그리고 대학 구성원으로서의 운영자, 교수, 직원, 학생, 졸업생들 상호간의 지속되고 반복된 생활과 체험, 관계와 관습 속에서 자연스럽게 우러나오는 정신적 총화(總和)가 전통이다.

이러한 전통은 그 기능에 따라 성격을 달리 한다. 교육적 기능에서 학부 교육만의 차원으로 국한할 경우, 여기서 형성되는 것은 정신적 전통으로, 이를 교풍, 기질, 기풍, 성향 등으로 말할 수 있다. 그러나 더 나아가 대학원 교육의 경우 연구의 차원에서 형성되는 것은 학문적 전통으로 학풍, 학파, 학맥, 학통(學統) 등으로 말할 수 있다. 이러한 두 가지 전통은 대학의 전통이란 통합적 차원에서는 하나로 말할 수 있지만 그 기능과 내용에 있어서는 성격이 다르므로 동일한 것이 될 수 없다. 즉 대학의 정신(spirit, soul)을 전통(tradition)으로 말할 때, 교풍(school tradition)과 학풍(academic tradition)은 다르다. 전자가 한 대학이나 재학생·졸업생들의 성향(inclination)이나 기질(temperament)을 말하는 것이라면, 후자는 그 대학 교수나 연구인들의 학파(a school)나 학통(a scholastic mantle)으로 학문적 차원에서 말할 수 있는 것이기 때문이다. 따라서 두 가지 중 어느 쪽에 치우쳐 갈하면서 다른 한쪽을 아우를 수 있지만 두 가지를 일체화한 통합된 전통을 논한다는 것은 원론적 측면에서 어렵다고 할 수 있다.

이러한 점에서 본론은 어디까지나 고대의 정신적 전통을 밝히는 것이 중심 과제이기 때문에 이에 국한될 것임을 전제하고자 한다. 다만 학문적 전통에 대하여는 후반부에서 별도의 항목을 설정하여 간략하게 서술하기로 하겠다.

3. 고대의 정신적 전통과 갈래

1) 민족·민주적 전통

고대의 특징을 단적으로 나타내는 호칭인 '민족고대'(民族高大)란 말은 모든 고대인들이 오래전부터 널리 사용해 온 또 하나의 고대의 이름이다. 캠퍼스에서, 운동장에서, 온갖 모임에서, 그리고 학교 관계의 대소 행사의 식사(式辭)에서, 빠짐없이 등장하는 이 호칭은 '민족에 의한, 민족을 위한, 민족의 대학'이라는 데서 근거한 것으로, 고대인의 하나의 확고한 신념과 긍지로 굳어진 지 오래다. 그리고 이는 그 유래가 오래고, 역사적 사실에 근거하고 있다는 점에서, 이미 자타가 공인하는 공식화된 명칭이 되었다.

우선, 1905년의 '교육구국'이란 개교 이념 속에서 인재양성을 통한 국권회복이란 주체적 민족자주의식이 배태(胚胎)되었고, 여기서부터 '민족고대'의 기원을 찾을 수 있다. 특히 1905년 이후 서구 자본에 의한 기독교계 고등교육기관이 다수 설립되면서, 순수 민족 자본에 의해 설립된 본교는 '민족고대'으로서의 면모가 더욱 두드러질 수밖에 없었던 것이다. 그 후 고대는 여러 민족지도

자들에 의해 운영, 유지되어 왔고, 또 민족운동의 본거지, 중심지가 되어 본교생들이 그 선도적 역할을 함으로서, 더욱 '민족고대'로서의 명성을 떨치게 된 것이다.

사실, 고대의 설립 자금이 순수 민족 자본이었다는 사실은 앞서 언급한 바와 같거니와 1910년과 1932년 각각 운영난에 빠진 학교를 인수·발전시킨 손병희, 김성수 선생의 경우에도 마찬가지였다. 특히 동학(東學) 3세 교주였던 손병희 선생의 천도교 측에서 운영을 담당했던 1910년 이후 10여 년간의 운영자금이, 전국의 천도교들이 매 끼니 한 숟가락씩 아껴 모은 성미(誠米)로 충당되었다는 사실은 고대가 민족의 대학임을 실감하게 하는 사실이 아닐 수 없다. 그리고 1932년 김성수 선생 일가가 거금의 향리사재(鄕里私財)를 쾌척하여 오늘의 안암동 시대를 열었고, 1937년에 준공된 중앙도서관의 건립은 물론, 학교의 경영이 어려울 적마다 전국 독지가들의 성금이 당시 학교의 운영, 유지에 크게 기여하였다는 사실 등은 '민족고대'의 진면목을 여실히 보여 주는 예라 하겠다.

한편, 역대 고대 운영자들의 사상이나 철학 역시 철저하게 주체적 민족의식에 바탕을 둔 것이었다. 풍전등화였던 국권의 회복을 위하여 본교를 설립한 이용익 선생은 물론, 인내천(人乃天), 보국안민(保國安民)의 민본사상에 터를 두고 나라를 잃은 민족의 독립을 위하여 3·1독립운동의 선봉에 섰던 손병희 선생, 그리고 민족교육의 신장, 민족 자본의 확충, 민족언론의 창달에 일생을 헌신하여 불멸의 업적을 남긴 김성수 선생 등은 모두 오늘의 고대를 있게 한 민족의 선각자들이었다.

이상과 같은 민족적 교풍과 분위기에서 공부하고 생활한 본교생들이 모교에 대한 민족대학으로서의 긍지와 자부심으로 뭉쳐 있었음은 당연한 일이었다. 그리하여 고대생들이 개교 이래 현재에 이르기까지 민족을 수호하고 민주와 자유를 쟁취하는 역사적 고비마다 항상 그 선봉이 되어 왔음은《한국학생운동사》에 나타난 바와 같다. 결국 해방 이전 민족 수난기의 민족수호운동이, 해방 이후 민주주의 시대에 이르러는 독재와 불의부정에 항거하여 민주와 정의, 자유와 평등을 쟁취하는 민주수호운동으로 전환되었던 것이다.

이렇게 되어 고대의 민족, 민주적 전통은 100년을 넘는 역사를 자랑하게 된 것이다.

2) 비판·저항적 전통

비판은 대상에 대한 진위, 정사(正邪), 우열, 시비 등을 평가하는 인간 고유의 지적인 정신활동이요, 저항은 대상의 불의, 부정, 사악, 폭력 등에 대하여 거부하고 대항하는 인간 특유의 행동 양식이다. 그런데 비판에는 저항이 수반되고, 저항에는 비판이 전제된다는 점에서 양자는 상호보완 관계에 있다. 이와 같은 비판과 저항은 일체 기성 체제나 제도, 기성 학문이나 지식, 기존 관념이나 도덕에 대한 회의와 부정을 본질로 한다. 그러므로 학문의 전당으로서의 대학과, 대학의 진리탐구에 있어서 비판과 저항은 어느 대학을 막론하고 그 본연의 임무와 자세라고 할 수 있다. 따라서 비판과 저항을 고대만의 전통이라고 할 수는 없다. 그럼에도 불구하고 비판적·저항적 전통을 고대정신(高大精神), 고대전통(高大傳統)의 하나로 자타가 공인하는 이유는 무엇인가.

그것은 고대의 역사와 그 속을 연면히 흘러온 고대정신의 발자취에서, 유난히 두드러진 비판적·저항적 면모를 역력히 찾아낼 수 있다는 점에서, 그 타당성을 찾을 수 있다. 비록 역사적, 사회적, 정치적 차원에 그 비중이 컸던 것은 사실이나, 본교의 창립 이래 일제의 식민통치와 해방 후 역대 독재정권을 거치면서, 압제와 투쟁하고, 불의에 항거하여, 부정을 거부하고, 독재에 반대해 온 비판적, 저항적 정신이 고대의 역사는 물론, 우리 최근세사에 지워지지 않는 족적을 남기고 있기 때문이다. 실로 일제 강점기의 본교는 항일, 반관(反官) 운동의 본거지였고, 해방 이후의 본교는 반공, 반독재, 반불의부정(反不義不正), 민주투쟁의 중심지였다. 그리고 고대인들은 항상 일체가 되어 그 선두에 서서 투쟁을 이끌었다. 그중에도 학교 운영자인 손병희 교장, 윤익선을 필두로 교수, 학생 등 수많은 고대인들이 투옥되었던 1919년 3·1운동, 자유당 독재를 무너뜨리고 민주주의를 회복한 4·19혁명의 기폭제가 되었던 1960년 고대의 4·18의거는 한국의 항일운동사와 민주투쟁사에 찬란한 빛을 발하고 있는 터이다. 그 외에 1926년의 6·10만세운동, 1929년의 광주학생 항일운동, 1946년의 반탁운동, 1964년 한일외교반대시위, 그리고 1970년대, 80년대에 지속되었던 군부독재 반대 민주화운동에 온 고대인들은 일사불란하게 단합하여 주도적 역할을 성공적으로 수행함으로써 우리나라 근현대사에 커다란 족적을 남겼던 것이다.

이와 같은 역사 속에서 불타는 정의감과 의로운 분노, 날카로운 비판과 불굴의 저항이란 고대인 특유의 기개와 기질을 유감없이 발휘하였던바, 이것은 국가 사회 발전의 큰 원동력이 되었고, 또 이러한 정신적 흐름이 고대의 전통으로 정착되어 갔던 것이다.

3) 화합·신의적(信義的) 전통

한 대학의 화합과 단결은 그 대학 구성원들의 모교에 대한 뜨거운 애정과 그 구성원 간의 두터운 신의로 맺어지는 일체감에 의해 이루어진다. 따라서 이와 같은 점은 어느 대학의 경우나 있을 수 있는 것이지만, 고대의 경우, 다른 어느 대학보다 이 점이 강하고 두드러지다는 것이 일반적인 세평이고, 또 고대인 스스로도 체험을 통하여 실감하는 사실이다.

실상, 고대생들의 애교심, 졸업생들의 모교애, 그리고 선·후배 간의 돈독한 의리와 사제간의 긴밀한 정의(情誼)는 개교 이래 100년 역사를 통하여 고대 전통의 한 특징을 이루어 왔다. 고대의 이러한 전통은 모교에 대한 높은 긍지와 강한 자부심을 바탕으로 한다. 그리고 고대가 관립이 아닌 사학(私學)이기에 이루어지는 가족적 친밀감, 일제치하와 독재정권 아래서 한 몸으로 투쟁해 온 동류의식 등이 이러한 전통의 형성에 크게 작용한 것으로 보인다. 여기에서 신뢰와 신의를 바탕으로 한, 친화력과 결속력, 하나로 뭉치는 끈끈한 응집력과 단합력이 나오게 되었고, 이러한 고대 사랑의 뜨겁고 강한 힘이 고대 특유의 화합·신의적 전통으로 발전하게 된 것이다.

고대의 이러한 전통, 즉 뜨거운 열정을 앞세운 강렬한 의욕과 적극적 추진력 그리고 집단적 행동을 통한 불굴의 투지와 끝내 성취하고야 마는 끈질긴 실행력은 이미 4·19혁명을 가능하게 한 4·18의거를 통하여 드러난 역사적 사실이다. 그리고 이러한 성향은 재학생들의 평소의 기질에서, 그리고 졸업생들의 교우회 활동에서도 잘 나타난다. 비근한 예로, 반드시 교가 응원가를 합창하고, 마지막으로 교호를 소리 높이 외친 다음에야 끝나는 고대생들의 각종 모임의 풍속(이는 졸업생들에게도 해당된다), 그리고 매번 느끼는 것처럼 상대 학교보다 항상 수적으로 많고, 좀더 뜨거운 열기를 뿜어내는 고연전에서의 고대 응원단의 열광 등도 여기에 해당한다고 할 수 있다. 한편 졸업생들의 경우는 고대교우회를 통하여 잘 드러난다. 1906년 한국 대학 최초의 동창회로 출발한 교우회는 이미 100년이 넘는 역사를 자랑하며, 그동안 배출한 졸업생은 모두 26만 3천여 명에 이른다(2007년 기준). 그런데 여기서 주목되는 것은, 매년 정액의 교우회비를 납부하는 교우가 18,890여 명이고 이들이 내는 회비의 총액은 17억 7천만 원에 이른다는 점이다. 여기서 사망 또는 행방불명, 그리고 노령 은퇴자들을 감안한다 해도 각종 특별 기부금을 제외한 한 해 회비만으로 거액이며, 이는 국내 대학 중 최고의 액수이다. 무엇보다도 모교와 아무 연관을 맺지 않고 있는 상황에서, 한 해 2만 명에 이르는 교우가 빠짐없이 회비를 송금하고 있다는 사실은 고대 사회에서만 볼 수 있는 전통적 특징이라 할 수 있다.

한편, 교우회 산하에는 총 138개의 지부가 있다. 이 중 국내에 76개, 세계 각국에 62개가 퍼져 있는데, 국외의 경우 항상 가족 단위로 모여 친선을 도모하고 기부금을 보내며, 학교 인사들이 해당지를 방문할 때 성대한 자리를 마련하여 환대한다. 국내의 경우도 지역별, 직장별로 나뉘어 각각 우의를 돈독히 하고, 친선은 물론 모교 지원 사업을 꾸준히 진행한다. 교우들의 모교 방문행사도 빼놓을 수 없다. 1986년에, 1956년 학번들의 입학 30주년 기념으로 시작되었던 모교 방문행사가 매년 행하여지고 있고, 그 후 입학 40주년 방문행사도 시작되어 매년 시행되고 있는데(2008년의 경우 1978년 학번들이 학교 발전기금 1억 원, 78학번 동기 중 불우한 가정의 자녀들을 위한 장학금 5천만 원 등을 기부한 바 있다), 또 하나의 고대인들의 뜨거운 모교애의 발로로 평가된다.

이상과 같은 고대인들의 화합과 신의의 전통은 교우 간이나 모교에 대한 사랑에만 그치지 않는다. 즉 사회에 진출한 후에도 소속 직장이나 모든 구성원들 사이에서도 지속된다. 사연(私緣)이나 학연을 초월하여 구성원 간의 인화를 조성하고 소속집단의 개선과 발전에 선도적으로 앞장서는 것이 고대인들의 특징이요, 미덕이라 함은 이미 잘 알려진 사실이다. 이는 사회 각 부면에서 고대 출신이 인간성과 신뢰도에서 가장 높다는 각 기업의 인사담당관들의 통계 조사로 드러난 사실이다. 고대 화합과 신의의 전통의 사회적 연장으로 볼 수 있다.

4) 서민·대중적 전통

전래의 술인 '막걸리'와 우리 고유의 '농악'이 고대의 상징적 존재가 되어 온 지는 오래다. 웬만한 고대 모임에서는 항상 조지훈 작사, 이흥렬 작곡의 응원가를 개사한 소위 〈막걸리 찬가〉가 불리고, 신입생들의 이른바 '사발식'은 고대인의 입사식(入社式, Initiation)이 된 지 오래다. 또 농악만 해도 요즘은 다른 대학의 행사나 응원에도 등장하지만, 그 원조 역시 고대다. 1930년 이래 반세기에 이르는 동안 고대 행사와 응원의 필수적 전용도구였던 농악이 다른 대학으로 일반화된 것은 1980년대 이후였다. 이처럼 민족의 토속주인 막걸리와 우리 고유의 대중적 놀이인 농악이 마치 고대의 교주(校酒)와 교악(校樂)인 양 인식되었던 사실에서 고대의 서민적, 대중적 전통의 뿌리를 찾을 수 있다.

서민적이라 함은 비관료적, 반권력적 순박성, 토속성을 나타내고, 대중적이라 함은 비귀족적, 반지배적 소박성과 집단성을 의미한다. 그리고 고대의 이와 같은 점은 순수 민간사학으로 시작한 독특한 개성과 개교 이래 관료층, 부유층보다는 서민층의 자제, 지방 출신이 많았던 과거의 사실에서 생겨난 것으로 볼 수 있다. 그러나 사회 계층적 의미에서보다는 그 정신적 측면에서 양질의 전통적 요소를 찾아야 할 것이다.

보전(普專) 시대의 구교가에 '눌린 자를 쳐들기에 굽은 것을 펴기에 〔…〕 힘과 생명'을 바치자는 구절이 있어 고대인들의 입에 자주 오르내리는데, 이는 반관애민(反官愛民), 억강부약(抑强扶弱)

의 정신을 나타낸 명언이다. 고대가 그 역사를 통하여 항상 지배자 권력자의 불의와 횡포에 맞서 왔고, 강한 자와 있는 자의 부정과 부당함에 대립 투쟁하여 온 사실에서 구교가에 나타난 바와 같은 서민·대중적 전통이 형성되었던 것으로 판단된다. 이러한 전통은 시대와 사회환경을 초월하여 어느 시대에나 요구되는 지성인의 필수적인 사고와 행동이어야 한다는 데, 그 참된 의의가 있는 것이다.

그리하여 허례와 사치를 멀리하는 가운데 근검, 절약의 서민적 생활신조를 고수하고, 굽은 것을 펴서 정의를 실현하며 눌린 자의 편에 서서 국민의 꿈과 권리를 실현시키는 정신이, 막걸리와 농악을 사랑하는 마음과 함께 서민, 대중적 고대 전통의 본질을 이룬다 할 것이다.

5) 용기·의지적 전통

끝으로 살펴볼 고대의 정신적 전통은 용기와 의지적 전통이다. 보전(普專) 이래 와일드(wild) 정신과 야성적 기질은 고대정신의 개성적 특질로 빠질 수 없는 요소로 여겨져 왔다. 그리고 이러한 기질은 고대의 상징적 동물인 호랑이 정신에 바탕을 둔 것이었다. 호랑이가 고대의 역사 속에 표면으로 부상한 것은 대략 1930년 전후 보전 시대부터였다. 전해 오는 바로는 이때부터 보전의 엠블럼(emblem, 旗章, 紋章)으로 호랑이가 등장하였고, 보전이 출전한 운동경기의 응원에 호랑이가 그려져 있는 응원기가 나부꼈다고 하니, 그 역사는 대략 80년을 헤아린다. 그리고 이와 같은 사실은 1932년 보전을 인수한 김성수가 안암동의 첫 건물로 본관을 지을 때(1933년 착공, 1934년 준공), 본관 입구의 양옆에 호랑이 두상(頭上)의 석각상(石刻像)을 만들어 넣은 점에서 확실하다고 할 수 있다. 이로부터 호랑이는 당시 보전과 보전생들의 기상을 상징하는 동물이 되었고 여기에는 김성수의 높은 뜻도 담겨 있었던 것이다.

그러나 호랑이가 좀더 확실하게 고대의 전일적(全一的) 상징물로 확정된 것은 1955년 개교 50주년 때 당시 유진오 총장에 의해서였다. 당시 유진오 총장은 교기, 교가, 교색 등을 새로 정했는데, 고대의 상징적 동물인 호랑이를 교기, 배지(badge)에 넣음으로써 호랑이는 불변의 고대적 표상(表象)으로 굳어진 것이다. 그 후 1964년 학생들이 성금을 걷어 마침내 캠퍼스에 호상(虎像)을 건립하면서 고대생들은 '안암골 호랑이'라 자임(自任)하게 된 것이다. 그렇다면 호랑이 정신은 어떤 정신이며, 또 어떤 면에서 고대정신과 연맥(連脈)이 되는가.

호랑이의 이미지는 강한 의지와 용맹스러운 기상이다. 그리고 불패의 신념과 불퇴의 진취적 실행력이다. 백수(百獸)의 왕으로서의 위엄은 다른 모든 동물을 압도할 뿐 아니라, 호랑이의 천하무적의 용기와 도전적이고 공격적인 정신과 힘은 어떤 위기와 난관이라도 극복하고 과감하게 돌파하는 결단력과 실천력을 상징한다. 이러한 호랑이는 한민족의 기상이었다. 우리 민족은 신수(神獸), 산신(山神), 산군(山君)이라 하여 일찍부터 호랑이를 숭상하였고, 액을 막고 복을 가져다주고(辟邪進慶), 보은(報恩)과 효를 아는 영물(靈物)로 추앙하였다. 이러한 우리 민족의 호랑이에 대한 관념은 단군신화 이래 민족의 힘이자 정신으로 전해 내려왔다.

이러한 호랑이의 정신이 일제에 맞서 항거하고 불의에 대하여 투쟁해야 했던 보전과 고대의 정신과 통할 수밖에 없었던 것은 당연한 일이었다. 특히 40년 역사를 온통 식민지하의 압제 속에서 보내야 했던 보전과 보전생들로서는 당시 현실과 부딪히며 체험하는 격정과 울분, 분노와 불만을 표출하고 발산함에 있어 민족정신과 호랑이 정신은 좋은 표출 수단이요, 발산의 출구(出口)가 되었던 것이다. 고대 전통의 한 속성으로 내려오는 야성과 와일드 정신은 이때부터 내려온 이른바 호랑이 정신, 즉 보전 정신에서 비롯된 것이었다.

그러나 해방이 된 후 종합대학이 되어 학교와 시대의 분위기가 달라지고 1950년대 중반 야성과 와일드 일방의 보전 정신에 대한 반성이 일어나면서 '사색하는 고대'로의 전환이 촉구되었다. 이로써 호랑이 정신인 야성에 변화가 불가피하게 된 것이다. 그 후 1970년 초 김상협 총장이 그 취임사에서 '지성과 야성'의 조화론, 즉 '치밀한 지성과 아울러 대담한 야성을 한 몸에 지니면서도 능히 그 조화를 이루어 낼 수 있는' 고대인과 고대정신을 주창하게 되면서 고대정신은 새로운 국면을 맞게 된 것이다. 이처럼 야성은 지성과 조화되면서 본래의 의미가 일부 변하게 된 것은 사실이나, 그러나 해방 이후 반세기 넘는 고대사(高大史)에서도 불의와의 투쟁, 독재에의 항거, 민주 수호의 쟁취에서 고대정신의 한 맥으로 그 생명을 유지하면서 불굴의 용기와 불퇴의 의지, 불타는 정의감으로 영원히 살아 있다 할 것이다.

4. 고대 전통의 검토와 반성

전통은 맹목적으로 추종하는 것이 아니라 끊임없는 비판과 반성을 통한 창조와 계승에 그 참뜻이 있다. 이상에서 논한 다섯 가지 고대 전통 역시 1세기에 걸치는 오랜 세월, 많은 고대인에 의해 자연발생적으로 형성되어 그 생명이 지속되는 것이지만, 격변하는 현대사회와 그 속에 적응되는 새로운 전통의 창조를 위하여는 일정한 반성과 개선 또한 필연적이라 할 수 있다.

지금까지의 고대 전통은 대체로 일제의 식민통치하 그리고 해방 후 독재정권하에서 형성된 것이다. 따라서 해방이 되고 독재정권이 물러간 현재, 자유민주주의 체제하 복지국가를 지향하는 현대사회의 고대인에게 그대로 적용될 수는 없다. 즉, 그 근본정신은 바뀌지 않는다 하더라도, 그것의 현대적 적용에 따르는 일정한 변화가 수반되지 않을 수 없다는 것이다.

현재 고대만 하더라도 세계화, 정보화란 국제적 변화 속에 글로벌 고대를 지향하면서 실로 괄목할 만한 변화를 이룩하고 있다. 세련되고 첨단화된 새로운 건물, 시설, 기자재가 교육환경을 완연히 바꿔 놓았으며, 영어강의의 도입과 함께 교육 프로그램의 글로벌화, 세계 선도 대학의 연구 역량 구축, 과학적이고 합리, 능률적인 경영관리 시스템의 확립을 위한 변화와 개혁이 꾸준히 지속되고 있다. 거기에 고대는 현재 세계 67개국 592개 대학과 학술교류협정을 맺고 있으며, 학생을 교환, 교육하는 외국의 대학도 현재 305곳이나 된다. 그리고 미국 로스앤젤레스 최초의 분교를 여는 해외 거점 캠퍼스 구축의 계획도 곧 이루어질 전망이라고 한다(2008년 전반 현재). 여기에 오늘의 대학의 위상은 국내 타 대학과는 물론, 세계의 모든 대학과도 겨루어야 하는 무한 경쟁 시대에 돌입한 상황이다.

변하고 있는 것은 학생들의 경우도 마찬가지다. 전공 분야의 세분화, 다양화와 엄청난 학생수의 증가, 여기에 매년 달라지는 입시제도와 입시과목 및 학생선발 방법은 완전히 대학 분위기를 바꿔놓고 있다. 그리고 2천년대 이후 입학하는 최근 학생들의 의식구조와 가치관, 그리고 정신적, 생활적 취향은 이전과 비교되지 않을 만큼 변모되어 있다.

여기서 과거의 고대 전통은 어떻게 달라져야 할 것인가.

우선 세계화 시대에 있어 '민족·민주적 전통'은 국수적, 배타적 입장에서 벗어나 세계 속의 고대로, 국제적으로 균형 잡힌 고대인으로 지향해 가야 할 것이다. 즉 민족의 혼과 민족의 주체에 바탕을 두되, 글로벌한 인식과 열린 자세로 21세기의 글로벌리즘(Globalism)을 지향해 나가지 않으면 안 된다. '비판·저항적 전통' 또한 탈이념, 탈냉전의 국제정세의 변화와 민주정부의 민주화, 산업화, 자유화 추세에 부응하여 부정(否定)만을 위한 비판이나, 저항 일변도에서 탈피하여, 타협하고 협조하는 생산적이고 건전한 방향으로 전환되어야 할 것이다. 그리하여 자유를 추구하고 정의를 수호하며 진리를 탐구함에 한결같이 매진하되, 희망찬 복지국가와 밝고 건전한 민주국가를 건설함에 적극 동참하는 성숙한 국민의식과 시민의식을 보여야 할 것이다. 한편 '화합·신의적 전통'은 고대인들만의 집단이기주의, 개인주의, 파당·파벌주의를 극복하고 지나친 모교애의 표출을 자제하면서 모든 대학, 모든 대학인들과 조화될 수 있는 열린 마음과 포용력 있는 유연한 자세를 견지해야 할 것이다. 또 '서민·대중적 전통'도 도시와 농촌, 그리고 계층 간의 격차가 좁아진 현대사회에서, 높은 생활수준의 소비 시대에 어울리는 새로운 양상으로 변화되어야 한다. 즉 원시와 현대, 전통문화와 외래문화, 복고적 향수와 첨단적 유행, 막걸리와 꼬냑, 농악과 클래식, 재즈를 주체적으로 조화시킬 수 있는 높은 차원의 세련된 전통으로 재창조되어야 한다는 것이다. 그리고 용기·의지적 전통은 보전 이래의 호랑이 정신을 이은 것으로 그 긍정적 측면은 계승하되, 부정적 측면은 과감히 버리지 않으면 안 된다. 즉 거친 야성이나 저돌적인 만용을 탈피하여 세련되고 유연한 정신적 자세와 지성과 야성의 조화로운 정신과 자세로 바꾸어 나가야 할 것이다. 그리고 강한 의지와 불퇴의 정신을 바탕으로 하되, 합리적인 사고와 윤리·도덕적인 덕목(德目)을 잃지 않는 품성과 인격을 도야함에 전심전력 노력하지 않으면 안 될 것이다.

그러나 이상과 같은 전통에 대한 반성은 다만 새 시대의 추이에 따르는 변화일 뿐, 결코 기존 전통에 대한 근본적 부정이어서는 안 된다. 고대의 전통은 항상 영원한 것으로 건설적이고 긍정적인 검토를 통한 창조적 계승만 있음을 모든 고대인은 명심해야 한다.

5. 고대 전통의 과제와 새로운 인간형의 창조

앞에서 고대정신과 전통을 다섯 가지로 나누어 논하였고, 다시 이들에 대한 검토와 반성에 대하여도 간략하게 논급하였다. 그 결과 기존의 다섯 가지 전래의 전통을 살아 있는 전통으로 긍정적 평가를 하면서, 그 바탕은 그대로 계승하되 현대사회와 그 변화에 적응하도록 변모되어야 한다고 말하였다.

그렇다면 21세기 격변하는 세계적 현실에서 대학이 새롭게 추구하고 지향해야 할 가치와 목표는 무엇인가. 그리고 이에 상응하는 고대의 새로운 정신과 전통은 어떤 것이어야 하는가. 그러나 이는 결코 간단한 문제가 아니다. 앞의 전통론에서 보았듯이 한 대학의 정신이나 전통은 집단의 장구한 역사를 통하여 역대 구성원들의 집단에서 자연발생적으로 형성된 것이지, 어느 개인의 견해나 특정 이론에 의하여 창조되거나 시작되는 것이 아니기 때문이다. 다만 과거의 현실을 토대로 미래적 전망의 차원에서의 논의는 가능하다.

여기서 논자는 새로운 고대의 정신과 전통을 위한 몇 가지 조언을 하는 것으로 전체의 끝을 맺고자 한다.

우선 그 대전제로 생각할 수 있는 것은, ① 미래를 향해 새로 정립되어야 할 고대의 정신과 전통은 무엇인가, ② 세계 유수의 대학이 되기 위한 새로운 고대상(高大像)은 어떤 것인가, ③ 21세기의 새로운 세계사의 전개에 있어 바람직한 고대적 인간형은 어떤 것인가 등인데 이들을 동시에 논하여 결론을 추출한다는 것은 제한된 이 글의 상황에서는 어려운 일이다. 그래서 논자는 이상 세 가지 중 ③에 대하여만 소견을 개진하기로 하겠다. ③을 통하여 ①, ②도 어느 정도 유추될 것이기 때문이다.

③의 경우에도 오늘의 고대가 미래적 전망에서 추구해야 할 바람직한 고대적 인간형을 단적으로 규정한다는 것은 쉽지 않다. 이에는 실로 다양한 의미와 요소가 함축되어야 하기 때문이다. 그래서 다음과 같은 몇 가지 유형으로 나누어 간단히 요약하는 것으로 논의의 번잡함을 최소화하기로 하겠다.

첫째, '혁신적인 개척자'(innovative pathfinder). 창조적 발상과 혁신적 사유를 통하여 새로운 영역과 경지를 개척하고, 새 시대의 인간이 나아가야 할 앞길을 선도하고 이끄는 인물.

둘째, '실천적, 행동적 지식인'. 완성된 지식과 풍부한 경험으로 국가, 사회, 소속집단을 위하여 자기희생을 감내하면서 봉사하고 기여하는 인물.

셋째, '윤리, 도덕적 인격의 완성자'. 깊은 자아성찰과 극기의 정신으로 윤리, 도덕의 모범이 되며, 타인과 사회의 귀감이 되는 원만한 인품을 소유한 인물.

넷째, '풍부한 지식을 바탕으로 한 균형 있는 교양인'. 여러 가지 학식의 토대 위에 다양한 문화, 예술적 교양을 두루 갖추고 사회와 인간생활에 참신한 의미와 가치를 부여할 수 있는 인물.

다섯째, '모험과 도전정신이 강하고, 독창적 창조력이 투철한 진리탐구자'. 새로운 학문적 영역의 개척을 위하여 부단히 노력하고, 새로운 이론과 방법론의 창출에 오로지 모든 힘을 경주하는 인물.

이상 다섯 가지의 유형적 인물을 한 사람이 모두 겸비한다는 것은 지난(至難)의 일이다. 따라서 어느 하나이거나 또 어느 한두 가지를 두루 갖출 수 있다면, 더욱 바람직하다. 다만 한 가지씩만이라도 철저하게 갖춘 인물들이 한 구성원이 된다면, 그 소속집단의 향상과 발전은 괄목할 만한 것이 되리라 판단된다.

끝으로 한 가지 첨언(添言)하고 싶은 것은 '민족 고대'라는 전통에 맞는 학문적 뒷받침이다. 즉 여기에 해당하는 인문과학의 '한국학'(Koreanology)을 중점적으로 지원 육성해야 한다는 것이다. 이 부문은 이미 해방 이후 60여 년 꾸준히 발전하여, 연구 인원·업적·활동 등에 있어 일정한 학맥을 형성하고 있다. 국문과의 현대문학(시, 소설, 평론), 고전문학(시가, 고소설), 국어학(민족문화연구원의 《고대국어대사전》이 이를 말해 준다), 민속학(민속연희, 판소리 이론), 한문학과의 한국한문학, 국사학과의 고대사(古代史)와 근현대사 분야, 철학과의 한국철학 분야가 여기에 해당하는데, 이 분야에서는 한국 학계에서 이미 독보적 위치와 특색을 발휘하고 있다. 여기에 연구 활성화와 연구인 양성에 학교 당국의 좀더 많은 지원과 배려가 절실한 상황이다. 그리고 한국학이란 어문학만이 있는 것은 아니다. 즉 사회과학의 경우에도 어느 분야나 한국학적 연구 영역이 존재하며, 아직 많은 과제가 방치되어 있다. 또 외국인에 대한 한국어, 한국 역사, 문화 교육에도 고대가 가장 앞서 가지 않으면 안 된다. 여기서 외국인에게 한글을 널리 보급하고 한국의 언어와 문학, 사상과 종교, 제반문화와 생활을 심도 있게 교육시키고, 체험하게 하여, 한국에 대한 올바른 이해와 한국의 진정한 모습을 인식시켜, 같은 동아시아 국가로서 중국, 일본에 비하여 현저히 인지도가 낮거나 일부 왜곡되어 있는 한국의 위상을 크게 높이지 않으면 안 된다. 이렇게 하여 고대가 세계를 향하여 "한국학을 연구하고, 한국을 알려면 '민족의 대학', 고대로 오라"라고 당당하게 외칠 수 있어야 한다.

III. 고대유사

1. 보전 시대의 문학과 문인들

1) 최소월, 황석우, 변영만

법·상 2과만으로 40년을 지속해 온 보성전문에서 인문학자나 문인의 배출이 어려웠던 것은 어찌 보면 당연한 일이었다. 그러나 보전 출신 가운데 뛰어난 국학자(國學者)와 훌륭한 문인(文人)이 없던 것은 아니었고, 이 중 일부 알려진 이도 있지만, 아직 자세히 알려지거나 소개되지 않은 이도 있는 것이 사실이다.

필자는 우선 보전 출신의 시인, 소설가 7명을 골라 2회에 나누어 소개·설명하기로 하겠다.

먼저 소개할 시인은 최소월(본명 崔承九, 1892-1917)이다.

한때 도하(都下) 매스컴에 〈진달래꽃〉의 시인 김소월(본명 金廷

뛰어난 시재를 보여 줬던 소월의 원조 최소월(左), 현대시 초창기를 이끈 황석우(中). 변영만(右)은 폭넓은 분야에서 두각을 나타냈다.

湜, 1902-1934) 외에 동명이인의 소월(素月), 즉 제2의 소월이 있다는 사실이 보도된 바 있었다. 그렇다면 그는 누구인가. 결론부터 말하면 그는 김소월보다 10년 연상인 최소월이었다. 그런데 우리의 주목을 끄는 것은 최소월이 보전 상과를 다녔다는 사실이다. 그리고 그가 소월이란 호를 쓴 것은 1915년 동경 유학생회 기관지인 《학지광》(學之光)에 시를 발표하면서부터라니 소월이란 호의 원조(元祖)는 단연 최소월이라 할 수 있다. 그는 《학지광》에 발표한 시 외에 유고시집에 모두 25편의 시를 남기고 있다. 그런데 이를 최초로 소개하고 연구한 김학동은 그의 《한국근대시인연구》(일조각)에서 최소월의 시가 우리 시사(詩史)에서 최남선의 〈해에게서 소년에게〉(1908) 이후, 주요한의 〈불놀이〉(1919)에 이르는 약 10년간의 시문학사의 공백을 메울 수 있는 수준 높은 작품이라 평가하고 있어 주목된다.

최소월은 처음 보전에 입학하였는데, 곧 중퇴하고 1910년경 일본에 건너가 게이오(慶應)대학 예과에 입학하였다. 그러니, 그가 보전에 입학하고 다닌 것은 대략 1905년 개교 후 1910년에 이르는

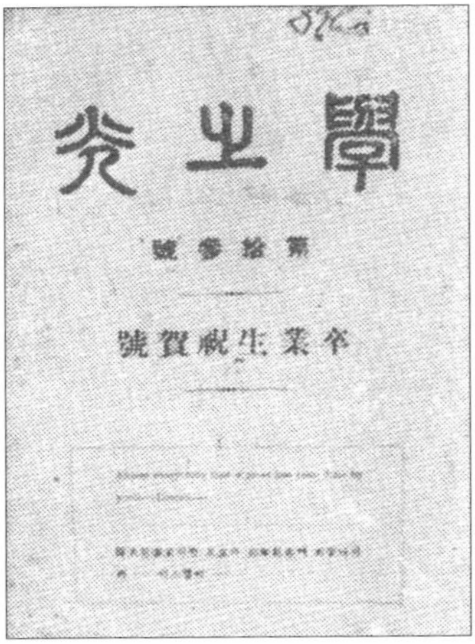

재일 조선유학생을 중심으로 발간된 계간지 《학지광》. 당시 편집위원들은 후에 보전 개교에 결정적 역할을 한다.

4, 5년의 기간이었을 것으로 추정된다. 그는 일본에서 역사학을 전공하였는데, 곧 어려운 경제사정과 지병이었던 폐결핵으로 유학을 중단, 귀국한 후, 투병 중 1917년 26세를 일기로 요절하였다. 이처럼 짧은 생애였지만, 그는 다수의 시작품을 남겼고, 유학 시절에는 《학지광》의 편집위원으로 활약하면서 당시 동경 유학생으로 조선유학생회 활동과 《학지광》의 간행에 함께 참여하였던 김성수, 송진우, 현상윤, 김병로, 신익희 등과 폭넓은 교유를 가졌다. 이들이 모두 후에 보전을 개교하고 운영한 이들임을 감안하면 최소월 역시 당시 보전인맥(普專人脈)의 일원이었던 것이다. 또, 유명한 여류 명사 나혜석(羅蕙錫)과의 로맨스도 당시 유학생들 사이에 널리 알려진 사실이었다.

그의 시의 경향은 감상(感傷)과 낭만, 민족감정, 서경(敍景)의 내면화 등 다양했다. 그중 민족의 감정을 토로한 1915년작 〈벨지움의 용사〉의 일부를 들어 본다(철자법과 한자를 현대어로 고침).

> 산악이라도 빼개지는 대포의 탄알에
> 너의 아기는 벌써 쇄골이 되었고

야수보다도 포악한 게르만의 전사에게
너의 처는 치욕으로 죽었다
〔…〕
정의가 없었거든 평화가 있을 거냐
다만 저들의 농담이다
너, 자아, 이외는 야심 많은 적뿐이요
패배는 너의 정부 약한 까닭뿐이다
벨지움의 용사여 최후까지 싸울 뿐이다.

비록 세계 1차 대전 당시 독일군에 점령당했던 벨기에(Belgium)와 그 민족을 노래한 것이지만, 이는 당시 식민지하 조국과 민족의 비애와 울분을 토로한 시로서 우리 저항시의 초기작으로 꼽을 수 있는 중요한 작품으로 평가된다.

다음으로 살필 황석우(黃錫禹, 호 象牙塔, 1895-1959)는 최소월의 3년 연하로 1909년에 보전 법과에 입학하였다. 그는 3학년 재학 중 모표 거부 사건을 주동하다 퇴학 당하고, 일본에 건너가 와세다대 정경과에 입학, 졸업하였다. 그런데 황석우는 현대시 초창기 시인이었을 뿐 아니라 당시의 시단을 주도적으로 이끈 시사상 주요 인물이었다. 즉 한국 최초의 시잡지 《장미촌》(1921)을 주재하였고 《폐허》(1920), 《백조》(1922), 《조선시단》(1928) 등의 문예지 동인으로 가담, 활발한 작품 활동을 하였다. 한편 《중외일보》, 《조선일보》의 기자, 그리고 해방 직후에는 《대동신문》 논설위원 등으로 활동하였다. 또 6·25동란 중에는 국민대학교 교무처장을 역임하기도 하였다. 그러나 초창기 작품 활동 후 시단을 떠났다가 50년대 후반 재복귀를 하였으나, 곧 1959년 64세를 일기로 세상을 떠났다. 그는 상징파 시인으로 낭만적, 이상적 경향의 시풍을 가지고 있었고, 허무주의 퇴폐주의의 성격을 띠기도 하였다.

이와 같이 황석우는 한국 현대시사에 큰 공적을 남기고 있을 뿐 아니라, 독립운동가와 민족혼을 지킨 지사로도 유명하다. 그는 강기덕, 방정환, 오일철 등 3·1운동에 적극 가담했던 보전 인맥의 일원으로 활약하였고(《교우회 100년사》, p.143) 일제 말기인 1940년대에는 강한 탄압 속에서도 조금도 지조를 굽히지 않고 민족정신을 지킨 고대적 저항정신의 체현자였다.

위의 최소월과 황석우에 이어 살필 변영만(卞榮晩, 1889-1954)은 황석우의 4년 연상으로 3인 중 가장 선배다. 1907년 법과 2회로 졸업한 그는 처음에 한학을 공부하였는데, 보전을 나온 후 한말 대한제국의 법관으로 목포재판소 판사를 역임하다가 국권을 빼앗긴 후에는 변호사로 전임하였고 해방 후에도 헌법 제정에 참여하는 등, 평생 법조인의 길을 걸어왔다. 그러나 그는 학자, 문인, 교육자로서도 더욱 큰 족적을 남겼다. 호를 산강(山康)이라 했던 그는 《산강재문초》(山康齋文鈔)란 문집을 남기고 있는바, 여기에는 그의 시, 산문 등 주옥 같은 작품들이 수록되어 있다. 한때 중국에 망명하여 학문과 문장에 몰두했던 그는 중국의 현대 석학이었던 호적(胡適)으로부터 최고의 찬사를 받은 바도 있었고, 국내에서도 연암(燕巖) 박지원(朴趾源) 이후 최고로 일컬어지는 문장가였다. 이 때문에 당대 한학(漢學)의 천재로 공인된 상황에서 독학으로 공부한 영어에도 능통하여 영문학자로서도 일가견을 가지고 있었다. 그는 결국 학자, 문인, 문장가, 한시문의 대가로도 뛰어난 인물이었다. 그의 문학은 대체로 시가 주를 이루었는데 의인소설(擬人小說) 〈시새전〉(施賽傳)을 남기고 있어 그의 다재다능함을 보여 준다. 〈시새전〉은 한문 풍자소설로 '시시덕이 등을 타고 새침데기 골로 빠진다'는 속담을 제재로 작품화한 것으로 이가원(李家源)의 《이조한문소설선》에도 수록되어 전한다. 이와 같은 박학다재한 능력 때문에 해방 후에는 동국대, 성균관대, 서울대 등의 강단에 서기도 하였다. 실로 그의 학문은 법학, 한학, 문학 등 다양한 방면에 걸쳐 있었다. 외교인으로 고대 교수를 역임했던 일석(逸石) 변영태(卞榮泰)와, 역시 시인, 영문학자로 이름을 날린 수주(樹州) 변영로(卞榮魯)가 그의 아우들이었다.

한편, 고대인으로서의 변영만은 보전 초창기의 학교, 교우회 활동에 있어서도 눈부신 족적을 남겼다. 우선 그는 1907년 교우회 전신인 '보전친목회'의 기관지 《친목》(親睦)의 편술원장으로 활약하면서 다양한 글을 발표하였고, 또 최초의 보전 학술지였던 《법정학계》(法政學界)의 편집에도 관여하면서 많은 글을 발표하였다. 그는 위 두 간행물의 '문원'(文苑), '사조'(詞藻)난을 통해 주로 문예적인 글을 발표하였다.

이상 초창기 보전에서 활약하였던 최소월, 황석우, 변영만은 법·상이란 사회과학의 삭막한 보전의 풍토에 아름다운 시문학의 문풍(文風)을 일으켜 고대 문학의 원류를 형성한 공로자들이었다.

——〈고대유사〉 12회, 《고대교우회보》 제473호(2009년 12월 10일)

2) 김유정, 한흑구, 방정환, 이근영

'무지개와 같이 찬란하게 나타났다 무지개같이 순식간에 사라져 간' 작가로 일컬어지는 김유정(金裕貞, 1908-1937)은 29세의 짧은 인생을 살고 갔다.

27세였던 1935년에 〈소낙비〉가 《조선일보》 신춘문예에 당선되고, 같은 해 〈노다지〉가 《조선중앙일보》 신춘현상에 입선하여 천재 작가의 출현을 예고했던 그는 너무 짧은 생애로 해서 그의 전기(傳記)적 사실은 잘 알려지지 않은 부분이 있었다. 그의 학력만 해도, 지금까지 대부분 휘문고를 졸업하고 1930년 연희전문에 입학, 불과 2개월 만에 퇴학하였다는 것이 전부였다. 그래서 연대 출신 작가의 계보를 말할 때 김유정은 항상 그 선두를 차지하여 왔다. 그러나 그는 1931년 4월, 보성전문에 시험을 치르고 입학한 보전생이기도 하였다. 이 사실이 처음 알려진 것은 박정규(朴丁奎, 국문66, 서울산업대 교수)에 의해서였다. 그에 의하면 김유정은 연전을 중퇴한 후, 고향 춘천에 가서 머물다가 이듬해 다시 상경, 보전에 입학하였다. 그런데 어쩐 일인지 보전에서도 오래 머물지 못하고 퇴학, 다시 고향에 돌아간다. 그 1년 후 그는 다시 서울에 오는데, 이때 폐결핵이 발병하여 고생하였고, 그 2년 후 앞서 말한 대로 신춘문예를 통해 당당히 작가로 데뷔하는 것이다.

김유정은 짧은 생애나마 30여 편에 이르는 주옥 같은 단편을 발표하여 1930년대 대표적 작가로 꼽혔으며, 한때 구인회(九人會)에도 가입하여 활동한 것으로 알려져 있다. 그는 가난과 지병으로 고독하고 우울한 나날을 보냈다. 특히 판소리 명창 박록주(朴綠珠)에 대한 그의 끈질기고 뜨거웠던 구애(求愛)를 끝내 상대방의 거절로 단념하게 되었을 때, 그 정신적 충격은 매우 컸다. 그는 박록주에의 구애에서 알 수 있는 것처럼 판소리를 매우 좋아했다. 그래서 창을 즐겨 들었으며, 술이라도 한잔 할라치면 스스로 창 한가락을 뽑았다고 한다. 그리고 그의 이러한 취향은 그가 항상 한복을 즐겨 입었다는 사실과도 일맥상통하는 바 있다. 또 그의 작품 경향이 지방의 토속어를 즐겨 사용하며, 농촌의 순박한 인물들을 등장시키는 등 향토적 서정성이 특징을 이룬다는 점도 이상에서 볼 수 있는 김유정의 성품이나 취향과 매우 유관함을 알 수 있다.

연희전문생으로 갈려진 김유정은 사실 보전생이기도 했다.

이와 같은 점에서 김유정은 서구적이고 깔끔한 연전의 기질보다는, 막걸리 정신에 서민적 색채가 짙었던 보전을 더 좋아했을 법하다. 그러나 이 때문에 연전을 그만두고 보전에 입학했다는 식의 '김유정 고연전'을 펼칠 생각은 없다. 하지만 그의 짧은 학력 중, 연전, 보전 모두 1년 만에 중퇴한 경우이고 보면, 그의 전기적 사실을 말할 때 한동안 유독 보전 재학 사실관이 빠져 왔던 것은 잘못이었다.

김유정의 작품 가운데 영화화되었던 것은 〈봄·봄〉(1969), 〈땡

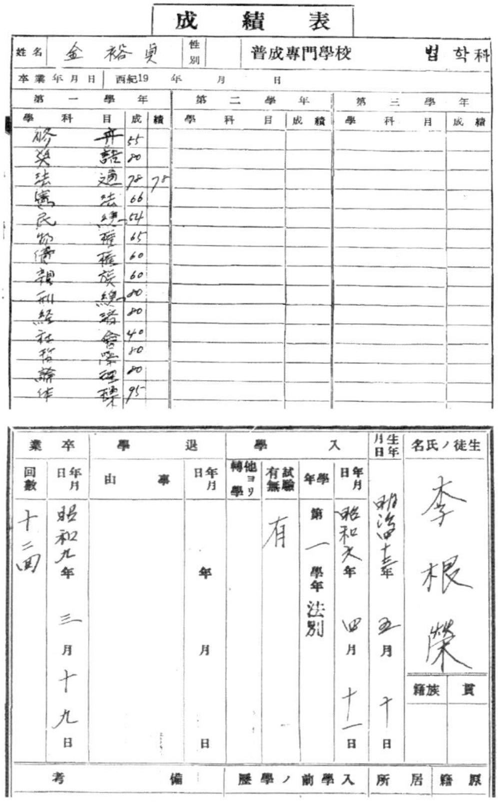
成績表

姓名 金裕貞 性別 普成專門學校 법학科

卒業年月日 西紀19 年 月 日

第一學年 學科目 成績 / 第二學年 學科目 成績 / 第三學年 學科目 成績

業卒 學退 學入 生年月日 生徒ノ氏名

回數 年月日 事由 年月日 他ヨリ轉學 試驗有無 學年 年月日

十二回 昭和九年三月十九日 有 第一學年 法別 昭和八年四月十一日 明治四十二年五月十日 李根榮

貫族籍

備考 入學前ノ學歷 原籍 居所

김유정의 성적표(上)와 이근영의 학적부(下).

별〉(1984) 등이 있고, 1968년 춘천 의암호 호반에 '김유정문인비'가 세워졌고, 1978년에는 강원도 춘성군 실례마을에 '김유정기적비'가 건립되었다.

2009년 1월 포항의 문인 한흑구(韓黑鷗, 본명 世光, 1909-1979) 탄생 100주년 기념대회가 예총 포항지부 주최로 성대하게 개최되었다. 그 기념으로 《한흑구 문학선집》(아시아)이 간행되었고, 제1

회 '한흑구문학상' 제정과 시상식이 있었다. 그리고 한흑구 문학에 대한 후배, 제자들의 다양한 연구발표회도 있었다. 한편, 보경사 경내에 있는 '한흑구선생문학비'에도 그를 추모하는 많은 인파가 몰려들었다. 이 해, 2009년은 한흑구가 타계한 지 30주년이 되는 해이기도 했다.

포항을 대표하는 문인 한흑구는 뛰어난 수필가였다.

한흑구는 본래 평양 태생으로 20세인 1929년에 보전 상과에 입학하였다. 인촌이 보전을 인수하기 얼마 전 학교가 송현동에 있을 때로, 당시 교장은 박승빈(朴勝彬)이었다. 그런데 그는 1933년 돌연 미국으로 떠나 필라델피아의 템플대 신문학과에 들어간다. 그러나 2년 후인 1935년에 귀국하는데 그동안의 상황은 잘 알려지지 않았다. 귀국 후 그는 평양에 머물면서 흥사단에 가입, 활동하다가 일제에 검거되어 1년간 옥고를 치르기도 하였다.

그가 문단에 데뷔한 것은 1931년 《동광》(東光)지에 단편 〈황혼의 바다〉를 발표하면서부터였다. 1934년에는 월간지 《태평양》을, 그리고 이듬해에는 문예지 《백광》(白光)을 각각 창간·주재하였다. 그 후 1945년 월남, 1950년 이후 포항에 머물면서 포항수산대학 교수로 재직(1958-1974)하면서 문학 활동을 하였다. 그는 수필·소설·시·평론·번역 등 다양한 장르에서 활동하였지만 제일 뛰어나고 널리 알려진 것은 수필(〈보리〉)과 수필론(〈수필문학

온 생애를 한국 어린이를 위해 바친 방정환.

론〉)이었다. 그러나 100주년 기념으로 나온 《한흑구 문학선집》에는 그동안 잘 알려지지 않았던 시 40편과 소설작품이 들어 있어 주목을 끈다.

방정환(方定煥, 호 小波, 1899-1931)은 1918년 보전 법과 18회로 입학하였다. 그런데 이듬해인 1919년 3·1운동에 적극 참가, 〈독립선언서〉와 《독립신문》을 등사하여 시중에 배포하다가 일경에 검거되어 오일철, 이병헌의 보전 학생 8명과 함께 구속되었고, 이 일로 퇴학을 당해 끝내 졸업을 하지 못했다(1999년, 고대의 배려로 명예학사 학위가 수여되었다). 그는 같은 해 일본 동양(東洋)대학에 입학, 아동문학을 전공하게 되었는데, 이것이 그가 한국 어린이운동과 아동문학의 선구자가 되는 계기가 되었다. 실로 방정환이 생전에 이룬 이 방면의 업적은 놀랄 만하다. 최초로 '어린이 날' 제정(1922), 《어린이》 잡지 창간(1923), 손진태·문주영과 '색동회' 조직(1923), 소년운동협회 결성(1925), '세계아동미술전람회' 개최(1928), 그는 33년의 짧은 생애를 온통 한국 어린이를 위해 바친 것이다. 그의 사후 그를 기념하는 '소파상' 제정(1957), 그의 동상 건립(1969), '방정환문학상' 제정(1991) 등은 이 방면 그의 공적이 얼마나 큰가를 잘 말해 준다. 또 그의 《소파전집》, 《글벗집》, 《소파아동문학전집》 등이 속속 간행되었다. 그는 한편 《신녀성》,

《학생》, 《별건곤》, 《혜성》 등의 잡지도 간행하였으며, 보전 출신인 김기전, 차상찬 등과 함께 당시 천도교 측에서 간행하던 《개벽》(開闢)지의 기자 생활도 하는 등 문화 전반에 걸쳐 활약하였다.

방정환은 3·1운동 민족대표로서 한때 보전을 인수, 경영했던 손병희(孫秉熙)의 사위이기도 했다. 이런 점은 그의 독립운동과도 연결되는데, 2007년 고대가 그에게 '자랑스러운 고대인상'을 수여한 것도 그의 보전인으로서의 훌륭한 업적을 기린 것이었다. 끝으로 보전의 소설가 이근영(李根榮, 1910-?)을 소개하기로 한다. 그는 1931년 보전법과에 입학하여 1934년에 졸업하고 《동아일보》 기자를 역임하였는데, 1935년 〈금송아지〉(《신가정》)를 발표하면서 데뷔, 왕성한 작품 활동을 하였다. 그의 해방 전후의 소설집으로 《고향 사람들》(1944), 《제3의 노예》(1949) 등이 있는데, 그의 대표작으로는 1948년 《신천지》에 발표한 〈탁류 속을 가는 박 교수〉를 꼽는다. 그는 〈금송아지〉, 〈농우〉, 〈당산제〉, 〈고향사람들〉과 같은 작품 제목에서 알 수 있듯 향토적 배경과 인물을 제재로 하는 농촌소설계 작가였다. 한편 그는 1933년 보전 재학 시절 연극부의 〈살인 및 문서위조 사건〉이란 모의재판에 재판장으로 출연하기도 하였다(《고려대학교 100년사》 I, p.469).

그는 일찍 좌익계인 '조선문학가동맹'에 가입하여 활동하다가 6·25 직전 월북하였다. 그는 월북 후에도 작품 활동을 활발히 하였는데, 남한에서 잘 알려지지 않았던 것은 그 때문이었다. 그러나 최근 《월북문인사전》에 소개되는 등, 그에 대한 인식이 새롭게 이루어지고 있어, 보전 출신의 소설가로 유일하고 많은 작품을 남긴 그에 대한 올바른 재평가가 기대된다.

이상 2회에 걸쳐 보전에서 나왔던 문인들 7명에 대하여 대강 살펴보았다. 결국 고대 문학의 흐름은 문과 없던 보전에서 발원(發源)하여 해방 후 1940년대 후반의 고대 문학기로 이어졌고, 이렇게 볼 때 고대 문학의 역사는 100년의 세월을 면면히 흘러온 셈이다.

——〈고대유사〉 13회, 《고대교우회보》 제474호(2010년 1월 11일)

3) 보성전문과 《개벽》지

국운이 날로 기울고 있던 한말, 최초의 민족주체의 고등교육기관으로 선각자 이용익에 의해 1905년 개교한 보전과, 한국 민족주의의 단서를 열었던 동학이 역시 1905년 손병희에 의해 개명된 천도교는 항일 민족항쟁이란 공동목표 아래, 민족의 향도(嚮導)로서 구국(救國)의 선봉으로서 함께 앞장서서 투쟁하였다.

이러한 둘의 공동전선은 그 5년 후인 1910년 당시 운영난에 빠졌던 보전을 천도교 측이 인수·운영하게 됨으로써 더욱 긴밀한 관계를 가지고 그 이념적 배경을 함께하게 되었다. 또 그로부터 9년 후인 1919년 기미독립운동에 있어서도 보전과 천도교는 그 주동적 역할을 하게 되면서 민족 수호의 양대 축을 이루게 되었다. 이와 같은 사실은 3·1운동 주역들의 면면에서도 여실히 드러나고 있다. 즉 천도교 측의 손병희, 최린, 권동진, 오세창 중 민족 대표였던 손병희는 보전의 운영자였고 최린은 보전의 강사였다. 그리

言論界一大慘劇

開闢에 發行禁止

한달걸너압수당하든개벽잡지

이제로부터영원히발행을못해

七年間努力도 一張指令에

지금으로부터 팔년전만세운동이 이러나든 긔미년구월이일에리돈화(李敦化)씨리두성(李斗星)씨외 여러유지가발긔하야 그이듬해인 경신(庚申)년오월이십일에 발행허가를어더가지고 동년륙월이십오일 창간호(創刊號)를 발행한월간잡지개벽(開闢)은 세상에나하난지 칠년동안에 가진고통과 각색파란중에서 싹준히자라나오든바 재작팔월일일 총독부경무당국으로부터 안녕질서를문란케한다는 리유로 돌연히 그발행을금지(禁止)하엿슴으로 동지는최근에 발행되여 압수를당한 팔월호(八月號)데칠십이호를 최후로 발행할사유를 영영일허버리고 만엇다더라

1926년 8월 3일 '언론계 일대 참극, 《ㄱ 벽》에 발행 금지' 제목의 《동아일보》 기사.

고 보전 교장 윤익선을 위시하여 교수 고원훈, 학생 강기덕(법12), 오일철(법12), 방정환(중퇴), 황석우(중퇴) 등이 주동적 역할을 하며 옥고를 치르고 중퇴를 당하기도 하였는데, 이 중 오일철은 오세창의 아들이고, 방정환은 손병희의 사위여서 이들은 가족관계로까지 맺어져 있었다.

그러나 주지하는 바와 같이 3·1운동은 일제의 무력으로 강제 진압되었고, 거국적인 운동에 놀란 일제는 다음해인 1920년에 그 회유책으로 문화 정책을 펼쳐 《동아일보》, 《조선일보》 등 일부 민족의 신문이 탄생하게 되었는데, 이때 민족의 종합 월간지 《개벽》이 '천도교청년회'의 1차 사업으로 6월 25일 창간되었다(편집인 이돈화, 발행인 이두성). 이와 같은 《개벽》의 탄생은 당시 창간되

1920년 《개벽》 창간호 표지.

었던 《창조》(1919), 《폐허》(1920), 《백조》(1922)가 모두 문예지였던 데 비하여, 종합지로서 사상, 종교, 역사, 철학, 예술, 국학 등 각 분야에 걸쳐 국민의 의식을 향상시키고자 하는 문화적 목적과, 항일 민족운동의 고취, 실천이라는 목표를 두고 탄생하였다. 이 때문에 《개벽》은 7년간 72호라는 일제하 한국 잡지 사상 최고의 장수를 누리면서 일제 당국으로부터 발매 금지 34회, 정간 1회, 벌금 1회라는 혹독한 시련을 겪었다. 그러다가 1926년 마침내 '발행 금지'라는 통고로 강제 폐간의 운명을 맞게 되었는데, 이때 일간신문에서는 '언론계의 일대 참극'이란 제목으로 이 사실을 보도하였다.

그런데 《개벽》은 일찍부터 보전과 다양한 측면에서 밀접한 관련을 맺고 있었다. 이와 같은 사실은 당시까지도 보전이 천도교 측의 운영하에 있었고, 심지어 1925년경에는 보전과 개벽사가 '송현동 34번지'란 같은 번지에서 이웃하고 있으면서, 보전 구내 천도교 경성교구에 사무실을 가지고 있었다는 사실에서 더욱 잘 알 수 있다. 이러한 보전과 《개벽》의 긴밀한 관계는 그 초창기의 운영에서부터 보전의 항일 인맥이 지속적으로 적극 참여하였다는 사실에서 더욱 잘 드러난다.

우선 보전 출신인 김기전(법10), 차상찬(법6), 방정환(중퇴)이 《개벽》의 창간 동인이었고, 이후 김기전은 편집국장 겸 주간, 차상찬은 정경부 주임, 방정환은 일본 유학 중에 외국 주재 특파원을 역임한 사실 등에서 그렇다. 특히 차상찬과 방정환은 김기전에 이어 편집인 겸 발생인을 맡으면서 실제로 《개벽》은 보전인들이 중심이 되어 운영되고 있었다. 그리고 위 3인은 그 운영뿐만 아니라 다양한 형태의 글을 수없이 《개벽》에 발표함으로써 실질적으로 중심적 집필자로 활약하면서 《개벽》의 논조와 주장을 대변하였다. 김기전은 본명 외에 간파생, 기전, 소춘, 김소춘, 묘향산인 등의 필명을 사용하면서 사회 각 부면의 항일의식에 바탕을 둔 계몽적 논술을 발표하였고, 차상찬은 C.S., 관상자, 삼각산인, 성동학인, 청오, 차천자 등의 필명으로 한시, 야사, 야담, 민담 등을 통하여 민족문화의 우수성을 드높이고 대중적 항일운동의 바탕을 조성했다. 또 방정환은 목성, 노덧물, 소파, 잔물, 북극성, 몽견초, 목성생, S.P. 등 20개 이상의 필명으로 시, 소설, 동요, 수필 등을 발표하는 한편, 각종 번역문학, 풍자작품 등을 발표하고 어린이 운동을 전개하였다.

이들 3인 외에도 변영만, 황석우, 장도빈, 한기악, 이병도, 현상윤(초대 총장) 등의 보전인이 《개벽》의 필진에 다수 참여하고 있음은 괄목할 만한 사실이라 아니 할 수 없다. 특히 창간 동인이었던 차상찬은 1926년 《개벽》지가 강제 폐간된 후, 1934년 11월부터

안암캠퍼스의 호상.

1935년 3월까지 통권 4호의 발행인으로 신간호를 내고 있으며, 김기전은 해방 직후인 1946년, 폐간호의 통권을 이어 편집 겸 발행인으로 73호를 복간호로 내고, 이어 1949년 속간호를 내어 모두 통권 81호까지 발행하고 있는바, 이는 보전인들이 얼마나 《개벽》지에 집착하여 전력을 기울이고 있나를 알게 한다.

한편 보전과 《개벽》지와의 관련을 상징하는 존재로 호랑이를 빼놓을 수 없다. 1920년에 나온 《개벽》지의 창간호 표지에는 지구 위에 앉아 포효하는 호랑이의 웅자(雄姿)가 그려져 있는데 고대의 상징으로 본교 교정에서 웅혼한 기상을 자랑하고 있는 호상을 방불케 한다. 고대의 호상이 1964년에 세워졌으니 둘 사이에는 40년의 시간 차가 있고, 그림과 석상(石像)이라는 차이가 있다. 그러나 우리 전래 호랑이 그림이나 조각에 있어 지구의 모형 위에 앉아 포효하는 호랑이의 경우는 거의 볼 수가 없어 두 호랑이상의 공통성은 매우 진기한 일이다. 그러나 그렇다고 이들 사이의 관련성을 뒷받침할 만한 아무 근거나 자료는 없다. 또 고대의 호상은 민복진의 조각이나, 《개벽》의 그림은 화가가 누구인지도 알 수 없다. 그리고 창간호 전체가 일제 당국에 압수당하면서 표지의 그림도 행방이 묘연하다가, 1974년 이중한의 자료 제공으로 비로소 모습을 나타내게 된 것이다.

〈근역강산맹호기상도〉 고려대학교박물관 소장).

우리 전래의 호랑이 그림은 대체로 민화로 전해 왔는데, 개항기에 들어와 1908년 최남선이 《소년》지 표지에 한반도 지도를 호랑이가 대륙을 향하여 뛰는 자세로 나타내었고, 같은 형태의 그림으로 훨씬 잘 그려지고 뛰어난 작품인 〈근역강산맹호기상도〉(槿域江山猛虎氣像圖, 화가 미상)가 고대 박물관에 소장되어 있다. 이들은 대체로 일인 고토(小藤)가 한반도 지도를 토끼 모양으로 그려, 한민족을 나약한 존재로 나타내려 한 데 대한 의도적 반발의 표현이었다. 그런 맥락에서 《개벽》 창간호의 호랑이 그림도 당시

열강에 억눌리다가 마침내 일본의 식민지로 전락한 한반도와 한민족의 아픔을 달래는 한편, 강인하고 용맹스러운 한민족의 기상을 지구 위에 앉아 포효하는 모습으로 나타내고자 하는, 당시 《개벽》지에 종사하는 독립지사들의 이상을 표현한 것으로 보인다. 또 그렇기 때문에 표지 그림을 포함한 창간호 전체가 압수되어 한때 세상에서 사라졌던 것이다.

또 하나 이상과 같은 사실을 방증할 만한 것으로 《개벽》 65호(1926. 1. 1)와 66호(1926. 2. 1)에 실린 박달성의 호랑이 우화 2편의 내용과 주제를 들 수 있다. 1926년이 호랑이 해(丙寅)여서 집필된 것으로 보이는 이들 작품에서 전편은 창경원의 우리에 갇혀 있는 호랑이, 그리고 후편은 용맹무쌍한 백두산 호랑이로 상호 서신을 교환하는 형식으로 되어 있다. 여기서 전편의 호랑이는 나라와 자유를 빼앗기고 식민지 백성으로 전락하여 신음하는 약자를, 후편의 호랑이는 용맹무쌍한 민족의 호랑이로 강자를 나타내고 있다. 백두산 호랑이는 함경도, 평안도, 강원도의 호랑이들을 모두 모아 인솔하고 미아리 고개를 넘어 서울에 쳐들어와 창경원 호랑이의 호응을 받아 대혁명을 일으키는 무장봉기한 독립군을 형상하고 있다. 비록 우화의 수법을 사용하고 있지만, 그 주제는 다분히 항일투쟁을 암시하는 것으로 분명 창간호 표지의 호랑이 기상과 맞닿아 있는 것으로 보인다. 그리고 이 호랑이가 고대 호랑이와도 맞닿아 있다면, 그 역사는 1930년대 초에서, 1920년대 초로 10년이 소급된다.

《개벽》의 호랑이와 고대 호상의 호랑이, 둘 사이에 필연 무슨 곡절이 있을 것 같다는 필자의 추측은 그냥 억설일 뿐일까. 고대의 호상에게 가서 물어보아도 대답이 없다.

——〈고대유사〉 22회, 《고대교우회보》 제483호(2010년 10월 10일)

4) 《개벽》에 나타난 보전의 항일문학

1920년에 창간되어 혹독한 일제 당국의 검열에 7년간 34회의 발매 금지를 당하고, 마침내 1926년에 72호로 폐간되었던 민족의 종합지 《개벽》은 문학사적으로도 매우 큰 역할을 하였다. 즉, 1920년대 한국 문단의 주 발표무대로서 시에 있어서 한국 서정시, 저항시의 요람이었고, 소설에 있어서는 자연주의, 사실주의 소설의 실험장이었다. 그리고 당시 왕성했던 신경향파 프로문학의 활동 영역이기도 했다. 또 《개벽》지는 독자문예난을 통하여 문학의 저변을 확대하였고, 현상문예를 통하여 신인 문인들의 등용문 역할도 하였다.

당시 주로 《개벽》지에 작품을 발표했던 문인들로는 시에 황석우, 오상순, 이상화, 변영로, 김억, 김소월 그리고 소설에서는 현진건, 박영희, 김동인, 나도향, 염상섭, 이기영 등이 있었다. 한편, 이상화의 〈빼앗긴 들에도 봄은 오는가〉(1926, 70호), 김소월의 〈진달래꽃〉(1922, 25호), 〈개여울〉(1922, 25호), 〈먼 후일〉(1922, 26호), 그리고 소설에 있어 염상섭의 〈표본실의 청개구리〉(1922, 14호), 〈금반지〉(1924, 44호), 현진건의 〈빈처〉(1920, 7호), 〈술 권하는 사회〉(1921, 17호), 〈운수 좋은 날〉(1925, 48호) 등이 모두 《개벽》지에 발

방정환(중퇴)

김기전(법률6)

차상찬(법률10)

표되었던바, 이로써 현대문학사상 《개벽》지의 막중했던 비중을 잘 알 수 있다.

이처럼 1920년대 한국 문단의 발전에 크게 기여한 《개벽》지에는 보전 문인들의 글도 많이 발표되었다. 〈고대유사〉(22회)에서, 《개벽》지의 탄생과 유지, 운영에 차상찬, 김기전, 방정환 등 보전 출신들이 주도적으로 참여하였음을 말하였지만, 이들은 또 수많은 시, 소설, 수필, 논설 등을 발표하여 《개벽》지를 더욱 빛나게 하였다. 그리고 이들 세 사람 외에 글을 다수 발표한 보전 출신으로 황석우, 변영만(법률2회 졸), 장도빈(법률4회 졸), 이병도(법률8회 졸), 한기악(법률10회 졸) 등이 있었고, 보전 교수를 역임한 이들로는 최두선, 현상윤, 송진우, 손진태 등이 있었다. 이들 중 여기서 주목하고자 하는 것은 차상찬, 김기전, 방정환의 항일문학 작품들이다. 이들 작품들은 모두 1920년의 《개벽》지 창간호에 발표되었는데 일제 검열 당국에 의해 함께 삭제, 압수되어 그동안 그 내용이 전혀 알려지지 않았었다. 그러다가 1974년 이중한(李重漢)의 자료 제공으로 비로소 창간호 표지와 함께 처음 세상에 알려지게 되었다〔〈최수운(崔水雲) 연구〉, 《한국사상》(韓國思想) 제12호, 한국사상연구회, 1974〕.

이들 작품은 김기전의 시조 2수(〈금싸락〉, 〈옥가루〉), 그리고 차상찬의 한시 2수〔〈경주회고〉(慶州懷古), 〈남한산성〉(南漢山城)〕, 그리고 '목성'(牧星)이란 필명으로 발표된 방정환의 소설 〈유범〉(流帆)의 일부이다.

먼저 김기전의 시조 〈금싸락〉을 들어 보기로 한다(현대어 표기).

> 北風寒雪 까마귀 집 귀한 줄 깨닫고 家屋家屋 우누나
> 有巢不居 저 까치 집 잃음이 부끄러워 可恥可恥 짓누나
> 明月秋堂 귀뚜라미 집 잃을까 두려워 失失失失 외치누나

작자는 집을 잃은 까마귀, 까치, 귀뚜라미를 통하여 나라 잃은 민족의 슬픔과 부끄러움과 두려움을 말하고 있다. 특히 '가옥가옥', '가치가치', '실실실실' 등 의성어를 모두 한자음으로 나타내어 조국을 빼앗긴 겨레의 아픔과 괴로움을 효과적으로 나타낸, 뛰어난 수사적 기교를 보이고 있다. 또 작품 〈옥가루〉도 부엉이, 소쩍새, 개구리를 통하여 피압박 민족이 해야 할 사명과 임무를 깨우치고 독려하는 계몽적 의미를 효과적으로 나타내고 있다. 앞의 작품과 마찬가지로 '부엉부엉'(復興復興), '소쩍소쩍'(速速速速), '개골개골'(皆皆皆皆) 등 뜻글자의 음을 우리 고유어의 의성어로 표현하여 의미를 살리는 특징을 보이고 있다.

차상찬의 한시도 나라를 잃은 원한과 허무함을 옛 고적의 회상을 통하여 읊고 있다.

금쌀악 金起田 (三七面 上段)

北風寒雪가마귀집貴한줄깨닫고家屋家屋우누나
有巢不居저ㅡ가치집일홈을부끄려可恥可恥짓누나
明月秋堂귀뚜리집일흘가저허서失失失웨놋다

옥 가 루

黃昏南山부흥이 事業復興하라고 復興復興우누나
晩山暮夜속독새事業督捉하여서 速速速速웨이네
驚蟄만난개구리事業저다하겠다皆皆皆皆우놋다

漢詩 靑吾 車相瓚 (七三面)

慶州懷古

鵲散鷄飛事已休 東都王氣冷如秋
山河不盡英雄恨 天地猶餘故國羞
千里金城依舊在 夕陽玉笛至今秋
前事未得後事戒 幾處樓臺成古邱

南漢山城

一片孤城萬古愁 男兒到此淚堪流
可憐上將無長劍 未斬當年老虜頭

小說 流帆 牧星 (一三九面上段)

모도가 봄이다 山도 봄 물도 봄이고 사람도 봄이고 空氣까지도 봄空氣이다 그 부듸업고 다사한 봄바람에 섯기어 가장 流暢하고 가장 平和로운 노래소리가 獨立門 全體를 싸고 돈다。그것은

《개벽》 창간호에 실렸다가 일제 당국의 검열에 의해 삭제된 것을 1974년 이중한이 《한국사상》 12호에 소개한 작품들.

원 시는 사진에 있으므로 이를 의역하면 다음과 같다.

〈경주회고〉

까막·까치 날아가고 나라가 망하니
신라의 왕업은 가을처럼 싸늘한데
산천은 영웅의 한을 다하지 못하여
천지는 고국의 부끄러움에 잠겨 있구나
천리의 굳은 성은 예런듯 남아 있고
석양의 옥피리 소리 가을을 울리누나
전날의 잘못됨은 뒷날의 경계가 되나니
도읍의 누대는 옛 언덕으로 변했어라

〈남한산성〉

한 줄기 외로운 성은 만고의 수심이니

남아로 이에 이르러 눈물을 흘리누나
애닯다 우리 상장군 긴 칼이 없어
그날의 늙은 오랑캐 머리를 못 베다니

앞의 시는 신라의 고도 경주에서, 그리고 다음 시는 병자호란의 전지 남한성에서 옛날을 회고하며 읊은 시다. 일견 회고시로 보이나 모두 당시의 현실과 이에 대한 울분을 나타내고 있다. 〈경주회고〉는 칠언율시(七言律詩)로 신라가 망한 후 옛 고도의 쓸쓸한 정경을 노래한 것인데, 이러한 망국의 무상함을 통하여 조선조의 쇠망으로 남의 나라 식민지로 전락한 우리나라의 현실을 대비하고 있다. 특히 마지막의 '前事未得後事戒'(전사미득후사계)는 전날의 잘못으로 나라가 망했을망정 다시는 이런 일이 없도록 경계하여 국권의 회복을 도모하자는 의도가 숨어 있다. 〈남한산성〉은 칠언절구(七言絕句)로 병자호란 때 청나라에 패전하여 굴욕적인 화약(和約)으로 항복하였던 옛터를 찾아 당시의 처참한 패배의 분함에 눈물을 흘리며, 오랑캐를 무찌르지 못한 통한의 심정을 토로하고 있다. 〈경주회고〉와 마찬가지로 일본의 무력을 앞세운 침략 앞에 국권을 빼앗긴 울분을 통하여 일제에 대한 절절한 적개심을 드러내고 있다.

결국 두 작품 모두 항일의식을 나타낸 저항시다. 당시의 저항시들이 일제 당국의 혹심한 검열을 의식하여 소극적 저항으로 우회적인 표현을 쓸 수밖에 없었던 한계를 고려한다면, 앞에 살핀 김기전의 시조와 차상찬의 한시는 당당한 저항시의 반열에서도 수

작에 속한다고 볼 수 있다.

다음, 위의 작품들과 함께 《개벽》 창간호에 수록되었다가 역시 함께 일부를 삭제당한 방정환의 소설 〈유범〉(流帆)은 그의 필명 중 하나인 '목성'(牧星)으로 발표된 작품이다. 전문학교 법과생인 두 남학생과 고녀생인 여학생의 삼각관계의 갈등과 해피엔딩으로 끝나는 구조로 되어 있다. 그런데 이 작품이 항일 작품으로 지목되었던 것은 다음과 같은 서두의 배경 묘사 때문이었다(현대어 표기).

> 모두가 봄이다. 산도 봄, 물도 봄이고, 사람도 봄이고, 공기까지도 봄 공기다. 그 부드럽고 따사한 봄바람에 섞이어, 가장 유창하고 가장 평화로운 노랫소리가 독립문 전체를 싸고돈다. 그것은 무악재 고개 좌편 인왕상 꼭대기 성벽 끝 위에 세 사람의 청년 남녀가 천사같이 서서 양춘이 온 것도 아지 못하고 갑갑한 속에서 지내는 형제를 위하여 높이 부르는 위안의 노랫소리였다.

모두 삭제되었던 윗부분의 배경 묘사는 봄이라는 계절과 '독립문', 그리고 무악재 부근에 있던 '서대문 감옥'을 내려다보는 인왕산 위에서 '갑갑한 속에서 지내는 형제'(투옥된 독립지사들)를 위한 위안의 노래를 부른다는 설정에서 항일의식이 노골화되고 있다. 더구나 손병희의 사위이기도 했던 방정환이 3·1독립운동 가담으로 감옥살이를 하고, 보전을 중퇴해야 했던 상황과 거의 맞물려 있다. 이렇게 볼 때 배경 설정의 의도는 분명하고, 또 이 때문에 삭제되었던 것이다.

일제하 저항시의 대표작으로 〈빼앗긴 들에도 봄은 오는가〉(이상화), 〈광야〉(이육사), 〈서시〉(윤동주) 등이 꼽힌다. 그러나 비록 문학성의 문제는 있다 하더라도, 앞서 살핀 김기전, 차상찬, 방정환의 시조, 한시, 소설 등 보전인들의 항일 문학작품이 그 저항성에 있어 훨씬 강하다고 할 수 있다.

*참고문헌: 김근수, 《개벽 소고》, 1996 / 인권환, 《개벽지의 문학사적 고찰》, 1974 / 최수일, 《개벽연구》, 2008.

——〈고대유사〉 23회, 《고대교우회보》 제484호(2010년 11월 10일)

2. 안암골 춘추

1) 형제주점은 어디 갔는가

국내외 어느 대학을 막론하고 역사가 오랜 대학의 주변에는 그 대학인들이 오래 두고 다니는 단골 음식점이나 술집, 그리고 다방 등이 있기 마련이다. 고대의 경우 50-60년대의 형제주점, 곰보추탕, 개성집, 70-80년대의 고모집, 총각집과 콩나물집, 청석골, 향나무집 등이 이에 해당하는 대표적인 곳들로 꼽힐 수 있다. 이 세대의 각 학번들은 신입생 환영회나 졸업생 환송회 등을 이곳에서 많이 가졌고, 교내 행사 후의 뒤풀이나 학과나 동아리 등의 친목과 피로의 장소로 즐겨 이용하였다. 그래서 졸업 이후에도 이들

단골집에 대한 추억과, 즐겨 먹던 음식에 대한 향수는 모교에 대한 그리움과 함께 쉽게 없어지지 않는다.

그러나 90년대, 2천 년대에 들어와서는 고대 주변의 환경변화와 함께 옛날의 맛집들은 하나 둘 사라지고, 신세대 학생들의 입맛에 맞는 새로운 음식문화로 판도가 바뀌었다. 요즘 지하철 6호선의 안암역 부근, 참살이길과 인촌로가 열십자로 갈라지는 일대에 즐비한 다양한 식당과 술집들을 보면, 실로 상전벽해의 감을 느끼게 한다. 온갖 한, 양식 등 각 나라 음식과 다양한 퓨전 음식들, 그리고 옛날의 다방 대신 들어선 세계적 브랜드의 커피숍, 허다한 맥주홀이 70-80년대와 그 이전 학번들 시대의 충무로나 명동을 방불케 한다. 기껏해야 정문 앞 제기동의 막걸리나 찌개백반, 콩나물국밥, 좀더 먹을 만한 곳을 찾으려면 청량리나 신설동까지 나가야 했던, 이전 학번들로서는 상상조차 할 수 없는 상황이다.

지난 시대의 흘러간 음식점 중, 가장 역사가 오래고, 그리고 아직도 옛 맛을 잊지 못해 고대인들과 인연을 맺고 있는 곳으로는 단연 '형제주점'을 꼽을 수 있다. 신설동에 있던 형제주점이 처음 문을 연 것이 1926년이니 80년을 넘어 90년의 역사를 헤아린다. 옥호(屋號)도 형제주점 → 형제추탕 → 형제추어탕으로 3번 바뀌었고, 장소도 현재의 장소는 3번째 옮긴 곳이다. 그러니 일제 강점기 보전 시대부터 해방 전후, 6·25 전후, 4·19 전후 등 우리의 역사가 소용돌이 칠 적마다 고대인들의 변함없는 단골로서 그 역사의 고비들을 함께한 인연 또한 깊다고 하지 않을 수 없다.

형제주점 당시 재학생들이 모여 찍은 사진. 좌측에서 일곱 번째 교모 쓴 이가 전 교우회장 김성곤이다. 앉아 있는 사람은 형제주점 창업자 김기선.

1926년 개업 후, 언제부터 보전 학생들이 출입했는지 알 수 없지만, 보전 상과 30회 졸업생들의 친목회였던 정축회(丁丑會) 회원들이 형제주점을 배경으로 찍은 기념사진이 그 최초의 증거로 남아 있다. 사진은 은 1936년에 찍은 것으로 무려 73년 전의 것이다. 이들이 졸업하던 해(丁丑年) 친목단체로 정축회를 만든 것이 1937년이었으니, 사진은 졸업 1년 전 재학 중에 찍은 것이다. '兄弟酒店 天一藥酒'(형제주점 천일약주)의 간판을 배경으로 15명 정도의 보전생들이 더러는 모표가 달린 교모를 쓰고 닥걸리 한 사발씩 들고 서 있는 모습이 늠름하고, 표정들이 밝고 힘차게 보여 당일의 분위기를 알게 한다. 정축회는 당시로선 드물게도 《정축통신》이란 회지를 만들어 1940년 4집까지 냈던바, 우의와 유대가 남달랐던 동기였던 것으로 보인다. 그리고 동기 중에는 후에 명성을 드

날린 이가 많았는데 성곡(省谷) 김성곤 또한 정축회 멤버 중의 하나였다. 김성곤은 60-70년대 정계의 거물로 활약하였고, 쌍용그룹의 창업자로, 국민대학의 설립자로 우리나라 산업계, 교육계에 큰 족적을 남긴 뛰어난 인물이었다. 뿐만 아니라 모교에 대한 사랑도 남달라 1970년대에 제9대 교우회 회장으로 선출된 후, 1975년까지 10대, 11대까지 연속 3회 회장을 역임하면서 모교와 교우회 발전에 크게 기여하여 1973년 모교에서는 명예박사 학위를 수여하였다. 서관 옥상에 처음으로 차임벨이 울리는 시계를 기증한 것도 김성곤이었다.

앞에서 말한 대로 형제주점은 1926년 김기선에 의해 신설동 큰길가에서 문을 열었다. 처음에는 간판도 없이 영업하다가 1932년 김기선이 사망하자 그의 아들들이 가업을 이었는데 그때 형제들이 합동으로 운영한다 하여 형제주점이란 간판을 내걸었다. 그 후 주 메뉴였던 추탕과 막걸리가 장안의 인기를 끌면서 '형제추탕'이라 이름을 바꾸었는데 손님뿐 아니라 배달 주문까지 쇄도하는 바람에 여러 대의 자전거를 두고 배달까지 하게 되었다. 이렇게 자전거 배달자가 늘어나자 자전거에 능숙한 배달원들이 당시 국내 최초의 자전거 경기 대회에 나가 우승하기도 하였다. 이러는 가운데 1945년 해방을 전후한 시기에 이르러서는 맛 소문이 장안에 퍼져 김구, 조병옥, 손기정, 조풍연 등 당대 일류의 명사들이 형제추탕에 와서 그 진미를 즐겼다고 한다.

그 후 6·25를 지나 1960년 전후해서 형제추탕은 큰 위기를 맞는다. 즉 그때까지 형제 중 맏이었던 김윤명이 상속자로 운영을 맡았었는데, 그의 아들, 즉 창업자의 장손이 관계와 정계에 진출, 활약 중 과도한 자금 유출로 막대한 채무를 지게 되어 건물, 대지가 법원에 넘어가면서 폐업하기에 이르러 마침내 문을 닫게 된 것이다. 이렇게 신설동의 형제추탕 본점은 1960년 중반에 이르러 자취를 감추게 되었지만 나머지 형제들과 그 아들들에 의해 시내 서린동과 의정부 등에 지점 형태로 맥을 이어 갔으나 옛 모습을 회복하지는 못했다.

그러다가 형제추탕이 부활의 재창업을 시작한 것은 창업자의 막내아들인 김윤희가 1988년 성북구 하월곡동에 형제추탕을 새로 열고 옛날의 본 맛을 되살리면서부터였다. 그는 10대의 어린 시절부터 형님들을 도와 각 지역으로부터 미꾸라지의 보급을 담당하는 한편, 직접 주방에서 맛있는 추탕의 조리법을 체험하면서 최고의 노하우를 터득하고 있던 터였다. 이렇게 옛날 신설동 형제추탕의 부활을 알게 된 과거의 단골들이 옛 맛을 찾아 하나 둘 늘기 시작하였는데, 이 중의 대부분은 고대 교우들이었다. 그러던 중 연로한 김윤희의 가업을 이을 3대째로 1972년 고대 상대를 졸업하고 도미했던 김영식(상학60)이 1991년 귀국하여 부업(父業)을 인수하면서 더욱 성황을 이루고 옛날의 형제추탕은 그 명성을 되찾게 된 것이다. 이후 필자도 추탕이 생각나면 가끔 가서 먹었는데, 그때마다 많은 교우들을 만날 수 있어 반가웠다. 이명박 대통령이 서울시장 시절 찾아와 같은 과 동창인 업주 김영식과 함께 사진을 찍고 사인을 남긴 것도 이때였다.

형제추탕은 그 후 2007년, 대지도 넓고 경관도 수려하며 넓은 골프 연습장을 갖춘 북악터널 너머 평창동으로 이사하여 '형제추어탕'으로 이름을 바꾸어 달았다. 미꾸라지를 갈아서 만든 추어탕, 통째로 끓인 추탕이 주 메뉴고, 미꾸라지 튀김, 숙회는 술안주로 제격이다. 최근 김정배 전 총장과 어윤대 전 총장도 자주 온다고 안주인 박혜임 여사는 귀띔한다.

80년 넘게 보전과 고대를 거치며 인연을 맺어 온 형제추탕. 처음 단골로 개척했던 보전 시대의 학생들은 이미 세상을 떠났으나, 옛날의 그 맛만은 향수처럼 변하지 않은 채, 창업으로부터 3대를 이어 지속되면서 고대인들을 유혹하고 있다.

——〈고대유사〉 5회, 《고대교우회보》 제466호(2009년 5월 14일)

2) 석탑서점의 어제와 오늘

고대 정문, 길 건너편에 있던 석탑서점이 홀연히 그 모습을 감춘 것은 1995년경이다. 그러니까 근 15년 전에 석탑서점은 자취 없이 사라지고 그 자리에는 지금 복사 집이 들어서 성업 중이다. 하기야 너무도 변화가 심한 고대 주변의 모습인지라, 일개 서점이 없어진 것이 대수는 아니다. 그러나 그 이름에서 알 수 있듯, 석탑서점과 고대와의 오랜 인연과 관계는 단순한 '대학과 서점'이라는 일반적 통념을 넘는 것이어서, 적어도 90년대 초 이전의 학번에게 석탑서점은 재학 시절과 관련하여 쉽게 지워지지 않는 인상으로 각인되어 있는 것이 사실이다.

석탑서점이 처음으로 고대 정문 앞에 자리잡은 것은, 6·25 전란

후 대구에 피난했던 본교가 서울에 돌아와 안암동 교사에 복귀한 직후인 1955년이었다. 이로 볼 때 1995년경 자취를 감추기까지 대략 45년, 반세기 가까운 동안 석탑서점은 고대 정문 앞을 지킨 셈이고, 그동안 50년대 학번에서 90년대 초의 학번에 이르는 모든 고대인들은 등하교 길에 석탑서점을 보고 지나쳤고, 때로는 들러서 전공서나 대학교재를 찾고 구매하기도 하였던 것이다.

처음 석탑서점을 개업한 이는 교우 윤광모(법학52)였다. 그는 황해도 출신으로 8·15 해방 전에 단신 월남하여 고학을 하면서 선린중을 거쳐 중동중을 졸업하고, 1950년 6·25가 발발하자 입대하였다가, 1952년 대구에 피난 와 있던 고대에 입학한 52학번이다. 그는 9월 28일 서울 수복에 따라 귀경하여 학업을 계속하였고, 모험심과 생활력이 남달리 강했던 그는 재학 중이었던 1954년, 1·4 후퇴 때 뒤이어 월남한 동생 윤응모와 함께 고대 교문 근처 길에 책꽂이를 세워놓고 노점서적상을 시작하였다. 출판사로부터 책을 도매로 사다가 할인 판매를 한 것이다. 그 결과, 실적이 매우 좋았고 꽤 돈도 벌게 되었다. 여기서 힘을 얻은 그는 다음 해인 1955년 교문 건너편에 80평의 땅을 사서 건평 40평의 건물을 지어 서점을 개업한 것이다. 이것이 석탑서점의 시초였다.

이런 사실을 안 당시 유진오 총장이 직접 서점에 찾아와 자기 학과 학생이기도 했던 윤광모와 함께 커피를 마시면서 이야기를 나눈 일도 있었다. 그때 유 총장은 노점상 1년에 어엿한 건물의 서점 주인이 된 윤광모에게 고대 교수 중에도 아직 자기 집이 없는 이도 있는데 학생 신분으로 대단한 일이라고 격려를 아끼지 않았

1961년 4월 8일자 《고대신문》 2면에 실린 일신사 및 대학서점(현 고려대 안암캠퍼스 중앙광장 지하 1층에 자리한 유니스토어 전신)의 광고 사진.

다고 한다. 그 후 윤광모는 서점을 동생에게 맡기고, 1956년 졸업과 더불어 출판사 '일신사'(日新社)를 창립, 사장이 되었는데, 여기 대하여는 뒤에 더 말하기로 한다.

이렇게 시작된 석탑서점은 그 이름과 장소가 몇 차례나 바뀌는 변화를 거듭하였다. 특히 장소는 교문 앞이어야 한다는 대학 상대 서점의 입장에서 불가피한 일이었다. 즉 고대 교문의 이동에 따라 장소를 옮기지 않을 수 없었기 때문이다. 1955년 개업 당시는 현 교문의 길 건너에 있었는데, 당시의 교문은 목재로 기둥을 세우고 가시철망으로 담을 둘렀던 허술한 임시 교문이었지만, 유일한 정문이기에 길 건너 쪽이 서점으로서는 요지였다. 그 후 1966년 교우회에서 개교 60주년 기념으로 현 학생회관 남쪽에 새 석조 교문을 세우자, 그 길 건너편으로 따라서 옮겼다. 그러다가 1970년 김상협 총장이 부임하면서 캠퍼스의 중앙인 현 교문 자리로 확장 이전하자 다시 본래의 자리로 돌아왔던 것이다. 서점의 이름도 몇 번 바뀌었다. 즉, 개업 당시는 '대학서점'이었는데, 교문을 학생회관 남쪽으로 옮긴 후 경영 부실로 부도가 나면서 '일신서점'이라 했다가, 신 정문의 건립에 따라 옮길 때 '고려서점'으로 바꿨다가 다시 '석탑서점'으로 바꾸어 1995년 중반경 문을 닫기까지 지속하였다.

이처럼 석탑서점은 고대 및 고대생들과 끈질긴 인연을 유지하였는데, 앞서 말한 윤광모 교우가 창립한 출판사 '일신사' 역시 이 점에서는 마찬가지였다.

1956년 탄생한 일신사는 주로 본교 교수를 저자로 한 대학교재나 연구서를 다수 간행하였는데, 특히 1950, 60년대 고대생들의 학습뿐만 아니라, 교양의 증진과 사상의 이해에 기여한 바가 매우 컸다. 그중에도 당시 우리나라 학계나 사상계에 큰 영향을 주었던 실존주의가 대학 사회의 주목을 받을 때 관련 연구서, 문학작품을 다수 간행하여 고대생들의 애독서가 되었다. 대체로 사르트르의 《구토》를 비롯하여, 까뮈의 《이방인》과 카프카의 《변신》 등이 그 주류를 이루었던 것으로 기억되는데, 당시 철학과의 신일철 교수가 번역한 실존주의 서(書) 《반항적 인간》이 매우 인기가 있었다. 결국 '실존은 본질에 선행한다'는 실존주의의 고대적 보급에 일신사 출판의 도서들이 큰 역할을 한 것이다.

1950년 말 홍일식 전 총장의 《육당연구》가 나온 것도 일신사였고, 1970년 전후, 본교 교양학부의 고전 시리즈를 간행한 것도 일신사였다. 《한국의 고전》, 《동양의 고전》, 《서양의 고전》 등 3권으로 나왔던 이 시리즈는 동서양 고전의 진수만을 가려 뽑아 해설을 붙인 교양서였는데, 당시 정한숙 교양학부장의 지시로 인권환(국문56)과 황문수(철학58, 경희대 철학과 명예교수)가 담당하

1968년 당시 고려서점. 창업자의 아들로 가업을 잇고 있는 윤성규 씨.

여 교양학부생 교양도서로 기획, 출판한 것이었다. 일신사는 현재 창립자 윤광모 교우가 은퇴한 상황에서 그 아들인 윤백규(사회82) 교우가 이어받아 운영하고 있다.

그렇다면 1995년 중반경 정문 앞에서 자취를 감춘 석탑서점은 어디로 갔는가. 결론부터 말하자면, 현 중앙광장 지하 1층의 서점 '유니스토어'가 그 후신이다. 유니스토어는 현재 석탑서점 개업 이래 계속 운영을 맡아온 윤응모의 아들들인 윤성규, 윤준규 형제가 2대째 가업을 이어 운영을 맡고 있다. 이처럼 유니스토어는 정문 앞의 석탑서점의 뿌리를 이은 것인데, 석탑서점은 정문 앞을 떠나기 이전부터 교내에 들어와 구내서점으로 여러 군데를 전전하다가 현재의 자리에 정착한 것이다. 그동안 석탑서점은 캠퍼스 내외의 양립 형태로 존재한 때도 있었다. 그러다가 1995년경 교문 앞을 떠나면서 석탑서점의 이름은 완전히 사라진 것이다. 복사 집이 들어서 있는 석탑서점의 대지는 현재 고대 소유로 되어 있다.

석탑서점이 양립 형태로 존재하면서 구내서점으로 처음 교내에 자리잡은 것은 1970년경 현 호상 부근에 있던 구식당 건물이었다. 여기에서 현 학생회관 → 구교양관(현 우당교양관) → 4·18 기념관 → 교우회관 → 평생교육원(Lycium)을 거치면서 분리, 이전을 거듭하다가 현 중앙광장의 유니스토어로 합일, 정착한 것은 얼마 되지 않는다. 즉 라이시움 1층에 있던 유니스토어가 중앙광장 완공 후 들어선 유니스토어와 하나로 합친 것이 2006년이니 불과 3년 전의 일이다. 이처럼 구내서점으로서 이전과 통합이 거듭되었던 것은 고대 캠퍼스의 건물 신축과 용도 변경에 따랐던 것으로 여기서도 고대와 석탑서점의 뗄 수 없었던 관계를 알 수 있다. 한편 구내서점이 학생회관에 있었던 1970년 전후에는 고대출판부가 직접 운영을 맡으면서 석탑서점과 일시 단절된 때도 있었다. 당시 김진웅(법률45) 출판부장이 출판부의 이익 창출을 위하여 접수하였던 것인데, 다음 송민호(국문46) 부장이 부임하면서 운영 부실로 인해 다시 석탑서점 측에 운영을 넘긴 일도 있었다.

실로 반세기 가까운 동안 석탑서점은 고대와 운명을 같이하여 왔다고 해도 과언이 아니다. 특히 교문 앞에 있었던 탓에 1960년 고대 4·18의거를 시작으로 한미 행정협정 촉구데모, 한일회담 반대데모, 3선 개헌 반대데모, 유신 반대데모, 80년대 민주화데모에 이르기까지 매년 벌어지는 수많은 데모를 석탑서점은 증인처럼 지켜보았다. 동시에 데모 때 학생들이 던지는 우박 같은 돌에 맞아 문짝이 부서지고, 유리창이 깨지고……. 아예 대낮부터 문을 닫을 수밖에 없던 때가 부지기수였고, 그 독했던 최루탄 페퍼포그 가스에 눈을 못 뜨고, 숨이 막혔던 것은 모든 고대인들과 함께 공동으로 체험했던 사실이었다. 석탑서점의 어제와 오늘의 모습을, 더 잊히기 전에 대강 훑어보았다.

——〈고대유사〉 1회, 《고대교우회보》 제462호(2009년 1월 13일)

3) 인촌 묘소의 추억

1932년 본교가 현 안암동 캠퍼스에 자리를 잡고 최초의 건물인 본관을 시초로 도서관, 서관 등이 건립된 이후 80여 년간, 많은 새 건물이 차례로 지어져 현재 본교 캠퍼스에만 30동(棟)에 가까운 건물이 들어서 있다. 이처럼 캠퍼스 전체에 많은 건물이 들어차다 보니 교정은 옛 모습을 찾아보기가 힘들어졌다. 그래서 최근 졸업 30주년, 40주년 기념으로 모교를 방문하는 교우들은 모두 알아볼 수 없이 변한 학교의 모습에 혀를 내두른다.

그런데 몰라보게 변한 것은 건물이 들어섬에 따라 바뀐 캠퍼스의 지형도(地形圖)다. 전에 푸르던 나무숲은 간 곳 없이 사라지고, 정 들었던 옛 건물은 흔적조차 없어져 버렸다. 낯선 현대식 건물들이 길을 막아서고, 예전의 오솔길은 간 곳 없이 새로 난 시멘트 포장도로가 뻗어 있다. 실로 상전벽해(桑田碧海)란 표현이 어울릴 정도다. 그중에도 옛 모습을 완전히 감추어 전혀 찾을 수 없는 대표적인 곳이 인촌 묘소(仁村墓所)와 대운동장이다. 고대의 명물, 명소로 알려졌던 두 곳이 없어진 것은 학교의 발전을 위해 부족한 공간을 활용하기 위한 부득이한 일인지라 이를 탓할 고대인은 아무도 없다. 그러나 위의 두 곳에서 재학 시절을 보내고 나름대로의 추억을 간직하고 있는 많은 졸업생들에게는 허전함과 아쉬움이 큰 것 또한 사실이다.

1938년, 당시 대학 운동장으로서는 최초, 최대의 그라운드로 준공된 대운동장은 보전·고대 시대 70여 년의 역사를 지속해 오다가 2002년 중앙광장이 들어서면서 완전히 자취를 감추게 되었고, 1955년 조성되어 33년간 캠퍼스의 명소로 유명하던 인촌 묘소는 1987년 다른 곳으로 이장되면서 역시 고대인의 시야에서 사라져 버렸다.

이 중 이 글에서는 인촌 묘소의 전말(顚末)에 대하여 집중 조명하고자 하거니와, 인촌 묘소는 오늘의 고대를 있게 한 김성수 선생의 유택(幽宅)이란 사실에서 단순한 묘지 이상의 의미로 모든 고대인들의 숭모(崇慕)를 받아 온 성스러운 영역이었다. 그러나 제한된 교지의 효과적 활용이란 내외의 의견에 따라 정든 고대를 떠나야 했고, 그 자리에 인촌 탄생 100주년을 기념하여 1991년 세워진 것이 현재의 '인촌기념관'이다. 그래서 1987년 이후에 입학하여 인촌 묘소의 존재조차 알지 못하는 후배들에게 그 역사적 사실과 의의를 알리고 고대인 모두가 그 추억을 오래 두고 잊지 않게 하기 위하여 당시를 회고하고자 한다.

인촌이 지병으로 서거한 것은 1955년 2월 18일이었다. 평생을 민족의 교육, 언론, 산업 발전에 빛나는 공적을 쌓고, 해방 후 민주정부 수립에 주도적 역할을 하였으며, 이승만 정부의 독재에 맞서 부통령 자리까지 내던지며 항거한 민족의 큰 인물 인촌의 서거는 당시 우리 국민의 크나큰 슬픔이었다. 특히 그의 두터운 은고(恩

顧)를 입은 모든 고대인들이 받은 충격은 매우 컸다.

서거 다음날 이승만 대통령 부처가 빈소를 찾아 조의를 표하였고, 같은 날 정부에서는 장례를 국민장으로 할 것을 결정하고 장의 위원장은 함태영 부통령이 맡아 모든 절차를 진행하였다. 전례에 따라 7일장으로 행하여진 장례식은 2월 24일 서울 운동장에서 엄숙히 거행되었고, 식 후의 장례 행렬은 을지로, 광화문, 종로를 거쳐 고대의 우측 뒷산의 장지로 향하였는데, 영구차를 따르는 조문객들과 만장(輓章)이, 종로를 메웠었다고 당시 일간지들은 전하고 있다. 이렇게 당일 오후 인촌의 유해는 유족들과 많은 고대인들이 오열(嗚咽)하는 가운데 고대의 묘지에 안장됨으로써 인촌 묘소는 캠퍼스의 명소로 자리잡게 된 것이다.

그리고 당시 국문과 교수였던 시인 조지훈은 조가(弔歌)에서 다음과 같이 인촌을 추모하였다.

임의 뜻 한평생은
겨레 위한 일편단심
외 사랑 긴긴 밤을
잠 못 이뤄 하시더니
감으려 못 감은 눈
오늘 어이 감으신가
가신 뒤사 깨닫는 한
이 설움을 살피소서(이상 2절 중 1절)
어진 마음 따슨 손길
길이 두고 못 잊어라

온 겨레 마음의 별
인촌 선생 그 이름이여(후렴)

한편 인촌이 타계한 지 3년 후인 1958년 6월에 본교에 인촌동상 건립위원회가 발족하여 많은 교우들의 적극적 참여로 1년 만인 1959년 5월 5일 개교 54주년 기념일에 본관 앞 잔디밭에 인촌 동상의 역사적 건립을 보게 되어 인촌 묘소와 함께 인촌을 기념하는 양대 명소가 되었던 것이다.

이렇게 조성된 인촌 묘소는 앞서 말한 대로 33년의 성상(星霜)을 본교 캠퍼스의 일부로서 단순한 묘소를 넘어 인촌의 높은 정신이 깃든 곳, 인촌의 훌륭한 가르침이 어린 곳으로 모든 고대인들의 성역(聖域)이면서 심신을 가다듬는 안식처로 사랑을 받아왔다. 인촌 묘소의 위치는 현 서관의 서북쪽이었다. 서관의 서문을 나와서 좌우로 정구장과 농구장의 사이에 난 길을 지나(이 일대는 현재 국제관이 들어서 있다) 다시 우측으로 난 경사진 길을 따라 올라가면 길이 끝나는 곳의 우측에 묘소의 입구가 나타났다. 입구에 들어서서 왼쪽에 높이 올려진 등나무 차일(遮日)을 지나면 넓고 아름답게 조성된 묘역이 별천지처럼 눈앞에 전개되었다. 묘역은 돌계단을 사이로 상하단으로 구분되어 상단에는 봉분과 상석, 비석 등 석물(石物)과 회양목 등 작은 나무들이 조화된 아담한 정원이 꾸며져 있었고, 노가지, 향나무, 철쭉, 옥향, 주목 등을 경계로 뒷산에는 리기다소나무 등 키 큰 상록수들이 병풍처럼 둘러 있었다. 그리고 계단 아래 하단은 넓은 잔디 공간으로 그 주변에 향나무, 주목, 황매화, 월계나무, 목련 등의 꽃나무와 가문비나무, 잣나무, 단풍나무, 자귀나무, 접방나무, 산사나무, 아그배나무 등이 주위를 포근하게 감싸고 있었다. 묘지 조성 이후 계속 묘역을 가꾸어 온 관리인 이준규(李俊珪) 씨에 의하면 인촌 묘소의 주변에 식재된 나무는 40여 종의 수종(樹種)에 총 2천여 그루에 이르며 우리나라 어느 묘역에 비하여도 이와 같은 규모의 정원은 유일하다고 전한다. 그리고 아래쪽 농구장과의 경계에 있는 잣나무, 향나무 등은 보통 100년, 200년이 넘는 것들이며 그중에 300년 된 주목은 인촌이 가장 아끼던 나무로, 계동 자택 정원에 있던 것을 옮겨 심은 것인데 고대 전체의 수목 중 수령(樹齡)이 제일 오랜 나무로 인촌 묘소를 찾는 고대인들이 가장 아끼는 귀중목이었다.

이처럼 인촌 묘소는 사철 푸르름이 있었고, 철마다 꽃이 피어 꽃동산을 이루었으며, 꽃들이 풍기는 향내가 가히 환상적 분위기를 자아내는 명소였다. 그래서 고대인들은 이곳을 '교내에서 가장 비고대적인 곳'이라 일컬었고, 고대가 마음의 고향이라면 이곳은 '마음의 고향 중의 고향'이라는 공통된 인식을 갖고 있었다. 그 외 인촌 묘소는 고대인에게 있어 불가결한 다양한 기능을 제공하는 장소이기도 했다.

첫째는 사색과 명상의 장소였다. 교정의 복잡함을 떠나, 공부에 지친 머리를 식히고 아늑한 고요 속에서 잠시나마 자신 스스로에 침잠(沈潛)하여 성찰할 수 있는 정신적 안식처였다.

둘째로는 토론과 대화, 강의와 각종 모임이 열리는 쾌적한 장소였다. 잔디밭에 둘러앉아 오순도순 대화를 나누고 등나무 차일 돌벤치에서는 대학원 강의가 열리기도 하였다. 개교기념일 등 교내 행사 후 칵테일파티도 자주 있었고 교우회의 승진교우 축하연과 각종 친목회도 하단의 잔디 광장에서 행하여졌다.

셋째로는 아베크(Avec)족의 데이트 장소로서 십분 활용되었다. 특히 황혼이 질 무렵이면 쌍쌍이 짝을 지은 르맨티스트의 아지트로 변하여 밤이 되면 이들의 사랑이 무르익는 낭만의 열기로 가득 찼다. 그런데 개중에는 불경(不敬)스럽게도 아예 봉분 뒤의 으슥한 곳에 숨어들어 진한 애정을 나누는 경우도 많았는데, 이런 사실은 다음 날 묘소 청소원들에 의해 사랑의 유류품(遺留品)이 무수히 발견되면서 밝혀진 사실이었다. 그래서 그 후 교내에는 다음과 같은 괴담이 한동안 떠돌았다. '인촌 선생은 밤마다 주례를 서신다.'

현재 인촌 선생의 묘지는 경기도 남양주군 화도면 금남리 양지바른 산 언덕에 자리하고 있다. 옛날의 인촌 그소가 그리운 고대인들의 많은 참배가 요망된다.

——〈고대유사〉 36회, 《고대교우회보》 제497호(2011년 12월 10일)

4) 삼괴, 삼석두 교수의 정체

1950-60년대 문과대학(당시는 문리과 대학)에는 '삼괴'와 '삼석두'라 불리는 교수들이 있다는 소문이 파다했다. 도대체 '괴'(怪)란 글자가 괴한(怪漢), 괴물(怪物), 요괴(妖怪) 등의 용어에나 쓰이

는 글자로 대학 교수에게 전혀 어울리지 않는 말인데다, 이에 해당하는 교수가 3명씩이나 있다는 사실은 실로 그 자체가 괴이(怪異)한 괴담(怪談)이 아닐 수 없었다. 여기에 더하여 3명의 석두(石頭)까지 있었다 하는데, 석두란 아무리 가르쳐도 전혀 알아듣지 못하는 사람을 말하는 칭호일진대, 전문적 학자로서 학생들에게 진리와 지식을 전수하는 교수가 석두라는 사실은 실로 상상조차 할 수 없는 황당한 일이었다. 더구나 한 시기 하나의 단과대학에 삼괴, 삼석두 6명의 교수가 공존하였다니, 이야말로 괴상망측(怪常罔測)한 괴귀(怪鬼, 도깨비) 같은 이야기임에 틀림없었다.

그러나 이 이야기는 당시 문과대 교수 사이에 아는 이들이 많았고, 이들 교수들이 속한 학과의 학생들 사이에서도 꽤 퍼진 소문이어서 전혀 근거 없는 풍설(風說)은 아니었다. 하지만 그로부터 60년 가까운 세월이 흘러간 지금, 이들 교수들은 모두 세상을 떠났고, 이 이야기를 알고 있던 동료 교수들 또한 작고한 지 오랜 현재의 상황에서, 그 진상을 알아내기란 여간 어려운 일이 아니다. 그러나 다행히 당시에 이 사실을 알고 있던 같은 학과 제자들 중 아직 살아계신 분이 있고, 필자 역시 선배들로부터 그 소문을 일부 들은 바가 있을 뿐 아니라, 삼괴, 삼석두 교수 중 두어 분의 강의를 들으면서 직접 대한 바 있고, 또 1964년 강사로서 처음 모교의 교단에 서고부터는 이들 몇 분과 함께 교수휴게실을 드나든 경험도 있는 터여서 어렴풋이나마 소문의 윤곽은 파악하고 있었다. 그러나 그 소상한 내용은 정확히 알 수 없어 암중모색(暗中摸索)의 단계를 벗어나지 못하는 상황이었다. 즉, 삼괴, 삼석두에 해당하는 교수 6분은 어떤 이유로 이런 칭호를 부여받았는가. 또 이들에게 공통되는 특징은 무엇이며, 이들이 남긴 기행(奇行)과 이에 관련한 일화로는 어떤 것들이 전하고 있는가. 이 모든 것에 대하여 일부 알고 있는 부분도 있지만, 소상한 내용을 알 수 없어 그동안 말로도 글로도 이 이야기를 꺼낼 처지가 못 되는 입장으로 지내 왔다.

그런데 이러한 처지가 개선되어 이 글을 쓰게 된 것은 당시의 소식을 전하는 짤막한 글 한 편을 찾고부터였다. 제목도 필자도 알 수 없는 이 수수께끼의 글은 삼괴, 삼석두 이야기를 정면으로 다룬 것으로 당시의 상황을 비교적 소상히 전하고 있는 유일무이(唯一無二)의 귀중한 사료(史料)(?)이다.

이 문제의 글은 지금으로부터 49년 전인 1962년 3월 3일자 《고대신문》 특집 3면에 실려 있다. '본교 교수 중 삼괴와 삼석두라는 정평을 가진 교수가 있다'로 시작되는 이 글은 앞에 말한 대로 제목도 필자도 없이 〈'삼괴'는 대학의 개성적 존재, 동량(棟樑)적 존재인 삼석두〉란 기사의 헤드라인만 나타나 있다. 그렇다면 어째서 이런 밑도 끝도 없는 글이 불쑥 나타나게 되었는가. 그 연유는 이 글이 게재된 《고대신문》이 지령 300호 기념호라는 사실에서 찾을 수 있다. 즉 당시 《고대신문》의 편집진이 300호를 기념하기 위해 '3자 시리즈' 기획을 하면서, 마침 이 해가 유진오 총장 취임 30주년, 중앙학원이 보전을 인수한 지 30년, 도서관(현 대학원 도서관)이 개교 30주년 기념으로 건립된 사실 등을 거론하다가 여기에 당시 문과대학 교수휴게실을 중심으로 떠돌던 삼괴, 삼석두

三怪는大學의個性的存在
棟樑的存在인「三石頭」

○…本校 教授中「三怪」와「三石頭」라는 定評을가진 教授가있다。大學의 個性的存在로서의 前者「三怪」가있고「棟樑的」存在로 後者「三石頭」가 있다。

三怪의 경우 亦是哲學科教授가 壓倒的인데 三怪系譜에서 제면 설설해하실 子봉의 英文科 K教授가 候補로登場한다。三怪側의 共通點을 들면 外貌上으로 우선 떱떱한 차림을한다。다음이「에고이스트」(?)라는 點이다。이「에고이즘」이 利害關係를 위한 一種의「장사속」이 아니라는點이다。

自己中心的 외고집이 他人과 理論的 衝突이 생길때「怪」로 나타날 뿐이다。다음으로 話題面을 들겠는데 말이아주적은편이다。좋쑥 말을 꺼냄으로써 他人에게 웃음을 먼저주는경우가 또한「怪」로 表現된다。다른 意味에선 世上을 達觀하며 俗世와 妥協치 않기때문에 個人的인 損害를 보기가 일수라는 것이다。出世觀을 어떻게 解釋해야 옳을지(?)하여튼 長殺관염 담을 쌓고있다。社長 長官거넝 坊長도 못할 위인 들이지만 雜音많고 醜雜한 現世에 보기드문聖人들이다。약주도 많이들고 책을 많이 읽지만 執拗을 잘않고、孤獨의主人公들이라고 할가? S教授의 경운「풍초」莧樂비슷한 癖이 있다는 것이 學生들의 定評이다。중절모를 쭉 뒤꾸 어쓴 P教授는 그소박한 웃음에 親近感이들지만 講義時間에 뚠뚝 깊은思索에 잠기는 教授의 學問하는 모습은 범치못할 엄숙함이 서린다。

三怪에關해선 그起原과現況을 조사하려했으나 異說이하도많아서앞으로며 研究할것을 다짐하고「石頭」편으로옮기겠는데「三怪」와는對照的으로 外貌가 貴公子風의 紳士들이라는點이 興味있는일이다。우분의R教授 그리고 지금은계시지않은 H總長을 대개話題의 中心人物로 登場시킨다。C教授와 J教授도 有力한 候補인데 共通點으로무엇보다「슈바인·코프」라는 글자해석대로「한번안된다하면안되는것」이 特徵인데 우선公과私의 엄격한區別이다。아마이點이 高大에크게 貢獻할수있는 原因이될 것이다。

또 學生들에게 學點주는데 지독히 인색하다。R教授에겐 말도못건네는등 어려워들 했는데 親受後 대단히달라졌다는 說이 支配的이다。候補로계신 J教授를 師한 英文科N助의경우「偉大하신 J教授가 이기거나 내가 이기나 한번 견뎌보자」고 한말이 보여주듯學點에 인색하신데 다른 意味에선 學校를 지켜온 기둥적 役割이 오직 이「슈바인·코프」에依해서 이루어졌다는데 過去만이 아니고現在만에 그칠것이 아니라未來에도 繼續되길바라는마음간절하다

《고대신문》 300호 기념.

설까지 3자 시리즈에 끌어들인 것이다. 참고로 당시 《고대신문》의 제작진, 편집진을 보면 발행인 유진오, 편집인 현승종, 주간 오주환(정치46), 편집국장 윤장근(국문56), 총무국장 한현수(생물56)였다. 이 중 전 이사장 현승종과 미국에 이민 간 윤장근 외에는 모두 고인이 되었다. 이런 상황에서 60년의 세월이 흘러간 당시의 위 글에 관련된 정확한 사실을 이제 와서 밝혀내기란 결코 쉽지 않은 일이다.

그러나 이 글이 소문으로만 떠돌던 삼괴, 삼석두 이야기에 대한 최초의 기록이고, 또 이 글로 인해 처음으로 그 이야기의 내막이 사실로 공개됨으로써, 단순한 풍문이 아님을 문장을 통해 증명하였다는 점에서 그 역사적(?) 의미가 크다고 하지 않을 수 없다. 이러한 사실에도 불구하고 삼괴, 삼석두 교수의 실명을 밝히지 않은 채 영자 이니셜로만 표시하여 그 정체를 여전히 숨기고 있고, 또 필자가 누구인지 본명은 물론 이니셜조차 밝히지 않아 수수께끼로 남긴 점은 오히려 의혹을 부풀린 혐의가 없지 않다. 따라서 앞으로의 문제는 문제의 영자 이니셜의 주인이 누구인가 하는 점과, 이 글을 쓴 필자가 누구인가를 밝히는 일이 우선 초미(焦眉)의 관심사가 아닐 수 없다.

이 글에 나타난 바를 통하여 볼 때 삼괴는 S교수, K교수, P교수로 철학과 교수가 압도적이라 하고 있다. 삼석두는 R교수가 2명, 나머지 한 명은 지금은 안 계신 (당시) H총장이라 적시(摘示)하고 있다. 또 이들에 공통되는 특징을 말하고 있는데, 이를 바탕으로 부연 설명하면 다음과 같다.

• 삼괴 교수

① 외모와 복장이 지나치게 소탈하여 촌스럽고 털털하고 거칠다.

② 말수가 적고 퉁명스러우며 어쩌다 내뱉는 말이 남을 웃긴다.

③ 술도 많이 마시고 책도 많이 읽지만, 글도 논문도 좀처럼 쓰지 않는다.

④ 철저한 이기주의자로 세속과의 타협을 거부하며 항상 초연

한 자세다.

⑤ 장(長) 자리를 혐오하여 벼슬(보직) 자리와는 담을 쌓고 산다.

• 삼석두 교수

① 삼괴와는 정반대로 외모가 항상 깨끗하여 귀공자풍이며 고고한 자세다.

② 성격은 고집불통으로 한번 안 된다면 그것으로 끝장이다.

③ 학점에 매우 인색하여 한번 나간 점수는 천지가 개벽해도 불변이다.

④ 매사에 공사(公私)가 엄격하여 곁에만 가도 찬바람이 난다. 그래서 가까이 간 사람 중에는 감기 걸린 사람이 많다.

⑤ 성품이 엄격하고 냉정하여 인정미가 없어 보이며, 때로 무섭기까지 하다.

이상과 같이 요약할 수 있는데, 정체를 알 수 없는 이 글의 필자는 삼괴에 대한 설명 끝에 "삼괴에 관해선 그 기원과 현황을 조사하려 하였으나, 이설(異說)이 하도 많아서 앞으로 더 연구할 것을 다짐한다"라고 토로(吐露)하고 있다. 이로 보면 당시 특히 삼괴에 대한 제설(諸說)이 꽤 분분하였음을 알 수 있다.

그러면 이쯤에서 위의 글이 암시하는 바를 토대로 필자가 알고 있던 사실, 그리고 주변에서 수집한 그동안의 정보를 바탕으로 삼괴, 삼석두 교수의 정체를 밝히기로 한다.

• 삼괴

S교수: 손명현(철학과, 서양철학)

K교수: 김경탁(철학과, 동양철학)
P교수: 박희성(철학과, 서양철학)

• 삼석두
R교수①: 이종우(철학과, 서양철학, 전 총장)
R교수②: 이상은(철학과, 동양철학)
H총장: 현상윤(사학과, 유학사)

이상과 같은데 이와 같은 필자의 추정은 사실과 거의 틀림없을 것으로 생각된다. 여기서 한 가지 덧붙일 것은 삼석두 교수들은 같은 뜻의 독일어인 '슈타인 코프'(Stein Kopf)란 칭호로도 불렸다는 사실이다.

그렇다면 이들 6명의 교수들은 어떤 학자들이며 그런 칭호로 불리게 된 이유는 무엇이고, 그렇게 단정 지을 근거가 될 만한 기행(奇行)이나 특이한 사건 및 일화로는 어떤 이야기들이 있는가. 그리고 위 의문의 글의 필자는 과연 누구이며 그가 삼괴, 삼석두 외에 이니셜로 말하고 있는 두분의 K교수와 C교수, J교수, 그리고 N군은 누구인가.

——〈고대유사〉 28회, 《고대교우회보》 제439호(2011년 4월 10일)

5) 손 교수의 기행과 김 교수의 순애보

삼괴, 삼석두 6교수의 학력과 주요 저서들을 보면 다음과 같다.

박희성(朴希聖): 미시간대, 《현대사회와 윤리》(공저)
김경탁(金敬琢): 베이징대, 와세다대, 《생성철학》, 《주역》, 《노자》(역주)
손명현(孫明鉉): 와세다대, 《철학입문》, 아리스토텔레스 《시학》(역)
현상윤(玄相允, 납북): 와세다대, 《조선유학사》
이종우(李種雨): 교토대, 《철학개론》
이상은(李相殷): 베이징대, 《현대와 동양사상》, 《유학과 동양문화》, 《퇴계의 생애와 학문》

이상과 같은데 박희성은 탁월한 영어 실력으로 원서(原書) 강의를 주로 하였으며 영어강의의 선구자이기도 했다. 김경탁은 중국철학의 관념적 형이상학을 비판하여 변화의 생성원리로 설명, 중국철학의 방법론적 체계화를 이룬 독창적 학자였고, 손명현은 그리스 철학의 대가로 라틴어 그리스어에 능통하여 해당 강의를 전담하였다. 현상윤은 독립운동에 크게 기여한 민족지사로 한국유학사의 대가였으며, 최초의 고대 박사학위 수여자였다. 이종우는 하이데거 연구의 권위자였으며, 이상은은 현대적 동양철학자 제1세대로서 중국철학을 바탕으로 한국철학의 현대적 의의를 구명한 독보적 존재였다.

이상과 같이 이들은 당시 한국 학계의 최고 권위자였을 뿐 아니라, 해방 후 고대의 중추적(中樞的) 존재였던바, 이들 중 고대 총장이 2명(현상윤, 이종우), 문과대학장이 2명(이상은, 박희성)이었던 사실이 이를 증명하고 있다.

그렇다면 이들이 삼괴, 삼석두라 불리게 된 까닭은 무엇일까. 그것은 이들이 앞선 글(〈고대유사〉 28회)에서 밝힌 대로 삼괴, 삼석두의 공통점 각각 5개항에 모두 해당되는 인물들이고 또 이에 걸맞은 심상(尋常)치 않은 기행(奇行)의 주인공들이란 점에서 이론의 여지가 없다. 다만 앞서 밝힌 의문의 글의 필자가 누구인가 하는 점인데, 여기 대하여는 좀더 심도 있는 고증이 요청되지만, 필자는 여러 정황으로 미루어 신일철(철학51)로 단정하고자 한다. 우선 그가 고대 철학과 학부, 대학원, 교·강사 출신이라는 점과 학생 시절부터 고대신문사에 깊이 관여해 왔고, 그의 평소의 구변

6교수의 저서들.

(口辯)이나 글솜씨로 보아 그의 소행(所行)(?)이 틀림없기 때문이다. 그가 삼괴, 삼석두의 본명을 숨기고 이니셜만으로 나타낸 것은 당시(1962) 대부분 생존하였던 현직의 스승들이란 점에서 기휘(忌諱)하였던 것으로 보인다.

각설(却說)하고, 삼괴, 삼석두가 그러한 호칭을 얻게 된 내력(來歷)은 대개 이렇다.

먼저 삼석두 쪽을 보면, 이종우의 철학개론은 난해하기로 유명한데다 학점이 박하여 필수 교양인 이 과목의 학점을 못 따서 당시 법대 학생 중 졸업이 1, 2년 늦어진 경우가 꽤 있었다고 전한다. 또 이상은은 자신의 과목을 수강하는 학생들에 대하여 스스로 정한 결석의 제한선을 넘은 학생에게는 아예 중간이나 기말시험에 응시할 자격조차 주지 않았다고 한다. 한편 현상윤은 극도의 청렴과 결백, 그리고 근검과 절약의 측면에서 석두로 알려졌다. 그는 고대 총장 시절 총장용 자가용을 마다하고 버스나 전차로 출근하는 경우가 대부분이었다고 한다. 또 어느 해 가을 농대 실습장에서 생산된 무, 배추를 교직원 전원에게 똑같이 나누어 준 일이 있었는데, 고루 나누다 보니 총장 몫으로 돌아온 양도 매우 적었다. 그런데 그는 자신 몫의 무, 배추를 새끼줄로 꽁꽁 묶어 직접 양손에 들고 성동역 전차 정류장까지 가서 전차를 타고 귀가하였다고 한다. 그리고 유달리 책임감이 강했던 그가 6·25 발발 후, 교직원들의 석 달치 월급을 미리 챙겨 주느라 피난이 늦어 공산군에게 납치되었던바, 이는 모든 고대인에게 가슴 아픈 일로 남아 있다.

심상치 않은 기행으로는 삼괴 쪽이 단연 압도적이다. 그중에도 박희성을 제외한 손명현과 김경탁에게 집중되어 있다. 손명현은 자신의 복장에 대하여 지나칠 정도로 무신경이어서 너무도 소탈(疎脫)한 그의 복장은 항상 세련되지 못한 채 어색하고 촌스러웠다. 이 때문에 그에게서 대학 교수로서의 품위와 단정한 외모란 찾아보기 어려웠다. 게다가 자신의 옷매무새에 대하여도 전혀 신경을 쓰지 않아 강의시간에 양복바지 앞쪽의 단추를 닫지 않은 채 열려 있는 경우가 보통이었다. 필자가 수강했던 철학개론 강의시간에는 열려 있는 바지 앞쪽으로 와이셔츠의 하얀 끝자락이 삐죽이 나와 있어 폭소를 자아낸 일도 있었다. 그리고 신일철은 앞의 글에서 그에게는 담배꽁초 수집벽이 있다고 했다. 그러나 실은 꽁초를 주워 피었던 일을 완곡하게 표현한 것이었다. 아깝게 생각한 나머지 꽁초를 주워 모으고, 그가 이를 피웠던 것은 당시 문과대 주변에서 널리 알려진 사실이었다. 검소와 절약의 극치였다. 또 어느 해 고연전 바로 전날 대운동장에서 총응원연습이 있었는데, 이날 총학생회 간부들이 교문을 닫아걸고 출입을 통제하고 있었다. 응원연습을 피하여 학교 밖으로 나가는 학생을 막고, 응원연습을 구경하고자 학교 안으로 들어오려는 고대 인근의 아이들과 주민들을 막고자 함이었다. 학생회 간부들은 교문을 막고 서서 교직원에 한하여만 선별적으로 내보내고 들여보내고 있었다. 그때 마침 손명현이 외부에서 돌아오고 있었다. 교수임을 알아본 학생들이 얼른 들여보내자 교내로 들어가려고 몰려 있던 사람들로부터 다음과 같은 불만의 함성이 터져 나왔다. "여봐, 학생!

왜 저 사람은 들여보내고 우리만 막는 거야, 뭐야!" 김경탁은 동양철학자답게 늘 조용히 말이 없고 다소곳한 작은 체구의 선비였다. 그런 그가 새침데기 골로 빠진다고 서울역 앞 M다방의 S마담을 몰래 짝사랑하고 있었다. 그래서 학교 강의가 끝나면 곧장 다방으로 달려가 한구석에 좌정하고 차 한 잔을 시켜 놓고는 담배를 피우면서 S마담을 물끄러미 바라보다가 해질 무렵이 되면 돌아오곤 했다. 그뿐이었다. S마담과 대화를 나누는 일도 없었고, 매일같이 다방의 구석에 벽화처럼 앉아 그저 바라만 볼 뿐이었다. 그러나 늘 반복되는 그의 다방행을 알아차린 동료 교수들이 그의 무모한 짝사랑을 힐난(詰難)하며 놀려 대자 그는 태연히 '吾道(관지)는 一以貫之(일이관지)라'(《論語》, 〈里仁篇〉)라 하며 결연한 의지를 표현하는 것이었다. 그런데 이를 계기로 짓궂은 동료 교수들은 그의 호를 아예 '관지'(貫之)라 지어 불렀다. 실상 그에게는 '우암'(愚庵)이란 버젓한 호가 있었다. 그러나 한번 재미 본 동료들은 물러서는 일 없이 '관지, 오늘은 M다방에 안 가나', '관지, S마담 보고 싶지' 하며 끈질기게 김경탁의 약점을 물고 늘어졌다. 그럴 적마다 그는 얼굴만 벌겋게 달아오를 뿐 묵묵부답이었다. 그런데 1970년 김경탁은 갑작스레 세상을 떠났고 그의 장례식은 문과대학장으로 교내에서 엄수(嚴修)되었다. 그리고 식장에는 '관지 김경탁 교수 영결식'(貫之金敬琢敎授永訣式)이란 현수막이 걸려 있었다 하니(김영철 명예교수담) 그의 '일이관지'의 정신은 저세상에서나마 S마담과 함께 지속되지 않았을까.

돌아보면 삼괴는 학자로서의 확고한 개성(個性)의 표출이었고,

삼석두는 학자와 학교 운영자로서의 불변의 원칙과 지공무사(至公無私)의 신념의 표현이었다. 그리고 이런 이야기들을 나누며 즐기던 당시 문과대학 교수휴게실의 분위기는 여유와 멋이 가득하고 건강하고 밝은 웃음이 넘치는 학문의 안식처였다.

한편 50, 60년대의 '구삼괴'에 이어 70, 80년대의 '신삼괴'로 H교수, L교수, K교수가 있었던 것으로 알고 있는데, 시간이 흘러간 지금 전대의 '괴'의 전통을 계승하는 '현삼괴'는 없는지, 있다면 누구들인지 궁금하다(앞서 말한 K교수 2명과 J교수, C교수, 그리고 N군이 누구인지는 아직 확인되지 않아 다음을 기약한다).

——〈고대유사〉 29회, 《고대교우회보》 제490호(2011년 5월 10일)

6) 공대 학장과 메뚜기 영감

고대인으로 '최필남'(崔弼男), '한경록'(韓景錄)이란 이름을 기억하고 있는 이는 별로 없다. 이 두 사람이 모두 20년 이상 고대에 머물면서, 고대인과 함께해 온 인물들이란 점에서 고대인이 그 이름을 모른다는 것은 경이로운 일이다. 그러나 이 두 사람의 얼굴을 보면 1970년대 중반 이전의 학번으로 모르는 사람은 거의 없을 것이다. 그래도 둘 중의 하나도 모른다면, 그는 틀림없이 가짜 고대생이었거나 고대생을 위장한 남파 간첩임에 틀림없다. 그것은 당시 고대를 4년 이상 다닌 사람이라면 위 두 사람의 얼굴을 기억하지 못할 리가 없기 때문이다. 그러나 이들의 본명을 기억하지 못하는 것은 당연하다. 왜냐하면 위 두 사람은 본명보다는

최필남 씨(左)와 한경록 씨(右).

다른 칭호, 즉 최필남 씨는 '공대 학장'으로, 한경록 씨는 '메뚜기 영감'(메뚜기 할아버지, 메뚜기 아저씨로도 불렸다)으로 더 알려져 굳이 그 본명을 알 필요가 없었기 때문이다(실은 필자도 메뚜기 영감의 본명을 안 것은 이 글을 쓰면서였다).

그렇다면 이들은 고대에서 어떤 일을 한 사람들이었으며, 왜 그렇게 불렸던 것일까.

'공대 학장'으로 불렸던 최필남 씨는 보전 시절인 1935년에 처음으로 부임하였다. 당시 인촌이 안암동에 터를 잡고 본관을 완공한 직후, 그는 용원(傭員)의 직위로 기관수(汽罐手)의 임무를 맡고 근무를 시작하였다. 기관수란 난방 보일러를 다루는 기사로 당시에는 난방 기능을 갖춘 건물도 드물었지만, 이런 기술을 가진 기능인도 드물었다. 그래서 그는 본관에 이어 1937년에 완공된 도서관(현 대학원 도서관)의 난방도 관리하였다. 뿐만 아니라 보전, 고대를 거치는 30여 년간 난방보일러는 물론, 학교의 전기, 수도 관계 관리와 수리를 전담한 전교 유일의 기술자였다. 그가 근무하던 공장(?)은 본관 동쪽, 도서관으로 돌아 올라가는 길목에 있던 기관실 건물이었다. 공장답게 높고 큰 굴뚝(현재는 헐리어 흔적만 남아 있다)을 가진 작은 건물이었다. 근년에 이르러 연료가 가스와 기름으로 바뀌었지만, 그가 근무하던 시기는 연탄을 사용할 때라, 가끔 밖으로 바람 쐬러 나오는 그를 보면, 양손은 기름 범벅이었고, 얼굴에는 숯검정을 잔뜩 묻히고 있었다. 그 얼굴로 지나가는 학생들과 미소로 인사를 나누기도 하였다. 실로 공과대학이 없던 50, 60년대(고대에 공과대학이 처음 생긴 것은 1977년이었다) 고대생들이 그에게 '공대 학장'이란 칭호를 붙여 준 것은 매우 적절한 명명이었다.

'공대 학장' 최필남 씨가 근무하던 기관실 건물.

그는 충남 예산 태생(1907년생)으로 집이 빈한하여 보통학교 4년을 마치고 바로 예산 제사공장에 들어가 일하다가 5년 후 상경하여 여러 곳을 전전하다 1935년 보전의 첫 기관수로 부임하였다. 그 후 보전의 안암동 시대와 고락을 함께하였고, 해방 후인 1955년 개교 50주년 기념식에서 20년 근속 표창을 받았는데, 함께 근속 표창을 받은 이들 중 유진오 전 총장의 18년 근속에 비하여 2년이 더 긴 기간이었다. 그는 20년 근속의 소감을 말하는 가운데, 자신이 처음 부임하였을 당시 아직 논밭이었던 운동장(현 중앙광장) 이야기, 일제 말기 일인 가와모토(河土) 교관이 보전생들에게 혹심한 학병 훈련을 시키면서 결석한 학생에게 '충성'(忠誠)이란 혈서를 쓰도록 강요하던 이야기, 1950년 6·25 발발 후 숙직실에서 나오다가 공산분자에 체포되어 강제로 의용군에 끌려가서 자원(自願)이라 실토하도록 강요당한 이야기 등을 회상하면서, "훌륭한 김성수 선생 아래서 한국의 대학인 고려대학에서 일하고 먹고 산 생애가 자랑스럽다"라고 했다.

그는 정년 퇴임 후에도 촉탁이란 이름으로 60년대까지 근무하여 30년이 넘는 세월을 고대와 함께하였다.

이상 최필남 씨에 비하여 '메뚜기 영감' 한경록 씨는 정식으로 고대의 직을 갖지 않은, 캠퍼스의 외근 사진사였다. 메뚜기란 칭호는 그의 작은 체구, 약간 굽은 어깨 등의 체형과 살짝 뒤로 젖혀진 두상이 꼭 메뚜기를 닮았다 하여 붙여진 이름이었다.

그는 1951년 1·4후퇴 때 평남 평원군에서 단신 월남한 실향민이었다. 그가 고대에 본거지를 두고 고대인들의 전용 사진사가 된 것은 실로 우연한 기회였다. 월남 후 일정한 생계대책이 없던 그는 평소 관심이 있던 사진술을 익혀 당시 서울 근교 유원지를 배회하면서 카메라가 귀하던 당시 행락객들의 사진을 찍어 주는 일로 생계를 삼고 있었다. 그러던 1955년 어느 날, 동구릉에 야유회를 왔던 고대 법대생 몇 명의 사진을 찍어 준 것이 계기가 되었다. 즉 이들의 사진값 수금차 수차례 고대를 드나들다가 정이 들어 아예 고대 캠퍼스를 영업의 본거지로 삼아 정착하게 된 것이다. 그러나 고대에 적을 두지 않은 터라 일정한 건물의 공간을 차지하여 사진업을 할 수는 없었다. 그래서 그가 임의로 정한 공간을 영업장소로 삼고 주로 머물던 곳이 곧 그의 사진관이었다. 그곳은 본관 앞 정원의 우측 라일락 나무 밑의 나무벤치가 있는 곳이었다. 그는 항상 거기에 머물면서 고객을 맞이했다. 즉 학생들이나 고대 방문객이 본관 앞에 이르러 인촌 동상 주변을 서성이며 도서관 석탑을 쳐다보든가 하면 그야말로 메뚜기처럼 톡 튀어나와 접근해서는 씩 웃으며 말을 걸었다. '거저 한 장 찍으라우. 잘 뽑아 드릴끼니' 하면 당시 카메라를 가진 사람이 드물 때고, 고대 내에서는 독점 사업(?)인지라 대부분 상담은 금방 성립되었다. 거리와 포즈를 잡아 주고 촬영을 하고 값과 사진 찾는 날짜를 정하면 상황 끝이었다. 헤어지면서 '잘 부탁해요' 하면 그의 대답은 항상 '내레 넘네 말라우'였다.

'메뚜기 영감' 한경록 씨가 머물던 본관 앞 벤치.

그는 학생들을 항상 미소를 머금은 서글서글한 눈매에 소탈한 성품으로 대하였다. 그리고 때로는 가난한 학생들에게 사진값을 듬뿍 깎아 주기도 하고 아예 공짜 사진을 찍어 주기도 하는 너그러운 사람이었다. 한편 그는 개인 사진만이 아니라 고대의 사진을 도맡아 찍는 고대의 전담 사진사이기도 했다. 즉 고연전은 물론 고대의 크고 작은 행사의 사진을 전담하기도 했고, 한때는 고대신문사의 사진을 도맡아 찍기도 했다. 또 고대생들의 신입생 환영회, 졸업생 파티, 심지어 졸업생들의 결혼식 사진을 찍어 주기도 하였다. 특히 졸업생 20명으로 구성된 '총각친목회'라는 모임이 있었는데, 이들 모두의 결혼식 사진을 찍어 주기도 하였다.

이런 덕에 고대생들의 도움도 많이 받았다고 한다. 언젠가 자기 둘째 딸이 대광고 앞에서 뺑소니 교통사고를 당한 일이 있었는데, 그때 사진 때문에 알게 된 고대 출신 검사의 적극적인 도움으로 사고 운전수를 쉽게 잡은 일도 있었다고 한다. 그는 재학 시절 가까웠던 고대생들이 졸업 후 출세하여 자가용을 타고 교내에 나타나면 그렇게 반가울 수 없었다고 한다. 그러나 사진을 안 찾아가는 학생, 외상으로 사진만 찾아가고 사진값을 내지 않는 학생들도 없지 않아 실망스러울 때가 많았다고 한다.

어쨌든 고대에 머물던 20년간 그가 찍은 흑백사진 한 장 안 가진 사람 없을 정도로 그는 고대생들과 친숙한 사이였다.

이렇게 고향을 이북에 두고 단신 월남한 그는 2남 3녀를 두고 망향의 설움 속에 고대의 사진업 일념으로 주름살이 늘어 가던 1975년 10월 9일, 마침내 고혈압으로 59세의 평생을 뒤로하였다. 이로부터 그의 잔영(殘映)은 고대 캠퍼스에서 영원히 사라지게 되었는데, 그의 유해는 경기도 양주군 내천면 '평원군민 묘지'에 안장되었다. 혹 재학 시절 석탑의 추억 속에서 그와의 잊을 수 없는 추억이 그립거나, 사진값을 갚지 못해 마음에 걸리는 졸업생이 있으면 요즘 흔한 막걸리라도 한 병 사들고 찾아가 볼 일이다.

그리고 고대의 사진인들이여, 해방 후 고대 사진의 원조인 '메뚜기 영감'을 영원히 잊지 마시라.

——〈고대유사〉 21회, 《고대교우회보》 제482호(2010년 9월 11일)

3. 진정한 고대인은 누구인가

1) 진정한 고대인은 누구인가

고대 졸업생으로 어느 학번인들 그렇지 않을까마는 특히 50, 60년대 학번들의 모교에 대한 자부심과 긍지는 유난히 높았던 것 같다. 당시 대다수의 고대생들은 역사나 전통에 있어서는 물론, 심지어 교수진 건물에 있어서까지 한국에 고대만 한 대학은 없다고 생각하였다(사실이 그렇기도 했다).

지금도 그렇지만 당시도 서울대가 국립대학으로서의 위세를 뽐내고 있었다. 그러나 일제가 식민통치의 관리 양성을 목적으로 세운 경성제대의 후신이라는 서울대가 그 터나 건물은 이어받았는지는 몰라도, 그 설립 목적이나 건학 취지로 볼 때 전혀 별개의 대학이다. 그래서 우리에게 있어 서울대는 최초의 국립대학으로 설립된 한낱 신생대학이었을 뿐이다. 그리고 신촌의 연희동에 있던 연희대학(연세란 명칭은 그 후에 세브란스 의대와 합치면서 생긴 이름이다)은 기독교 선교를 위해 외국 자본으로 설립된데다,

고대보다 역사가 10년이나 늦은 후발대학으로 치부하는 터였다.

이에 비하여 고대는 한국 최초의 고등교육기관이자 순수 민족자본으로 설립된 자랑스러운 민족의 대학인지라, 당시 고대생들의 자긍심은 당연한 것이었다. 그리고 서울대는 '신생대학'으로 연희대는 '후발대학'으로 여기는 터에, 그나마 이상의 속칭 SKY 대학 외에 해방 후 생기기 시작한 여타 군소대학은 전혀 안중에도 없었다. 이런 상황에서 당시 고대생들은 고대에 입학한 것을 큰 영광으로 알았고, 오로지 고대에 들어오기 위하여 2, 3년의 재수 끝에 목표를 달성하는 경우도 적지 않았다. 그리고 이러다 보니 당시 본교생들의 모교 사랑은 정도가 지나칠 만큼 높고 뜨거웠다.

다음의 두 가지 사례는 당시의 그런 분위기를 전하는 단적인 예에 해당한다.

하나는 당시 고대인이 자신의 결혼식에서 교가를 부른 사건(?)이다. 즉, 주례사가 끝나고 축가의 순서에서 신랑의 선창과 지휘로 하객 중의 고대생들과 함께 교가를 부르고, 이어 교호까지, 그것도 빠르게, 더 빠르게 세 번을 식장이 떠나가라 외쳤다는 것이다. 지나친 돌출 행동에 치기(稚氣)도 엿보이지만, 당시 고대생들의 기개의 일면을 보여 주는 사실임에는 틀림없다.

다음 한 가지는 김덕은(상과27, 교우회 이사장 역임)이 자식들에게 남긴 유언이다. "내가 죽으면 우리 모교의 교기로 내 관을 덮어 달라." 사뭇 숙연한 감조차 드는 유언인데, 역시 고대인이기에 가능한 이야기다. 김덕은은 물심양면으로 고대의 발전에 눈부신

서관 앞 언덕에 자리잡은 4·18기념탑에는 과거 고대생의 모습이 부조돼 있다. 이들은 등교 시·외출 시에도 교복과 학교 배지를 착용했고, 이를 자랑스럽게 여겼다.

활약으로 다대한 공헌을 한 고대인이다. 한마디로 《교우회 100년사》의 색인(索引)에 그의 이름이 41회나 등장하는 데서 잘 드러난다. 실로 그는 고대를 위한 일이라면 평생을 살신성인(殺身成仁)의 자세로 임하였다. 그러한 공적으로 1992년 '자랑스러운 고대인'(서정국, 이철승 공동)으로 표창된 바 있다.

이런 분위기 속에서 당시의 고대생들은 등교 시에는 물론, 일반 외출 시에도 거의 대부분 교복을 입었고 반드시 고대 배지를 달았다. 그리고 그것을 자랑으로 여겼다. 이런 사실은 교정의 '4·18 기념탑'에 부조(浮彫)된 고대생들의 복장에서 알 수 있다. 즉 앞줄의 5명 중 3명이 배지를 단 교복차림을 하고 있다. 1960년 전후의 고대생 복장 그대로다.

그러면 오늘의 고대는 어떤가. 재학생이나 졸업생을 막론하고 모교에 대한 올바른 이해와 사랑, 그리고 고대인으로서의 인식과 자긍심이 점차 퇴색해 가지 않나 하는 것이 뜻있는 선배들의 공통된 우려다. 즉 사학(私學)으로서의 끈끈한 응집력과 일체감, 고대가족으로서의 뜨거운 열정과 친화력, 그리하여 고대의 혼과 정신을 지닌 고대인이 날로 줄어들고 있다는 것이다.

왜 이렇게 되었는가. 그것은 국제화, 세계화로 치달리는 전반적인 대학의 변화와, 교육제도와 대학생 선발 방법이 급격히 달라지는 현 대학 사회의 추세와 변모에서 불가피한 현상이라 보는 시각도 있다. 즉, 날로 팽창해 가는 대학생의 수적 증가, 여러 대학에 지원서를 내고 성적에 따라 입학이 결정되는 입시제도, 대학을 사회진출을 위한 경유지 정도로 생각하는 경박한 풍조, 이러한 요인들이 자신이 적을 둔 대학에 대한 인식을 흐리게 하였다는 것이다.

그러나 고대의 경우는 달라야 한다. 1세기를 넘는 역사와 전통에 빛나는 민족 사학을 다니거나 졸업한 고대인은 이러한 시세에 가벼이 추수(追隨)해서는 안 된다. 한편 고대인이라 하여 모두 고대인은 아니다. 진정한 고대인이 되려면 고대인으로서의 정체성(正體性, identity)을 지니지 않아서는 안 된다. 즉 정신력, 기질적 측면에서 고대인은 최소한 다음의 4가지 요건을 갖추어야 한다는 것이다.

첫째, 고대의 역사, 전통, 역대의 주요 인물에 대하여 비교적 소상히 알아야할 것. 둘째, 고대의 교시(校是)인 자유, 정의, 진리의 참뜻을 터득하고 실천해 나갈 것. 셋째, 재학생의 경우는 교내외 활동(체육, 사회봉사 포함)에서 현저한 업적으로 모교를 빛내며,

졸업생은 사회에 진출, 모교의 명예를 드높일 뿐 아니라 교우회비, 분담금 등을 빠짐없이 납부하며 장학금, 발전기금을 일정액 이상 기부할 것. 넷째, 고대의 교가, 응원가의 1절 이상을 외워 부를 수 있어야 하며, 재학 중 또는 졸업 이후에 정기 고연전 응원을 2회 이상 함께 참여하여야 할 것.

과거 고대생들의 사발식 장면.

이상 4가지의 가이드라인은 고대인의 정체성을 가늠하는 척도가 된다. 따라서 진정한 고대인이라면 이 라인을 통과하지 않으면 안 된다. 그리고 같은 고대인이라도 모교에 대한 기여도에 따라 똑같을 수는 없다. 이에 필자는 내친김에 고대인의 급수(級數)를 정하기로 하겠다. 고대인의 급수는 최하 6급에서부터 최고 1급까지 6단계로 나누는데, 그 순서와 칭호는 다음과 같다.

6급: 고대졸(高大卒, 여기서의 '卒'은 졸업의 의미가 아니다), 5급: 고대걸(高大傑), 4급: 고대호(高大豪), 3급: 고대광(高大狂), 2급: 고대현'(高大賢), 1급: 고대성(高大聖)의 순서다 각각 자신이 몇 급에 해당하는지는 스스로 냉정히 판단할 일이다. 역대 총장이나 교우회장 중에, 그리고 모교 발전에 괄목할 기여를 한 교우 중에 1급 '고대성'(高大聖)이 꽤 있을 것으로 추정된다.

실로 고대생, 고대 졸업생으로서 위의 4가지 가이드라인을 통과하여 '고대인'이 되기도 쉽지 않은데, 여기서 다시 6급으로 시작되는 등급을 단계적으로 올라 1급에 이른다는 것이 얼마나 어려운 일인가. 그리고 여기서 전제해 둘 것은 '고대인'은 반드시 고대 졸업생이어야 하는 것은 아니다. 고대 교원, 직원으로서 고대에 봉직하고 있거나, 장기간 봉직한 경우라면 고대인이 될 자격은 얼마든지 주어진다.

필자는 모든 고대생, 졸업생, 교직원이 모두 고대인이 되어야 한다고 생각하지는 않는다. 이들이 고대인이 되고 안 되고는 개인의 자유다. 세계인이 되기 위하여 고대인은 버려도 좋다. 다만 진정한 고대인이 많이 나오고, 여기서 다시 6등급에 걸치는 고대인의 다양한 칭호를 얻어 좀더 상급의 고대인 많아지기를 고대를 사랑하는 사람으로서 희망할 뿐이다.

끝으로 고대인이 애송해야 할 시 한 편을 추천한다. 박희진(영문50)의 〈고대찬가〉(1976년 作)이다.

> 태양계 안에서도
> 가장 아름다운 별은 지구
> 지구상에서도 가장 높푸른 하늘은
> 바로 한국의 하늘
> 그 하늘 아래 가장 으리으리한
> 백금의 햇살을 받고

의젓이 솟은 것이
고려대학교 학문의 전당
가장 어질고 의로운 겨레의
젊음이 불타는 곳
백수의 왕
호랑이의 야성을 지녔으되
저 수려한
화강암 석탑의 지성을 보라
누가 마음의 고향을 안 느끼랴
누가 희망으로 부풀지 아니하랴

——〈고대유사〉 10회, 《고대교우회보》 제471호(2009년 10월 14일)

2) 이광수 《흙》의 보전생 '허숭'

허구(虛構, Fiction)를 본질로 하는 소설에는 논픽션이나 역사물 등과 같은 실제 인물이 아닌 가공적인 인물이 등장한다. 그리고 이에 따라 인물이 속한 단체나 학교 역시 실재하지 않는 가공적인 이름으로 설정된다.

그런데 여기서 앞으로 2회에 나누어 살필 우리나라 2편의 현대소설에서 작가가 '보전생', '고대생'이라 하여 주인공의 소속 학교를 밝혀 특정 학교의 학생임을 나타내고 있는데, 이는 매우 이례적인 일이다. 그렇다면 이들 작품의 작가들은 어떤 이유로, 어떤 목적에서 일반적인 소설의 상례에 벗어난 수법을 쓴 것일까. 여기서 이들 작품들의 주인공이 지니는 성격(性格, Character)과 당

춘원 이광수

1950, 1951년 한성도서에서 발간된 《흙》 상, 하.
고려대학교 도서관이 소장한 《흙》 단행본 중 가장 오래되었다.

시 시대 사회 현실의 실제 상황과 연결되는 사회적 연관성(Social relativity)에 결부하여 작가의 의도와 작가의식을 살펴보는 것은 매우 흥미로운 일이다.

먼저 1932년에 《동아일보》에 연재되었던 이광수(李光洙, 1892-1950, 납북 직후 사망)의 작품 《흙》에 대하여 살피기로 한다. 이 작품의 주인공 허숭이 보전 학생이란 사실은 이미 알려져 왔다. 그리고 허숭이 건실한 청년으로 당시 벌어지고 있던 '브나로드', 즉 귀농운동(歸農運動)에 앞장서 온 인물이란 점도 익히 알려진 사실이다. 여기서 필자는 허숭을 둘러싼 주변 인물과의 관계, 당시 사회현실과의 연관성, 그리고 작자 이광수와 특히 허숭이 보전생으로 등장하게 되는 당위성(當爲性) 등에 주목하여 좀더 정밀하게 살펴보고자 한다.

《흙》은 〈무정〉, 〈재생〉, 〈사랑〉, 〈원효대사〉 등과 함께 춘원(春園)의 대표작으로 꼽히는 작품으로 1930년대의 농촌소설, 계몽소설에 해당하는 대중소설이다. 발표 직후부터 부르주아 문학, 사이비 계몽소설, 센티멘털 농촌소설이란 등의 부정적 평가와, 인도주의 소설, 민족주의 계몽소설, 농민문학의 대표작이란 긍정적 평가가 엇갈려 왔다. 그러나《흙》은 한국 장편소설사에 크게 기록되는 작품으로 1930년대 우리나라 농촌의 피폐한 모습과 그 속에서 어렵게 살아가는 농민을 중심으로, 일제 치하의 억압 속에서 신음하는 서민들의 고통을 담아낸 대작임에 틀림없다.

《흙》은 이상적 농촌사회를 건설하려는 주인공 허숭과 이에 대립되는 김갑진, 그리고 정선과 유순이란 여주인공들 간의 대립갈등과 애정의 삼각관계가 어우러지면서 그 주 내용을 형성한다. 물론 이들 외에도 수많은 인물이 등장하지만, 작품의 주축을 이루는 것은 주동인물로서의 허숭과 반동인물로서의 김갑진이며, 작품의 귀결은 제목이 암시하는 바와 같이 주인공 허숭의 귀농의식(歸農意識)으로 모아져 있다.

주인공 허숭은 원래 독립지사의 후예로 시골에서 상경하여 빈한한 처지로 보성전문을 다니며 윤참판의 행랑에 머물면서 보통학교 학생들을 가르친다. 이러던 그가 정신적으로 숭앙하는 한민교 선생의 감화를 받고 '나도 한 가지 조선을 위하여 무슨 큰 일을 해야겠다'는 결심을 하고 고향마을인 살여울로 내려와 귀농운동을 펼친다. 그는 농촌에서 야학교를 여는 등 활발한 활동을 하다가 주재소(駐在所, 현 파출소에 해당함)에 잡혀 와 소장의 심문에 답변하는 중 다음과 같은 말을 한다.

> 글 모르는 사람은 글을 가르쳐 주고, 조합을 만들어서 생산 판

> 매 소비도 합리화시키고, 위생 사상도 보급을 시키고, 생활 개선도 하고, 그래서 조금이라도 지금보다 좀 낫게 살도록 해 보자는 것이오.

여기에 그의 민족적 동기에서 출발한 농촌운동의 포부가 잘 나타나 있다. 그는 이런 일로 인해 마침내 당국으로부터 조선 독립을 목적으로 농민을 선동하여 협동조합과 야학회를 조직하였다는 치안유지법 위반죄로 5년의 징역형을 언도받는다. 그러나 허숭은 전혀 굽힘이 없이 그 후 열심히 공부하여 변호사가 되며, 다시 살여울로 돌아가 여러 가지 유익한 농촌 봉사를 지속한다.

이와 같은 허숭과 대척적(對蹠的)인 위치에 있는 인물이 김갑진이다. 그는 허숭의 고보(高普) 선배로 경성제대 법과에 다니는 수재다. 그는 몰락한 친일파의 아들이었으나 윤참판의 학비 보조로 대학을 다니며 가까이 지낸다. 그런데 김갑진은 이념상 부르주아 지식으로 양반을 자처하며 조선인 농민들을 멸시하고 오만불손한 행동을 할 뿐 아니라 성적으로도 방종한 인물이다. 그의 이러한 성품은 허숭에게 하는 다음의 말에서 잘 드러난다.

> 왜? 자네 따위 사립학교 부스러기나 다니는 놈들은 가장 애국자인 체하고, 흥, 그런 보성전문학교 교수 따위가 무얼 알아? 대학에 오면 일년급에도 붙지 못할 것들이. 자네도 그런 학교에나 댕기려거든 남의 집 행랑 구석에서 식은 밥이나 죽이지 말고 가서 조상 적부터 해먹던 땅이나 파. 괜시리 아니꼽게 놀고 먹을 궁리 말고……(《흙》, 문지사, 2005, p.25).

윤참판의 아들 인선이 죽자 무식한 조선 의사 탓이라며 심한 욕설을 하자 허숭이 '거 무슨 말을 그렇게 하느'라며 타이른 데 대한 김갑진의 말이다. 《흙》에서 허숭이 보전생임을 처음으로 나타내 주는 부분이기도 한 위의 말에서 보전생 허숭은 물론 보전 교수들까지 싸잡아 경멸하는 오만방자한 그의 인물 성격이 잘 드러나고 있다. 철저하게 허숭에게 대립되는 반동인물로 부정적 악역으로 그려지고 있다.

그렇다면 작자는 무슨 이유로 허구가 본질인 소설작품에서 주인공인 허숭을 굳이 '보전생'이라 하여 소속 학교 교명을 밝히고 있는 것일까. 소설은 현실을 반영하는 시대적 산물이다. 따라서 작품 내용이나 주인공, 사건은 작자가 처하고 있는 현실 상황과 무관할 수가 없다. 《흙》의 경우도 1930년대 일제 강점하 우리나라 현실과 당시의 인간상들, 그리고 당시 최고의 소설가였던 작자 이광수가 처하였던 현실 조건과의 관련에서 그 형성의 배경이 유추(類推)된다.

1930년에 접어들면서 우리 민족 선각자들은 민족의 주체성을 회복하기 위한 다양한 민족운동을 펼치게 되었는데, 1929년 《조선일보》의 '아는 것이 힘, 배워야 산다'는 슬로건(slogan) 아래 한글 보급을 통한 문맹퇴치운동, 1931년 《동아일보》의 러시아의 브나로드(Vnarod) 운동을 본뜬 농촌계몽운동이 그 일환이었다. 특히 《동아일보》의 농촌계몽운동에 당시 많은 보전생들이 적극 참여하였던 사실에 유의할 필요가 있다.

한편 이광수는 1921년 상해에서 귀국한 후 1923년 《동아일보》

에 입사, 1926년 편집국장을 역임하였고, 1929년 사임한 후 1932년에 《동아일보》에 《흙》을 연재하기 시작하였다. 그리고 그 직전인 1922-1925년경 보전의 구교가를 작사하였고(《고대 70년지》, p.84) 이어 1926년에는 《동아일보》 사가(社歌)도 작사하였다.

이상과 같이 이광수와 《동아일보》, 농촌계몽운동, 소설 《흙》 그리고 보전과의 일련의 실제 관계는 같은 시기, 같은 주제로 연관되어 있음을 알 수 있다. 특히 1910년 메이지(明治) 학원을 마치고 귀국한 이광수가 후에 보전을 인수한 김성수(金性洙)의 권유와 후원으로 와세다대에 유학(1915년 예과, 1916년 대학)하고 그 연고로 《동아일보》와 인연을 맺은 것도 같은 문맥으로 연결된다.

이와 같은 점에서 또 하나 관련되는 인물이 《흙》에 등장하는 한민교란 교육자다. 그는 일찍이 일본에 건너가 영어학교를 졸업하고 귀국 후 배재고보 영어 교사를 거쳐 보전의 영어 강사로 근무한다. 그런데 그는 단순한 영어 선생이 아니라 일찍이 독립운동으로 감옥살이까지 한 민족주의자다. 그는 조선주의 사상으로 무장하고 당시 청년의 지도와 교육을 통하여 많은 사람들에게 감화를 주고 만인의 사표(師表)로 숭앙받는 인물이었다. 또 그는 허숭의 보전 스승으로 정신적 지도자였으며 귀농운동도 그의 절대적 영향하에 결행된 것이었다.

여기서도 허숭이 보전생일 수밖에 없는 시대적, 소설적 필연성이 여실히 드러난다 하겠다.

——〈고대유사〉 31회, 《고대교우회보》 제492호(2011년 7월 10일)

3) 정비석 《혁명전야》의 '신명철'

> 항간에는 돈 오십 환(1953-1960년에 통용된 화폐단위, 필자)을 가지고 그네들이 다니는 세 대학교의 특징을 단적으로 표현한 재미나는 말이 떠돌고 있다. 고려대 학생은 막걸리를 마시고, 연세대 학생은 구두를 닦고, 서울대 학생은 노트를 산다는 것이다. 따라서 여자 대학생으로 보면, 연세대 학생은 연애의 대상이요, 고려대 학생은 결혼의 대상이요, 서울대 학생은 동경(憧憬)의 대상이라는 것이다.

이상은 《한국일보》에 연재된 정비석(鄭飛石, 1911-1991)의 장편소설 《혁명전야》 서두 부분에 나오는 이야기다(《한국일보》, 1960. 5. 21. 연재 1회).

한국의 대표적인 3개 대학 학생들의 특징을 단적으로 나타낸 위와 같은 이야기는 실상 오래전부터 항간에 전해 오는 소문으로 아직도 기억하고 있는 이들이 많다. 그리고 그 버전(version)도 많아 내용이 조금씩 다른데, 앞에 인용한 것은 말하자면 60년대 초의 '정비석 버전'인 셈이다. 그런데 이 이야기가 언제부터 유행하였는지는 명확히 알 수 없다. 위의 소설에 나오는 것으로 보아, 50년 전인 1960년 초에 떠돌았던 것은 확실하므로 대략 그 전 시기인 1950년대, 즉 6·25동란 직후부터 생겨난 것이 아닌가 추측될 뿐이다.

각설하고, 그렇다면 정비석은 무슨 의도로 작품의 서두에서 위의 이야기를 내세운 것일까. 《혁명전야》는 발표된 시기나 제목

정비석

이 암시하는 바와 같이 1960년 4·19혁명을 전후한 시기를 배경으로 당시의 사회현실과 그 속에서 부침(浮沈)하는 인간상을 그린 시대소설이다. 작자는 새 연재를 알리는 〈작자의 말〉에서 당시 자유당 정권의 3·15 부정선거를 규탄하고 이승만 독재정권을 무너뜨린 4·19혁명을 높이 찬양하면서 작품의 의도와 목적에 대하여 "그러나 그날이 오기까지 우리들의 생활은 얼마나 암담하고 처참했던 것인가. 이제 '혁명전야'란 제호를 가지고 어둡고 괴로웠던 그 시절의 사회상을 한 편의 소설로서 그려볼까 한다"〔《한국일보》, 1960. 5. 12. 4면, 사고(社告)〕라 말하고 있다. 이로써 작품의 내용이 4·19혁명이 성공에 이르기까지 자유당 정권의 부정부패와 그 밑에서 신음하는 국민들의 경제적, 정신적 고난에 초점을 맞출 것임을 예고하고 있다.

작품은 이러한 시대적 배경 속에서 '1958년 3월 중순'이라는 시점을 설정하고 주동인물을 소개하는 것으로 시작하고 있는데, 비교적 구체적이다.

> 아침부터 음침한 하숙방에 혼자 앉아 침통한 수심에 잠겨 있는 젊은 사나이가 하나 있었다. 그의 이름은 신명철(申明徹).

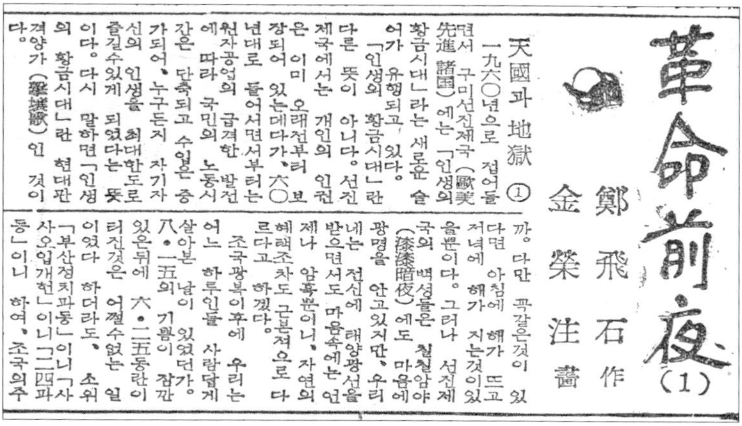

革命前夜 (1)

鄭飛石 作
金榮注 畵

天國과 地獄 ①

一九六〇년으로 접어들면서 구미선진제국(歐美先進諸國)에는 「인생의 황금시대」라는 새로운 술어가 유행되고 있다.

「인생의 황금시대」란 다른 뜻이 아니다. 선진제국에서는 개인의 인권은 이미 오래전부터 보장되어 있는데다가, 六〇년대로 들어서면서부터는 원자공업의 급격한 발전에 따라 국민의 노동시간은 단축되고 수입은 증가되어, 누구든지 자기자신의 인생을 최대한도로 즐길수 있게 되었다는 뜻이다. 다시 말하면 「인생의 황금시대」란 현대판 격양가(擊壤歌)인 것이다.

(…)까. 다만 꼭같은것이 있다면 아침에 해가 뜨고 저녁에 해가 지는것이 있을뿐이다. 그러나 선진제국의 백성들은 칠칠암야(漆漆暗夜)에도 마음에 광명을 안고있지만, 우리네는 전신에 태양광선을 받으면서도 마음속에는 언제나 암흑뿐이니, 자연의 혜택조차도 근본적으로 다르다고 하겠다.

조국광복이후에 우리는 어느 하루인들 사람답게 살아본 날이 있었던가. 八·一五의 기쁨이 잠깐 있은뒤에 六·二五동란이 터진 것은 어쩔수 없는 일이었다 하더라도, 소위 「부산정치파동」이니 「사사오입개헌」이니 「二四파동」이니 하여, 조국의 주

《혁명전야》 연재 1회분(《한국일보》, 1960. 5. 19).

고려대학교 법과대 학생인 신명철의 나이는 스물두 살. 이마가 번뜻하고 콧날이 우뚝 솟고 눈이 이글이글해서 어디로 보나 쾌남아다운 얼굴이었다. 그렇게도 잘생긴 얼굴이건만, 그의 입에서는 아침부터 한숨만 새어나오고 있었다"(1960. 5. 19. 연재 1회).

신명철이 한숨을 쉬고 있었던 이유는 시골 살림이 몹시 곤궁하여 아끼던 소까지 팔았지만 끼니조차 이을 수 없어 신학기 등록금을 보내 줄 수 없다는 고향 아버지의 편지 사연 때문이었다. 졸업을 2년 앞두고 대학을 그만두어야 하는 절박한 심정에서 눈물이 저절로 나왔지만, 그렇다고 시골 부모를 원망할 수는 없었다. 오히려 부패한 정치와 모순된 사회현실에 대한 울분이 치솟았다. 순간 그는 "으음 이놈의 세상" 하는 탄식과 함께 "그렇다. 썩을 대로 썩은 이놈의 세상을 송두리째 뒤집어엎어야 한다"(5. 20. 연재

2회)며 주먹을 불끈 쥐었다.

이어 그의 고교 동기동창인 친구 두 명이 찾아온다. 한 친구는 서울대학 정외과에 다니는 김진호(金鎭浩), 그리고 또 한 친구는 연세대학 상과에 다니는 한상준(韓尙俊)으로 설정되어 있다. 함께 서울에 유학하는 단짝 친구들이었지만, 가정형편은 각각 달랐다. 이와 같은 점은 이들의 외양(外樣)을 설명하는 대목에서 현격히 드러나고 있다.

> 연세대학에 다니는 한상준은 언제나 모양으로 곤색 양복을 말쑥하게 차렸고, 서울대학에 다니는 김진호는 회색 양복바지에 나일론 잠바를 입고 있다. 〔…〕 고려대 학생 신명철은 철 늦은 골덴 바지에 낡아빠진 와이셔츠를 입고 있다(5. 21. 연재 3회).

이들의 내방 목적은 한상준이 자기 본가로부터 용돈과 여비로 십만 환을 받았는데 이 돈으로 셋이 함께 영화도 보고 식사도 하자는 것이었다. 당시 화폐로 십만 환은 한 학기 등록금이 넘는 돈이었다. 실제로 한상준의 아버지는 지방청 고급 공무원으로 매우 부유한 가정이었다. 한상준은 '오늘은 내가 너희들에 비기면 굉장한 부르조아지인 셈이다'고 호기를 부리며 호주머니에서 살렘(Salem, 박하향이 나는 양담배. 당시 양담배의 소유와 흡연은 전매법 위반으로 단속의 대상이었다)을 꺼내 피워 물었다(연재 3회).

이상 3회에 걸친 작품 서두의 등장인물에 대한 묘사는 두 가지

타입으로 현격히 구분된다. 즉 빈한한 가정 형편으로 대학을 중퇴해야 하는 절박한 상황의 고대생 신명철과, 부유한 고급 공무원의 자제로 한 학기 등록금에 해당하는 십만 환을 용돈으로 받을 정도의 호사를 뽐내는 연대생 한상준이 대조적으로 그려져 있다. 그리고 앞에 든 떠도는 이야기에 결부할 때, 신명철은 건실한 대학생으로 당시 독재정권하의 사회적 모순과 부조리에 대한 울분과 반항적 의지의 소유자로 긍정적 인물이며, 한상준은 이러한 현실에는 아랑곳없이 멋을 부리고 사치를 즐기는 퇴폐한 생활의 향유자로 부정적 인물로 등장한다. 이러한 인물의 설정은 이 소설이 4·19혁명을 촉발한 자유당 말기의 부조리와 부패상을 그리려는 소설이라는 점에서 매우 시사적이며, 대조적인 두 인물의 소속대학을 밝히고 있다는 점에서 현실적 문제로 촉발될 가능성마저 없지 않아 보인다.

아니나 다를까, 3회분이 게재된 5월 21일자 조간이 나간 직후인 11시 30분경, 소설 내용에 항의 규탄하는 400여 명 연세대생들의 한국일보사 앞 연좌 데모가 일어났다. 그리고 다음 날인 5월 22일자 조간에 "정비석 씨 작 소설 《혁명전야》는 당초의 취지에도 불구하고 3회분에서 연세대의 명예를 훼손하는 본의 아닌 결과가 재래되었다고 사려되므로 동 소설을 중단하는 바이며 (…)"라는 사고(社告)를 싣고 있다.

연세대생들의 항의 시위는 소설 내용에 대한 것 외에 《한국일보》의 연세대 관련 기사의 잘못을 규탄하는 몇 가지 사유가 더 있었다. 그러나 연세대생들의 항의의 중심은 소설 내용이 연세

本社앞서 四百延世大生連坐데모

=連載小說「革命前夜」와 記事內容에 抗議=

前後三時間餘, 妥協보고解散

二十一일상오十一시반경 연세대(延世大) 정법대학(政法大学) 학생 약二백명은 본사정문앞에서 연좌「데모」를 펴고「한국일보」가 보도한 연세대학생에관한 기사(別項詳報) 및 연재소설「혁명전야(革命前夜)」에대하여항의하였다 연세대학생들의항의는 (一)四·一九의거에 학생들이 참가하려는 움직임을 동대학교학생처에서 알아차리고 단속의손을뻗친 사실이없으며 (二)학생들이 백(白樂濬)총장을 배척한사실이 없었으며 (三)학생들이 고(故)최(崔正圭)군에대한 우정을 드러낼만한 아무움직임도 보이지않은 사실이없었으며 (四)「한국일보」조간연재소설(地方紙夕刊)「혁명전야」는 연세대학생들의 명예를 훼손시키고있다는것등이다

1960년 5월 21일 일어난 연대생들의 연좌데모 소식을 전하는《한국일보》기사.

대생들의 명예를 훼손하였다는 데에 있었다. 당일 오후 1시경 약 200명의 연세대 상경대생은 소설의 작자인 정비석의 용산구 후암동의 자택까지 몰려가 본인을 도보로 한국일보사 농성 현장까지 임의 동행하여, 작가로부터 공개 사과와《혁명전야》의 집필 중단 약속을 받아내고 있다. 이러한 연세대생들의 격렬하고 강압적인 집단행동으로 마침내《혁명전야》는 연재 3회 만에 중단되어 '3일소설'로 끝나는 운명을 맞게 된 것이다.

정비석은 평북 태생으로 일찍이 일본 대학에서 문학 수업을 마친 후 〈졸곡제〉(1936,《동아일보》), 〈성황당〉(1937,《조선일보》)이 당선되면서 문단에 데뷔한 후, 수많은 장편소설, 신문 연재소설로 당시 높은 인기와 많은 독자층을 확보한 작가였다. 특히 1954년의 〈자유부인〉은 사변 후의 사회변화 속에 중년 여성들의 타락한 윤리의식을 보여 준 작품으로 커다란 사회적 반향(反響)을 일으켜 해방 후 최고의 판매 부수를 올린 문제작이었다. 그리고 그에게는 이상 40여 편의 장편소설 외에 명문으로 유명한 수필 〈산정무한〉(山情無限)과 《소설작법》이 전하고 있다.

앞서 살핀 이광수의 《흙》이 주인공인 보전생 허숭을 통하여 일제치하 1930년대 본교와 본교생에 대한 사회적 평가와 인식을 그대로 보여 주었다면, 정비석의 《혁명전야》는 고대생 신명철을 통하여 1950, 60년대 본교와 본교생에 대한 국민적 신망과 기대를 유감없이 보여 주었다 할 수 있다. 특히 후자의 경우 해방 후 반공, 반독재 투쟁에 앞장서 오면서, 4·19혁명의 계기를 마련한 고대 4·18의거로 한껏 높아졌던 고대생들의 인기도를 그대로 반영한 것으로 보여진다. 그리고 이로 인해 3회로 단명하며 정비석 작품 목록에도 끼지 못한 기구한 운명의 본 작품은 작가나 연세대생들에게 있어서도 매우 유감스러운 존재로 남게 되었다.

——〈고대유사〉 32회, 《고대교우회보》 제493호(2011년 8월 10일)

4) 김순옥에서 김연아까지

김순옥은 고대 최초의 여자 입학생으로 정치학과 46학번이고, 김연아는 금년도 신입생으로 체육교육과 09학번이다. 이 두 사람 사이에는 63년의 세월이 가로놓여 있는데, 이것이 그대로 '고대여학생사'가 된다. 이 글은 바로 이 반세기를 훨씬 넘는 고대여학생사의 변천을 짧게나마 간추려 보려는 의도에서 시작한다.

그런데 집필 과정에서 먼저 짚고 넘어가야 할 문제가 생겼다. 지금까지의 고대의 역사 기록물들은 고대 최초의 여자 입학생으로

1946년 최초 여학생 입학 후 63년의 세월을 가로질러 입학한 세계 빙상의 요정 김연아(체교09).

영문학과 김순자를 들고 있고(《고우회보》 127호, 1981 / 《고려대학교 100년사》, 2008 / 《고대 여자교우회 40년 약사》, 2008), 최초의 여자 교우 역시 김순자로 기록되어 있다(《고대교우회 100년사》, 《고대 여자교우회 40년 약사》). 그런데 필자의 관계 자료 섭렵 과정에서 각 자료의 연대상의 불일치가 눈에 띄어 이를 바로잡고자, 모교 교무지원부, 학적과의 도움으로 학적부를 확인한 결과는 달랐다.

김순자의 입학년도는 1947년이고, 졸업년도는 10년 후인 1957년이었다. 그리고 앞에 언급한 김순옥의 입학년도는 1946년이고, 졸업년도는 1950년이었다. 이로 보면 김순옥의 입학이 김순자보다 1년 앞서고, 졸업은 김순자보다 7년이나 앞선다.

그렇다면 앞서 적은 고대 역사 기록물들에서 김순자가 최초의 여자 입학생이자 최초의 여교우라는 것은 오류라는 결론이 나온다. 이는 《고대교우명부》, 《정경대교우명부》, 《문과대교우명부》에 기록된 김순옥과 김순자의 입학년도가 학적부의 기록과 일치된다는 사실에서 의심의 여지가 없다. 여기서 이러한 오류의 원인을 밝히는 데 좀더 상세한 설명이 필요하지만, 이 문제는 이 글의 취지상 중점 사항이 아니어서 지면 관계상 각설(却說)하기로 한다.

다만 해방 직후 단기간 잠정적으로 존치되었던 '예과'의 입학과 졸업은 단순한 '편입'과 '수료'에 해당하는 것이어서, 1946년 본교가 대학으로 출발하는 과정에서 정식 학번으로 적절히 산정(算定), 흡수되었다는 사실만 첨가하기로 한다.

본교에 처음 여학생 입학이 가능했던 것은 1946년 대학 승격과 함께 남녀공학이 정식 허용되면서부터였다. 당시 문과를 담당하였던 이인수 영문학과 교수는 '우리 문과에도 꽃이 피었다'며 여학생 입학을 반겼고, 인촌 선생은 남학생들을 모아 놓고 다음과 같은 훈시(訓示)를 하였다고 한다. "이제 우리 학교에도 여학생이 들어오게 되었으니 제군들은 잘 대해 주기 바랍니다. 특히 지금부터 여자 앞에서는 얼굴 이하의 신체 부분에 관한 이야기를 해서는 안 됩니다." 평소 근엄하나 인자하고 항상 금언경구(金言警句) 같은 말만 하던 인촌 선생이 구체적인 적시(摘示)는 없었다 하더라도 '얼굴 이하의 신체 부분'이란 용어를 사용한 것만도 파격적이라 할 만하다(얼굴 이하가 아니라 '목 이하'라 했다는 버전도 있다). 어쨌든 남녀공학이 실현되어 종합대학으로서의 면모를 갖추면서 캠퍼스에 활기가 넘쳤던 사실은 부인할 수 없다.

고대 최초의 여학생 김순옥은 숙명여고를 졸업하고 이화여대 가사과 1년을 수료한 후, 1946년 9월 본교 정법대학 정치학과 1학

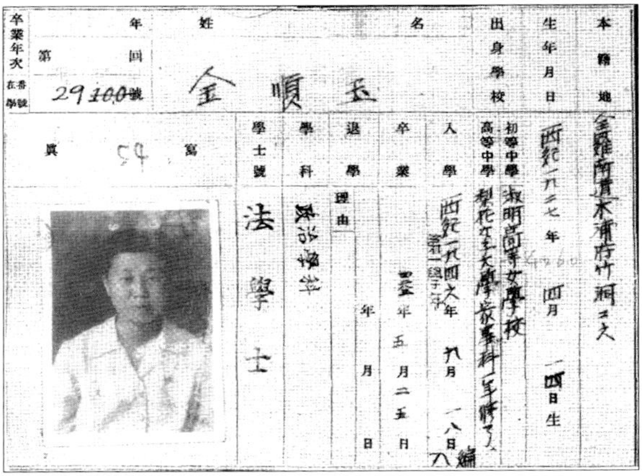
卒業年次 第 回 年
在籍學號 29100號
姓名 金順玉
出身學校
生年月日 西紀一九二七年 四月 一四日生
本籍地
眞寫
學士號 法學士
學科 政治學科
退學 理由 年 月 日
卒業 四五年 五月 二五日
入學 西紀一九四六年 九月 一八日 第一學年 編入
初等中學 淑明高等女學校
高等中學 梨花女子大學 家事科 一年修了

고대 최초의 여학생으로 밝혀진 정치학과 46학번 김순옥의 학적부.

년으로 편입학하였다. 그리고 1950년 졸업하였는데, 그 이후의 내력은 알 수 없다. 다만 《정경대교우명부》에 '작고'라 되어 있어 이미 고인이 되었음을 알 수 있다. 그런데 김순옥은 3학년이었던 1958년 6월 《고대신문》(제6호)에 〈꽃 뿌리세〉라는 시를 발표하여 주목을 끌었다. 이 시는 1948년 런던올림픽에 참가하는 고대 선수 23명(졸업생, 재학생 합한 숫자로 전체 한국선수단 63명 중 절반을 차지하였다)의 환송시여서 당시 캠퍼스의 화제에 올랐다고 한다.

원시를 그대로 들면 다음과 같다.

> 타오르는 獨立의 聖火를 들고
> 高麗 젊은 戰士 빛나는 길 떠나니
> 平和로운 나팔소리 萬邦에 울리고
> 自由로운 이 江山에 꽃을 뿌리세

太極旗 휘날리는 오림피아에
無窮한 이 民族의 꽃을 뿌리세

민족의 해방을 맞아 태극기를 휘날리며 최초로 참가했던 한국 선수단의 절반을 차지했던 고대 선수들을 환송하던 거교적인 열광적 분위기가 잘 나타나 있다. 그리고 한국 선수단 유일의 메달은 역도 75kg급에 출전하였던 고대 선수 김성집이 차지한 동메달이었는데, 이는 한국 최초의 올림픽 메달이기도 했다.

1946년 이후의 고대 여학생은 극소수에 불과했다. 46학번 김순옥의 뒤를 이어 영문과 47학번 김순자, 그리고 48학번의 김미경(정치학과), 노필희(영문학과) 등 1946년에서 1950년에 이르는 4년간의 여학생 수는 5, 6명에 불과하였다.

비록 남녀공학이라 해도 이러한 여학생의 수적인 열세는 당시 여학생들의 학교생활을 몹시 고독하게 하였다. 그리고 그 이유는 당시 고대 남학생들의 태도에도 있었다. 아직 남녀공학에 익숙지 않았던 남학생들은 여학생과의 접근을 기피하는 경향이 있었다. 숫기가 없어 속과는 달리 여학생을 멀리하였던 것이다.

그러나 실제로는 여학생을 돕고 보호하려는 속마음을 드러내는 경우도 많았다고 한다. 시험 때가 되면 서로 여학생에게 노트 빌려 준다고 경쟁이었고, 한번은 거칠고 버릇없는 남학생이 여학생에게 접근, 치근대다가 의로운(?) 남학생들에게 집단구타를 당한 일도 있었다고 한다. 어쨌거나 당시 여학생들의 학교생활은 불편한 것이 많았다. 당시 학교에 여자 화장실이 없어 교수 화장실을 사용하였는데, 교수 역시 모두 남자뿐이었으니 그 상황을 알 만하다. 그 후 여학생 수는 1950년대에 들어와 조금씩 늘기 시작했다.

1956년: 1.3% 1960년: 5.4% 1970년: 11.8%,
1980년: 14.2% 1990년: 15.9% 2000년: 35.3%
(이상 여학생 비율, 교무지원부 제공, 졸업자 기준 입학자)

이상으로 볼 때 1960년을 고비로 여학생 수는 꾸준히 증가하였고 1970년에 10%가 넘은 이후 급속히 증가하다가, 2000년에 이르러 한 해 입학 여학생이 2천 명에 근접하게 되었다. 그러나 1960년 전후한 당시만 해도 여학생 수가 적어 남녀공학의 실효를 거두지 못하였다. 게다가 남학생들의 군입대로 결원이 많이 생겨 1960년 초 한때는 여학생의 유치를 목적으로 여학생 지원자에 한하여, 입시과목에서 '수학'을 '가정' 등의 선택과목으로 대치시킨 일도 있었다.

그 후로 시대적 추세에 따른 여학생의 증가로 1954년에 세워졌던 여학생 전용회관 '금란실'(金蘭室)이 협소하여 1958년 본관과 도서관 중간 후면에 2층 석조 건물(1층은 여학생회관, 2층은 교수회의실)을 신축해 옮기게 되었는데, 현재는 그 자리에 '동원글로벌센터'가 들어서 있다.

이러는 가운데 1967년에 여자교우회인 '석란회'(石蘭會)가 창립되었고, 장학재단을 설립하여 1968년부터 고대 여학생들에게 장학금을 지불하는 등 모교 지원사업에도 큰 기여를 하고 있다. 그리고 1994년 《고대여자교우회 25년사》에 이어 2008년에는 《고대여자교우회 40년 약사》를 간행하였는데, 그 부록 '여자교우 전문인력 명단'을 보면 수많은 국내 각계각층의 최고 지도자는 물론 세계적으로 손꼽히는 인물을 배출하고 있어 고대 여자교우들이 막강한 실력과 힘을 유감없이 발휘하고 있음을 알 수 있다.

2007년 기준으로 총 여자교우 수는 4만 7천여 명을 헤아리고 있다. 그리고 현재 고대의 여교수는 191명, 여사무원은 103명으로 각각 남자 대비 12.1%와 30.1%를 헤아린다(교무지원부 자료 제공). 바야흐로 고대 여성 파워의 약진을 시사하는 대목이다.

금년에도 2,151명의 여학생이 안암골에 들어왔다. 남녀 대비 36.8%의 놀라운 비율이다. 그중에도 세계 피겨 챔피언 김연아가 유난히 눈에 띈다. 세계 빙상의 요정 김연아는 설명이 필요 없는 세계적 명사(名士)다. 이제 내년 밴쿠버 동계올림픽의 금메달을 목전에 두고 있는데, 이미 올림픽 금메달리스트인 양궁의 김수녕과 이은경, 역도의 장미란 등 언니 호랑이들의 영광을 계승하기 바란다. 암호랑이인들 어찌 호랑이가 아니랴.

—〈고대유사〉 11회, 《고대교우회보》 제472호(2009년 11월 11일)

4. 고대사의 주변

1) 고대 역사 속의 우석대와 국학대

'큰 강과 바다는 작은 시냇물이라도 가리지 않기에 넓고 깊다'(河海不擇細流故深). 사마천의 《사기》〈이사전〉(李斯傳)에 나오는 말이다. 아무리 큰 강과 바다라 하더라도 흐르는 과정에서 수많은 시냇물을 받아들여 마침내 바다를 이루게 된다는 말이다.

1905년 보성전문에서 발원하여 1세기가 넘는 세월을 흘러온 고대의 주류(主流)에도 그 과정에서 흘러드는 지류(支流)를 너그러이 포용하면서 오늘의 고대란 큰 바다를 이루게 되었다. 따라서 고대의 역사 속에는 그 역사적 과정에서 유입된 지류가 있었고, 이들은 본류에 합류하여 오늘의 고대 속에 동화되어 한 혈맥(血脈)으로 흐르고 있다. 그러나 이처럼 하나의 흐름으로 통합되어 일체를 이룬다 하더라도, 원래 다른 뿌리에 근원하여 흘렀던 지류의 존재가 없어지는 것은 아니다. 비록 현실적으로는 존재하지 않는다 하더라도 고대의 역사 속에는 변하지 않는 맥락(脈絡)으로 엄연히 존재하고 있기 때문이다. 오늘의 젊은 고대인들은 대체로 고대의 역사에 대하여 무지하다. 비록 60년사를 시작으로 100년사까지의 교사(校史)가 있지만, 의도적으로 이를 읽어 보지 않는 한 자신이 다니는 모교의 역사를 알 수가 없다. 여기서 한국사를 모르는 한국인을 한국의 지식인이라 할 수 없는 것처럼, 고대 역사를 모르는 고대인은 진정한 고대인이라 할 수 없다. 이 글은 이러한 점을 염두에 두고 고대 역사에서 하나의 전기를 이루었던 역사적 사실, 즉 고대가 우석대(友石大)란 종합대를 흡수, 통합하였던 사실에 초점을 맞추어 몇 가지 상세히 살펴보기로 한다.

그러면 우석대학은 어떤 대학이었는가. 그런데 여기서 또 하나 유의해야 할 점은 우석대학은 고대에 병합되기 5년 전에 국학대학을 흡수 병합한 터여서 고대의 우석대학 병합은 두 대학의 뿌리를 동시에 끌어안은 셈이었다. 따라서 우석대와 국학대의 역사는 별개의 차원에서 살피는 것이 마땅하다.

우석대의 역사는 1938년 경성여자의학전문학교의 설립으로부터 비롯된다. 그리고 경성여의전 이전에 1928년 미국인 여의사 홀(R. Hall)이 세운 경성여자의학강습소가 그 모태였다. 이 강습소는 홀이 1933년 귀국한 후 이를 인수했던 김탁원이 김성수의 소개로 김종익을 알게 되면서 여자의학전문학교로의 설립이 구체화되어 갔다. 그러다가 1937년에 김종익(金鍾翊, 호는 友石, 1886-1937)이 경성의학전문학교를 설립하기에 이르렀다. 김종익은 1909년 고향 순천에서 상경, 중동중학을 마치고 28세에 일본에 건너가 메이지대(明治大) 법과를 졸업한 애국지사로서 민족산업과 민족교육에 거금을 쾌척하여, 1933년에 조선제사주식회사를 운영하였고, 1935년에는 순천농업학교를 설립하였다. 그러다가 1936년 경성여의전의 설립을 계획하다 병을 얻어 이듬해 유언을 남기고 영면(永眠)하였다. 경성여의전은 그의 유언에 따라 미망인 박춘자에 의해 1938년에 설립되었는데, 민족 자본에 의한 최초의 민립 의학전문학교였다. 그 후 1948년 서울여자의과대학으로 이름이 바뀌었고, 1957년에 남녀공학의 수도의과대학으로 개명하였다가 1966년 국학대학을 합병, 우석대학교란 이름으로 최초의 종합대학이 되었다. 그 후 우석학원은 재단의 운영 부실로 5차에 걸쳐 관선이사에 의해 운영되다가 1971년 12월 마침내 고려중앙학원에 통합되었고, 이에 따라 우석대는 고려대학교라는 이름 속에 묻히게 된 것이다. 우석대의 종언(終焉)은 종합대학 승격 후 학교 규모의 확장에 따른 예산의 확대와 어린 나이에 이사장이 된, 설립자의 장남 김두수(金杜洙)의 방만한 운영과 무절제한 사치와 낭비에 기인한 것으로 알려졌다. 결국 우석대학은 개교 34년 만에 문을 닫게 된 것이다.

당시 우석학원의 인수에는 고대를 비롯하여 중앙대, 성심병원, 한국제지, 강남개발, 대한전선, 재일교포 등 15개 기관에 이르렀는데, 마지막에 고대와 강남개발로 압축되었다가 결국 민족사학의 명문 고대로 낙착되어 오늘에 이른 것이다(당시 고대 총장 김상협).

한편, 국학대의 뿌리는 1929년 보명의숙(普明義塾)으로부터 비롯된다. 1933년 정봉현(鄭鳳鉉)이 보명의숙을 인수, 화산재단(華山財團)을 만들고 화산보통학교를 설립, 운영하다가 1945년 해방과 더불어 정봉현의 장손 정의채(鄭義采) 형제들의 기부로 국학전문학교의 인가를 받았다. 그 후 1947년 민족정기를 앙양하고 국학의 이념을 선양한다는 취지에서 국학대학으로 승격하여 초대 학장으로 위당(爲堂) 정인보(鄭寅普)가 취임하여 민속학 강의를 개설하는 등 국학의 진흥에 기여하였으나 역시, 운영의 부실로 앞서 말한 대로 1966년 국학학원이 우석학원에 병합됨에 따라 우석대에 흡수되었다가 다시 5년 만에 우석대와 함께 고대에 통합된 것이다. 이상으로 고대의 역사 속에 흐르고 있는 우석대와 국학대의 뿌리를 찾아 흘러간 과거의 모습을 대강 살펴보았다. 그러나 우리가 역사를 통하여 배워야 할 것은 과거의 존재 그 자체를 뒤돌아보는 데만 있는 것이 아니다. 오히려 역사 읽기의 참된 자세는 과거의 사실에서 새로운 의미를 찾고, 과거 속에 묻힌 새로운 존재를 밝혀내며, 과거를 통하여 오늘의 자세를 더욱 공고히 하는 데에 있다. 이미 역사 속에 사라져 고대의 역사에 동화된 우석대와 국학대에서도 우리는 몇 가지 사실에 주목하지 않으면 안 된다.

우석 김종익

우선 고대 의과대학의 모태가 된 경성여의전을 설립한 김종익에 대한 것이다. 김종익은 여러 가지 측면에서 김성수와 비견(比肩)되는 인물이었다. 둘 다 모두 호남의 명문 부호가의 태생으로(고창, 순천) 일찍 일본에 유학하였으며(와세다대, 메이지대) 전 재산을 쾌척(快擲)하여 민족산업을 일으키고(경성방직, 조선제사) 교육기관을 설립 운영한 사실(중앙중학-보성전문, 순천농업-경성여의전) 등에서 그렇다. 이런 점에서 인촌과 우석은 당대의 탁월한 민족지도자로 쌍벽을 이루었고 1930년대 중반에 이르러

◆—寄附者 氏名及金額

금 2만원 김성수씨 경성부	금 2만원 김연수씨 경성부
금 1만 2천원 김종익씨 순천군	금 1만원 최창학씨 구성군
금 1만원 고광표씨 담양군	금 3천원 김재수씨 경성부

기부자명과 금액(일부), 《고려대학교 100년사》 I, p.422.

서는 상호 돈독한 관계를 맺기에 이른다. 즉 인촌이 보전 인수 후, 개교 30주년 기념사업으로 도서관 건립을 추진할 때 우석은 발기인, 실행위원으로 참가하였으며, 전국적인 모금 활동의 결과(1934년 1차 모금 집계) 전국 각지의 120여 명으로부터 12만 원 이상의 모금이 이루어졌던바, 이때 우석이 기부한 1만 2천 원은 김성수, 김연수 형제의 각 2만 원에 이어 3번째로 많은 액수였다. 당시 기부자 중 유명 인사로는 송진우(2백 원), 현상윤(1백 원), 이병도(1백 원) 유진오(70원), 안호상(50원), 정인보(10원) 등이 있었고, 1원과 50전을 낸 사람도 있었으니 우석의 기부액은 거액에 해당하는 금액이었다.

우석은 그 직후인 1937년에 급환으로 별세하였다. 그런데 당시 부고(訃告)를 보면 인촌이 우인대표로 올라 있어 두 사람의 관계가 매우 돈독했음을 알게 한다. 그리고 서울역 광장에서 거행되었던 우석의 영결식에서는 안재홍(安在鴻), 여운형(呂運亨), 이인(李仁) 등 유명한 민족지사들이 조사를 하고 있어 우석의 사회적 명망(名望)이 매우 높았음을 알 수 있다. 그러나 아쉽게도 우석은 그의 빠른 죽음으로 인해 그가 세운 경성여의전이 우석대란 종합대로 승격하였다가 다시 고대로 흡수 병합되어 마침내 종언을 고하는 고난의 역사를 볼 수 없었고, 인촌 역시 1955년 작고함으로써 1971년 우석의 교육사업이 고스란히 고대에 병합되어 의과대학이 새로 탄생하는 사실을 볼 수 없었다. 결국 두 사람은 자신들의 민족교육의 큰 꿈이 합일되는 순간을 지하에서 지켜볼 수밖에 없었던 것이다. 이상과 같이 고대가 우석대를 병합한 것은 고대 역사상 가장 큰 변화를 가져왔고, 이를 계기로 의과대학과 간호대학 보건과학대학이 새로 생겨나 의학과학의 영역이 새롭게 펼쳐졌던 것이다.

一九三四年（四九）普成專門學校 三十週年 紀念事業의 일로 仁村 金性洙先生이 來訪함으로 歡迎하고 翌日 回謝次로 普專（現高麗大學校）에 親往하여 巨額을 喜捨하였다

訃告

（當時原稿 市山 沈相亨氏 保管）

友石金鍾翊氏以宿患本月六日午後九時別世玆以訃告

親族總代 金鍾崙

友人總代 金性洙

《우석 선생 자료집》, p.35.

어쨌든 고대의과대학의 뿌리와 역사 문제는 1928년 홀의 의학강습소와 함께 새로 교우가 된 지석영(池錫永, 1855-1935)이 1899년에 설립한 경성의학교까지 포함하여 재검토될 필요가 있으며, 동시에 양교의 통합으로 모교를 잃은 얼마 남지 않은 우석대 교우들의 자격에 대하여도 강자의 아량을 베풀 때가 되었다

고 본다.

——〈고대유사〉 25회,《고대교우회보》 제486호(2011년 1월 10일)

2) 교가의 내력과 정인보 선생

'북악산 기슭에 우뚝 솟은 집을 보라.' 이렇게 교가가 시작되면 고대인들은 누구나 마음이 숙연해지면서 안암의 언덕에 우뚝 솟은 석탑(石塔)의 위용을 떠올린다. 그리고 스스로 고대인임을 다시 한 번 확인한다. 모두 알고 있듯이 현재 불리는 이 교가는 1955년 개교 50주년을 맞아, 당시 유진오 총장의 교가 제정 계획에 의해 만들어진 조지훈 작사, 윤이상 작곡의 신교가다. 실상, 이때까지는 보전(普專) 시대의 구교가에서 후렴구인 '보성전문 보성전문 우리 모교 보성전문'만을 '고려대학 고려대학 우리 모교 고려대학'으로 바꾸고 곡은 구교가 그대로 부르고 있었다.

이광수 작사, 김영환 작곡의 구교가가 상세히 알려진 것은 1965년《고대 60년지》(高大六十年誌)의 편찬 과정에서 찾아낸 보전 법과 18회 졸업앨범(1922-1925)을 통해서였다. 여기서 구교가의 작사자, 작곡자가 처음 밝혀지고, 그 제정 연대도 대략 1923년경으로 추정되었다. 한편 작사자 이광수에 대하여는 모두 잘 아는 바이지만, 작곡자 김영환에 대하여는 잘 모르고 있다. 김영환(1893-1978)은 한국 서양음악의 선구자로 최초의 피아니스트이기도 했다. 그는 숭실중학을 졸업한 후, 선교사로부터 오르간을 배우다가 18세 때 일본에 건너가 동양음악학교를 거쳐 우에노음악학교에 들어가 독일인 숄츠(P. Scholz)에게 피아노를 사사(師事)하였다. 귀국해서는 연희전문에서 교편을 잡았으며 수많은 독주회, 반주회를 갖는 한편, 하이페츠, 크라이슬러 등 세계적 음악인들을 초청, 연주회를 개최하여 세계음악의 소개에 큰 공을 세웠다. 1919년에는 홍난파 등과 함께 '경성악우회'를 조직, 서양음악의 보급에 진력하였는데, 작곡에도 몰두, 보전 교가 외에도 중앙중학 교가, 동아일보 사가 등을 작곡하였다. 그리고 1962년에 정부로부터 문화포상을 받은 바 있다.

그 후 고대 교가는 현 교가 제정 이전에 한 번의 큰 곡절을 겪은 일이 있었다. 1950년 봄, 김성수와 현상윤은 새 교가를 만들기로 합의하고, 총장 현상윤이 위당(爲堂) 정인보(鄭寅普)에게 작사를 의뢰하였다. 그때 가사는 완성되었다. 그러나 교가로 확정되기 전에 6·25 사변이 일어나 전쟁을 겪는 사이, 현상윤과 정인보는 모두 납북이 되고, 학교는 피난 가야 했던 처지가 되면서, 교가 제정은 불발이 되고 말았다. 이 사실은 이미 일부 알려진 바와 같으나 위당의 가사는 전혀 알려지지 않고 있었다. 그러다가 그 5년 후인 1955년 영문과 조용만 교수에 의해 처음으로 가사의 내용이 밝혀지게 되었다.

위당의 고대 교가 가사는 다음과 같다.

(1) 먼동이 쳐서 트는 이른 종소리 휘영청 넓은 마당 벌써 찼구나. 산 바다 영이 도는 기쁜 이 날에 맞추어 불러 보자 고려대학아.

(2) 선비들 뜻과 같은 단단한 이룩 백두산 본을 받아 눈보다

희다. 대지의 새바람 두루 마시며 뜨거운 정성덩이 해 돼 올라라.

(3) 다 기운 그 당시에 굄대로 생겨 연해킨 새 기둥이 오늘을 보니 앞으로 백천만년 길고 길거라. 대고려 만리 빛을 여기서부터.

위당은 3절의 첫 줄에 주를 달고 "고려대학의 전신 보성전문은 고 이용익(李容翊) 씨의 초창한 바니 실로 기울어진 국세를 버티고자 한 의도였는데 지금 와서 신흥의 동량(棟樑)이 되었다"라 쓰고 있다.

위의 가사는 필자가 원문의 구철자법과 위당 특유의 고유어 표현을 현대어에 맞게 고친 것이다. 그중 1절의 '영'은 '빛나고 맑은 기운', 2절의 '이룩'은 '이룸, 완성함', '정성덩이'는 '정성(精誠)의 덩어리', 3절의 '굄대'는 '굄목, 고임목(一支柱木)'으로 풀이되는데 '연해킨'은 '연하의 키운, 연하여 커진'으로 보이지만, 더 고찰을 요한다. 또 위당의 일반 시조를 보면 자신이 깊은 의미를 강조하려는 용어에 반드시 인용부호를 쓰는데 위의 가사 중 1절의 '바다', 2절의 '눈', '해', 3절의 '굄대'에 인용부호가 붙어 있다.

6·25가 일어나던 해, 조용만이 위당의 고대 교가 가사를 입수한 경위는 이렇다. 당시 그는 모 신문사에 근무하면서 일주일에 하루 강사로 고대에 출강하고 있었다. 1950년 이른 봄, 조용만은 신문사의 원고 청탁차 남산 밑의 위당댁을 찾아갔다. 그런데 위당은 고대의 교가가 완성되었으니 학교 나가는 길에 현 총장에 전해 달라고 교가 원고를 내놓았다. 그러면서 위당은 가사를 외우

高大新報

爲堂先生과高大校歌

趙容萬

高麗大學校歌

鄭寅普先生試作

高大校歌에關하여

—作曲者로서—

尹伊桑

高大春秋

創立後三〇年間

위당의 고대 교가 친필 원고. 아래에 윤이상 선생의 〈고대 교가에 관하여〉란 글이 눈에 띈다(《고대신문》 축쇄판, 1954. 10. 6).

면서 한 구절씩 뜻을 설명하더니, 이 교가를 짓기 위해 꽤 오래 애썼다는 말을 했다. 그리고 이렇게 말을 했다고 한다. "보성전문학교 교가는 춘원(春園, 이광수)이 지었다는데 이번 것도 그에게 맡기지 않고 왜 나 같은 구식 시조쟁이한테 맡겨서 남의 땀을 빼게 할까" 하며 소리 내어 웃더란 것이다. 그 후 조용만은 시간이 맞지 않아 교가를 못 전한 채, 다른 원고 청탁차 위당을 다시 찾아 갔더니 그날 학교에서 교가를 찾으러 와서 다른 원고로 베껴 주었으니 먼저 원고는 전할 필요가 없다고 했다. 이렇게 되어 교가 원고가 조용만의 수중에 들어왔는데 곧이어 6·25가 일어나 전쟁의 와중에 원고를 까맣게 잊고 있었다. 그러다가 5년 후인 1955년 새 교가가 제정된다는 말을 듣고, 책 틈에 있던 원고를 찾아내 그간의 경위와 함께 이 사실을 《고대신문》에 〈위당 선생과 고대 교가〉란 글을 통해 발표했던 것이다.

생각하면, 위당의 고대 교가는 기구한 운명으로 사장(死藏)되었던 셈이고 더구나 당시 현 총장도 위당 선생도 모두 납북되어 생사를 알 수 없게 되었으니, 남침으로 도발된 전쟁의 참화가 얼마나 컸는지를 새삼 느끼게 된다. 더구나 납북된 두 분 모두 해당 분야 한국 최고의 국보적 인물들이었다는 점에서 더욱 큰 국가적 손실이었다. 위당 정인보(1893-1950, 납북)는 한국 으뜸의 국학자로 연희전문 교수를 퇴임한 후는 초대 국학대 학장을 지냈고 〈삼일절 노래〉, 〈광복절 노래〉, 〈개천절 노래〉를 작사한 유명한 시조작가이기도 했다. 현재 연대 캠퍼스에는 강의동 '위당관'이 세워져 있다.

이런 역경을 겪은 후 휴전이 성립되고 학교가 안정이 되면서 1955년 개교 50주년을 맞아 유진오 총장의 계획에 의해 현 교가가 탄생되었음은 앞에서 말한 바와 같다. 작곡자 윤이상은 더 말이 필요 없는 한국이 낳은 최고의 세계적 작곡가로 작사자인 조지훈 교수의 청탁을 쾌락, 교가를 작곡하게 되었다고 했다. 그리고 처음엔 2개의 교가를 작곡, 유 총장 댁에서 총장, 학장, 교수, 작곡자 등이 모인 가운데 자신이 피아노를 치면서 자창(自唱)한 끝에 최종 확정된 것이 현 교가였다고 〈고대 교가에 관하여〉라는 글에서 말하고 있다. 또 그는 "교가를 부르는 것은 학교를 사랑하는 마음의 발로인 것은 두말할 것도 없습니다. […] 이 교가가 현재나 장래에 여러분의 학교에 대한 감회와 항상 같이할 수 있기를 작곡자로서 바라는 바이오. […] 이 노래가 여러분의 진리의 탐구와 애교심에 통하여 길이 좋은 반려가 되었으면 이상에 없는 소망이겠습니다"란 당부를 하고 있다.

고대 교가는 모든 고대인에게 위안과 용기를 주는 영원한 마음의 고향이요, 우리 모두의 힘과 꿈의 표상이다. 모든 고대인들이여! 어느 때고 마음이 외롭고 쓸쓸할 때, 한없이 모교가 그립거든 우리 모두 교가를 소리 높여 부르자(위당의 고대 교가 가사는 1983년 연세대출판부 간행의 《담원정인보전집》 1권에도 수록되어 있는데, 이는 유족들이 보관하고 있던 또 다른 원고이었던 것으로 보인다).

——〈고대유사〉 4회, 《고대교우회보》 제465호(2009년 4월 9일)

3) 고대 도서관과 손진태 선생

1937년, 개교 30주년 기념으로 건립된 보전의 도서관(현 대학원 도서관)은 인촌의 원대한 민족교육의 '꿈'과 박동진(朴東鎭)의 탁월한 석조건축 예술의 '혼'이 함께 빚어낸 걸작으로, 고대의 높은 이상과 훌륭한 전통을 표상하는 상징적 건물이다. 이보다 3년 전에 완공된 본관이 전아(典雅)하고 정중한 학문적 기품을 지녔다

1930년대, 본관 앞 손진태와 보성전문 학생들(자료 제공: 고려대학교박물관).

면, 석탑의 도서관은 고결한 예지와 드높은 기상으로 고대의 교시(校是)인 '자유, 정의, 진리'의 횃불인 양 우뚝 솟아 그 위용(威容)을 자랑한다.

이 석탑 건물은 그 높은 보존가치 때문에 사적 286호로 지정된 문화재인바, 그 외에도 몇 가지 역사적 의미를 지니고 있다. 첫째, 한국 석조 건물 사상 3대 명품의 하나로 꼽힌다는 점이다. 즉 1970년대 말, 전국적으로 한국의 석조 건물을 조사했던 일본 석조건축 전문가들은 고대 도서관을 중앙청(일제 시 조선총독부 건물로 1926년 완공되었는데, 1995년 김영삼 정부에 의해 헐림), 덕수궁의 석조전과 함께 3대 명품으로 평가하였다. 둘째, 석탑 건물은 '겨레의 보람이요 정성이 뭉쳐 드높이 쌓아 올린 공든 탑'(조지훈 작사, 교가의 일부)이란 표현 그대로 단순한 하나의 대학 도서관이기보다, 전국 1천 명에 가까운 독지가들이 기부한 성금으로 건립된 온 국민의 민족교육에 대한 열망의 결정체란 점이다. 셋째, 석탑 도서관은 건립 후, 1975년 개교 70주년 기념으로 건립된 현 중앙도서관을 비롯하여 과학도서관, 서창도서관, 의학도서관 등 각 고대 도서관들의 종조(宗祖)적 존재일 뿐 아니라, 본관과 함께 모든 고대 석조 건물의 원조(元祖)로 군림(君臨)하고 있다는 점이다.

인촌의 도서관 건립은 방대한 장서의 서고(書庫), 쾌적한 학생들의 열람실, 유용한 교수들의 연구실 확보 등을 목표로 한 것으로, 당시로서는 국내 최초, 최신, 최대로, 유일의 대학이던 경성제대의 도서관을 능가하는 수준이어서 장안의 화제가 되기도 하였다. 특히 1933년 전임강사로 부임한 유진오(俞鎭午, 전 총장)가 부임 조건으로 제시한 1교수 1연구실 요구를 곧바로 실행하였다는 이야기로도 유명하다.

그러나 건립 직후, 도서관의 기구와 조직, 기능과 운영 등 제대로의 모습을 갖추기 위한 또 다른 전문적 과제가 요구되었다. 즉 도서의 정리와 분류, 대출과 열람 등을 총괄할 전문적 사서(司書)가 필요했던 것이다. 여기에는 문헌학, 서지학에 정통하고 이 방면에 전문적 안목과 축적된 경험의 소유자가 있어야 했다. 그러나 당시로서는 이러한 인물을 구하기가 매우 힘들었는데, 이때 최고의 적임자로서 인촌의 낙점(落點)을 받은 이가 와세다대학 사학과를 졸업하고 일본 동양문고(東洋文庫)에서 8년간이나 연구원과 사서의 경험을 쌓고 귀국한 손진태(孫晋泰, 1900-1950, 납북)였

손진태(左, 자료 제공: 고려대학교박물관)와 현 대학원 도서관(右).

다. 손진태는 처음 인촌의 요청으로 1934년 강사 겸 사서를 맡고 있다가 도서관이 완성된 1937년 전임강사와 초대 도서관장을 맡았다. 이로써 손진태의 선진적 소프트웨어(Software)가 인촌의 하드웨어(Hardware)에 접목되어 당시 대학 최고의 도서관이 탄생하게 된 것이다. 그리고 손진태는 인촌과 협력하여 민속자료실을 마련하였는데 도서관 건물 탑 부분 3, 4층에 있던 자료실이 현 박물관의 시초가 되었다.

손진태는 그 후 1945년 해방이 되자 서울 문리대로 옮기기까지 11년간 보전 교수로 재직하면서 '문명사'(文明史) 등의 강의를 담당하였고, 계속 도서관장직도 겸하였다. 서울대로 옮긴 후로는 학장직 등을 역임하는 한편 문교차관 등 공직에도 나갔었는데, 6·25 당년 납북되었다가 1960년경 사망한 것으로 알려지고 있다. 이로써 손진태의 생애와 학문은 아쉽게도 끝날 수밖에 없었던 것이다.

여기서 필자가 유의하고자 하는 바는 손진태의 귀국 후 1950년 납북 당하기까지 16년 동안, 보전에서 강사, 교수, 박물관장으로 있었던 기간이 11년으로 가장 길었던바, 그렇다면 그동안 그의 학문은 어떻게 전개되고 발전하였는가 하는 점이다. 그런데 의아하게도 강사와 사서 기간이 지나고 1937년 전임강사가 도서관장이 된 이후 1945년 보전을 떠나기까지 8년간 논문을 쓰지 않았다. 그렇다고 이 기간 그의 학문이 침체되거나 중단되었다고 볼 수 없다면 어떻게 침묵의 이 기간을 이해해야 할 것인가. 결론부터 말하면 이 기간 손진태는 그의 기존의 학문에 대하여 회의, 반성하면서 새로운 방법과 목표를 찾고 종래 연구의 방향과 주장을 수정, 보완하는 데 골몰하였다. 그리고 여기에는 귀국 후 당시 학계의 상황과 보전의 민족적인 학문적 분위기가 크게 작용하였던 것으로 보인다. 특히 그중에도 도남(陶南) 조윤제(趙潤濟), 이인영(李仁榮) 등 국학자들과의 교유(交遊)가 많은 영향을 주었는데, 이들의 국학 토론장은 바로 보전 도서관 1층의 관장실이었다. 이러한 사실은 조윤제가 1939년 4월부터 1940년 3월까지 1년간 손진태의 배려로 보전 도서관의 연구실을 사용하였다는 점에서 명확하고(김윤식, 〈도남사상과 신민족주의 사관〉, 《도남 조윤제 전집》, 1988) 이때 손진태, 조윤제, 이인영이 자주 만나 학문과 민족에 대하여 열띤 논의를 하였다는 사실도 조윤제의 회고에 잘 나타나 있다(조윤제, 〈나의 국문학과 학위〉, 《도남 조윤제 전집》 1988). 그리고 이때 그 장소가 손진태가 관장으로 있는 보전 도서관이었음을 상상하기는 어렵지 않다.

그렇다면 손진태가 자기의 기존 학문에 대하여 회의하고 반성하여 수정하고 보완하려 한 것은 무엇인가. 여기서 그가 수학한 일본의 사학계, 그리고 그에게 영향을 끼친 일본 학자들과 그 학풍 및 방법론을 생각하지 않을 수 없다. 이들은 지도교수였던 니시무라(西村), 동양문고의 연구부장이었던 시라토리(白鳥), 그리고 쯔다(津田) 등이었는데, 손진태는 이들로부터 실증사학, 현지조사, 문화사적 방법론 등을 배웠고, 민속학, 인류학, 고고학, 사회학 등 폭넓은 자매과학을 터득하게 되었다. 그런데 이들은 한결같이 우리 민족의 타율지배론(他律支配論), 단군신화 불도위작설(佛徒僞作說), 일선동조론(日鮮同祖論) 그리고 만선사학(滿鮮史學) 등을 내세우는 학자들이어서 그 영향을 받지 않을 수 없었고 손진태의 논문에도 이들의 영향이 부분적으로나마 나타나고 있는 것은 사실이다. 앞서 말한 손진태의 귀국 후 고민은 이런 점에 대한 회의와 반성이었다. 그리고 이런 과정에서 그의 신민족사관이 새롭게 생성되었던 것이다.

손진태가 국학연구에서 차지하는 비중은 막중하다. 그는 생애 중 11권의 단행본과 120여 편의 논문을 썼다. 1932년에 '조선민속학회'를 만들고 1933년 《조선민속》지를 창간하는 데 주동적 역할을 하였고, '진단학회'(1933) 창립 멤버이기도 했다. 이러한 그의 학문적 공적은 오늘날 '손진태학'을 탄생시키기에 이르렀다(남근우, 〈손진태학의 기초연구〉, 《한국민속학》 28호, 1966).

여기서 필자는 손진태의 한국학을 장도빈(張道斌, 법과04), 이병도(李丙燾, 법과08), 차상찬(車相瓚, 법과06)의 민속학, 국사학과 함께 보전 한국학의 학맥으로 묶을 수 있다고 생각한다. 비록 분야와 방법이 다르고 상호 사승(師承) 관계의 학통(學統)의 긴밀성은 없다 해도 일제하에서 보전의 교우와 교수로서 동일한 분야의 학자들이었다는 사실로서 충분히 그렇게 볼 수 있다고 본다.

지금 이웃나라 중국에서는 과거 문화혁명 시절의 비림비공(批林批孔)이 언제였냐는 듯, 공자 띄우기에 한창이다. 북경의 천안문 광장, 모택동 초상화가 위엄을 떨치는 그 옆에 높이 9.5미터 청동 공자상이 우뚝 세워졌다. 공산주의 이념만으로 고도성장에 따른 사회적 갈등을 잠재울 수 없기에 공자의 유교사상을 통하여 안정과 통합을 꾀하려는 국가적 정책으로 판단된다.

그런데 고대 석탑도서관(대학원 도서관)의 옛구 현관에도 개교 100주년 기념 때 중국의 모 대학 총장이 기증하였다는 꽤 큰 공자 흉상(胸像)이 놓여 있다. 둘 데가 없어 그렇게 되었다는 설명이 과연 얼마나 고대인의 컨센서스(consensus)와 통할지 모르나, 우선 이 사실을 아는 고대인도 드물다. 공자상은 더 좋은 곳으로 모시고, 그 자리에는 초대 도서관장 손진태상을 모시는 것이 옳다.

——〈고대유사〉 27회, 《고대교우회보》 제438호(2011년 3월 10일)

4) 교양학부와 《호상》(虎像)지

1960년대 중반부터 경향 각지의 대부분의 대학들은 1학년 신입생의 교육만을 전담하는 '교양학부'를 다투어 설치하여 운영하였다. 그리고 고대도 1964년 교양학부를 설치하였는데, 이는 2학년부터 시작되는 전공교육에 앞서 전인교육의 기초가 되는 교양교육을 집중적으로 시키기 위함이었다. 고대 교양학부는 그 후 10년간 활발히 지속되다가 1974년경, 그 기구가 해체되면서 없어지게 되었다.

그런데 최근 교양학부가 부활하는 추세가 전국적으로 나타나고 있다. 즉 교양학부, 교양교육원, 교양대학이란 명칭으로 어학을 포함한 교양과목의 집중교육, 그리고 기초적인 인성교육(人性教育)을 위한 학부와 별도의 교육기관을 설치, 운영하는 대학이 점차 늘고 있다고 한다. 그러고 보니 벌써 40여 년 전에 없어졌던 고대 교양학부가 새삼 그립다. 그리고 지난 1964년부터 1974년까지 10년간 교양학부를 거쳐 간 64학번에서부터 74학번까지의 졸업생들도 지난 대학 시절을 회고할 때, 신입생 시절, 교양학부 1년의 추억이 그립지 않을 사람은 없을 듯하다.

필자는 묘하게도 교양학부와 인연이 많았다. 즉, 교양학부가 생기던 1964년에 교양국어 새내기 강사로 모교의 강단에 첫발을 디뎠고, 그 4년 후인 1968년에 교양학부 전임(발령명은 촉탁)이 되어 교양국어 연구실장을 맡아 국어교육을 총괄하였다. 그러기를 4년, 교양학부가 지겨울 때인 1968년에야 문과대 국문과로 적을 옮겼으니, 교양학부 10년 역사 중 8년을 교양학부에 몸담았던 셈이라 인연이라면 수월찮은 인연인 셈이다.

최초의 교양학부 건물은 현 애기능 캠퍼스 맨 남쪽의 현 제2공학관 건물이었다. 당시 그곳에는 이 건물밖에 없었는데, 그나마 공사가 완전히 끝나지 않은 상태라 마무리 공사의 소음이 수업을 방해할 정도였다. 교양학부는 그곳에서 4년을 보낸 후, 1968년에 본교 캠퍼스의 이학부 건물이었던 교양관으로 옮겼고 이 건물에서 약 5년을 보냈다. 그 후 1974년 교양학부가 없어지고 2001년에 교양관이 헐리고 그 자리에 지금의 우당교양관(宇堂敎養官)이 들어서면서 교양학부는 명칭도 건물도 함께 고대의 역사에서 사라진 것이다.

1964년 초대 교양학부장은 법대의 이항녕(李恒寧) 교수였고 학감으로 불문과의 박광선(朴光善) 교수가 부임하였다. 그 후 이어 법대의 현승종(玄勝鍾) 교수, 국문과의 정한숙(鄭漢淑) 교수, 그리고 끝으로 영문과의 여석기(呂石基) 교수가 교양부장을 역임하였다.

당시 교양학부의 존재는 고대 전체의 1/4인지라 그 위치가 당당하였다. 즉 교양학부 1년, 일반학부 3년으로 연한이 정해져 있어 모든 학과의 1학년은 모두 교양학부에 와서 수업을 받아야 했기 때문에 명륜동(明倫洞)에 있던 의학과, 간호학과까지 모두 교양학부에 와서 수업을 받았다. 그리고 교양학부 1년을 마쳐야 자기 학과로 복귀할 수 있었고, 교양과목을 이수하지 못하면 4학년 진급이 불가능하였다. 그래서 1967년에는 교양과목 24학점을 취득하지 못한 학생 24명이 출교처분 당하는 일도 있었다. 또 모든 교양교육이 독자적이었고 학생활동도 자체적이어서 교양학부 학생회가 따로 있었다.

당시 교양학부에서는 국어, 영어 과목은 공동 진도, 공동 출제, 공동 채점제를 시행하여 학습의 균등성과 학점의 객관성을 유지하도록 하였기 때문에 학점이 아주 박하였다. 그래서 성적 미달자를 구제하기 위한 서머스쿨, 윈터스쿨제를 운영, 학점 취득의 재기회를 주었다. 이 때문에 매 학기 말 성적 미달자, 즉 계절수업 해당자 발표가 있었는데, 이날은 학생들의 열띤 관심으로, 해당자 명단을 붙이는 교양학부 복도는 마치 입학시험 합격자 발표장을 방불케 하였다.

교양학부의 전성기였던 1970년 전후는 반정부, 반군사정권 반대 데모가 매우 심했고, 이에 대해 정부는 위수령, 휴교령, 휴업령, 긴급조치 등을 남발하여 특히 2학기 수업은 제대로 된 경우가 거의 없었다. 그래서 수업일수를 채우기 위하여 겨울방학에까지 연장 수업한 때도 있었다.

그런 중에도 교양학부에서는 추천도서 선정과 독후감 써내기와 표창, 첨삭문제의 작성 제출과 반환, 교양강연회 개최 그리고 11월 2일을 '교양학부'의 날로 정하여 체육대회, 웅변대회, 장기자랑대회 등 흥미롭고 다양한 교양학부만의 행사를 열어 교양학부는 항상 싱싱한 모습으로 활발했다.

그중에도 매년 말에 나왔던 교양학부 교지의 발간은 교양학부 학생들만의 글마당으로 인기를 끌었다. 교양학부는 창설 첫해에 《호상》(虎像)이란 교지를 창간하였다. 그런데 《호상》은 2호부터 이름을 《교양》(教養)이라 바꿈으로써 단 1호의 명칭만으로 종언을 고하게 되었다. 결국 창간호이자 종간호의 신세가 된 것이다. 따라서 《호상》의 창간호는 유일본으로 남게 되어, 1964년은 《호상》지 생년이자 몰년이 된 셈이었다. 그리고 2호부터 《교양》으로 바뀐 교지는 그 후 11호까지 나오다가 교양학부의 폐지와 함께 역시 종간의 운명을 맞게 되었다.

1964년 발간된《호상》속표지.《호상》은《교양》으로 이름을 바꾸어 총 11호까지 발간됐다.

지금 중앙도서관에 소장된 40여 년 전의《호상》창간호를 보면 감회가 새롭다. '虎像'의 제자(題字)는 보전(普專) 출신으로 당시 교우회 회장으로 국사학의 태두이며 서울대 대학원장을 역임했던 두계(斗溪) 이병도(李丙燾) 선생이 했고 창간사는 교양학부장 이항녕 교수가, 축사는 당시 유진오(兪鎭午) 총장이 써서《호상》지의 무게를 더하였다. 이항녕 부장은 교양학부 설치의 취지와 교양교육의 중요성을 강조하면서, 모든 교양학부생이 공동운명체라는 사명을 가질 것을 내세웠다. 즉, 그전에는 같은 고려대학교에 다닌다 해도 소속대학이 다르고 전공학과가 다르면 서로 교제할 기회가 없어서 친밀감보다도 소외감이 앞섰다.

그런데 고려대학교 제1학년 학생 전원이 교양학부라는 한 교사에서 지내게 됨에 따라 무슨 대학, 무슨 학과에 앞서서 같은 고려대학교 학우라는 의식이 강해져서 대학과 학과를 초월하여 우선 친밀감을 느끼게 되었다. 이것이 바로 내가 말한 '공동운명체의 운명이다'라 하여 교양학부생들의 일체감 및 단결과 화합을 강조하였다.

한편 유진오 총장은 의례적인 축사만이 아닌 자신의 학생 시절의 동인 활동과 회지 간행 경험을 상세히 일러 주었다. 먼저 중학생 때 《십자가》(十字架)라는 시동인지를 간행하였고 대학 예과 시절에는 문우회를 조직하여 《문우》(文友)라는 학생지를 그리고 《청원》(淸源)이란 학생회지를 창간하였으며, 졸업 후에도 《신흥》(新興)이라는 학술잡지를 내었다는 자신의 귀중했던 학생 시절의 체험을 상세히 들려주고 있다. 끝으로 유 총장은 "청년들은 원대한 꿈을 가지라, 제군의 꿈은 아무리 원대하여도 너무 원대해 곤란할 까닭은 없다. 그리하여 이 나라의 온 하늘을 제군들의 영롱한 꿈으로 채우라. 그 꿈에서 싱싱한 창조의 자우(慈雨)를 이 땅 위에 축축이 뿌려 씩씩하게 뻗어 나는 새로운 생명을 길러 내도록 하라"라고 격려를 아끼지 않고 있다.

또 《호상》 창간호에는 눈 익은 신입생들의 글도 실려 있는데 그중 64학번인 오탁번의 시 〈주점서론〉(酒店序論)이 눈에 띈다. 그때 신입생이었던 그는 벌써 작년에 정년퇴직하여 고대를 떠났으니 그의 후속 시 〈주점결론〉은 언제 나올는지…….

40여 년 전 고대 교양교육의 요람이었던 교양학부 10년을 회고하면서 새삼 교양학부 시절이 그립다.

——〈고대유사〉 3회, 《고대교우회보》 제464호(2009년 3월 12일)

5) 〈고대교향곡〉에 대하여

〈고대교향곡〉(Symphony for Korea University)은 5년 전, 그러니까 2005년 개교 100주년을 기념하여 제작되고(당시 총장 어윤대, 교우회장 박종구), 그해 9월 11일 예술의 전당 콘서트홀에서 세계 초연(初演)으로 탄생하였다(지휘 Pavel Lando). 평소 서양 고전음악을 좋아하던 필자는 이날 다른 많은 고대인들과 자리를 함께 하여 최초의 〈고대교향곡〉의 역사적 탄생을 지켜보았고, 끝난 후 감격적이고 열광적인 기립 박수를 한없이 보냈던 기억이 새롭다. 특히 이날 연주는 음악과나 음악대학이 없는 고대에서 30여 년의 역사 속에 끈질기게 성장해 온 고대관현악단의 33회 정기 연주회를 겸한 것이어서 더욱 뜻이 깊었다. 그리고 〈고대교향곡〉은 같은 해 12월 29일, 세종문화회관 대극장에서 개교 100주년 송년 음악회로 서울시립교향악단에 의해 다시 연주되었는데(지휘 Bundit Ungrangsee), 필자는 그때도 가서 〈고대교향곡〉과 함께 연말을 보낸 바 있다.

여기서 필자가 불과 5년밖에 지나지 않은 이야기를 새삼스럽게 하려는 뜻은, 아직 고대인들에게 널리 알려지지 않은 〈고대교향곡〉(원제목 Symphony for Liberty, Justice, and Truth)에 대한 좀더 상세한 소개와 더불어, 이날이 있기까지 순수한 아마추어 음악으로 성장해 온 고대 합창부, 고대 관현악부를 중심으로 고대 음악의 발자취를 간단히 살피고자 함에 있다.

앞서도 말한 바 있지만, 고대는 그 100년 역사 속에 음악대학을 갖지 못했다. 연세대는 미션계 대학인지라 일찍부터 종교음악에 뿌리를 둔 음악과가 있었고, 해방 후 생긴 많은 대학들도 음대나 음악과를 가지고 있음에 비하여, 고대는 한국 최고, 최대의 대학임을 자랑하면서도 '무음대'(無音大)의 전통을 자랑(?)하고 있는 것이다. 그 때문에 고대는 음악 불모(不毛)의 대학, 음악적 정서가 결핍된 대학, 그래서 보전(普專) 이래 거칠고 무뚝뚝한 남성적 이미지의 대학, 여기에 서민적인 털털한 막걸리 기질에 전래의 타악기 중심의 농악(農樂)이 교악(校樂)으로 인식되면서, 고대는 고전과 현대를 막론하고 서양음악과는 거리가 먼 대학인 양 알려져 왔고, 또 자처하여 왔던 것이다.

그렇다면 진정 고대는 음악의 황무지(荒蕪地)였는가. 진정 고대와 고대인에게는 음악적 DNA가 근본적으로 결핍되어 있었는가. 여기서 우리는 고대 음악의 뿌리를 되돌아볼 필요를 느낀다.

보전 시절의 음악에 대하여 알려지거나 전하는 것이 거의 없다. 다만 기악 쪽으로 1923년경부터 취주악부(吹奏樂部, Brass band)가 있었다 하니, 관악기와 타악기 중심의 악대가 주로 보전이 출전하는 운동경기의 응원에 참가, 연주하였던 것으로 보인다(보전 시절의 음악에 대하여는 좀더 상세한 조사가 요구된다).

해방 후 고대 시대에 들어와서도 취주악부는 그 명맥이 유지되어 학교 행사나 기념식, 그리고 운동경기에 동원되었다. 그리고 필자의 재학 시절인 50년대 후반에는 학교에서 마련한 '고전음악 감상회'가 서관 동쪽 2층 계단강의실에서 자주 열렸었다.

그런데, 1955년 개교 50주년 기념으로 유진오 총장에 의해 신교가가 제정되면서 처음으로 고대합창부가 탄생하여, 종래의 밴드부와 합쳐 음악부라 불리게 된 것이 해방 후 고대 음악의 시초라 할 수 있다. 그러는 가운데 피아노의 곽병완(철학55)이 1956년 서울 음대에서 편입하고, 작곡가 이흥렬이 1957년 객원 교수로 부임하면서 합창부가 활성화되어 갔다. 그 다음 해에는 교양과목으로 음악 강좌가 개설되면서(이흥렬 담당) 캠퍼스에 음악적 분위기가 확산되어 갔다. 그러다가 1963년 이흥렬이 숙대 음대 학장으로 떠나게 되면서, 이후의 고대 음악 문화는 합창부를 중심으로 곽병완에 의해 주도되었다. 그리고 곽병완의 합창부 운영에 김경진(영문56) 또한 적극 가세하여 쌍벽을 이루며 고대 음악 발전에 기여했다.

이러는 가운데 1969년 합창부 정기공연에서 서경석(농학65)이 바이올린을 연주하여 모두에게 감동을 주었던바, 이것이 안암 언덕에 퍼진 최초의 현(絃)의 음악으로서 고대관현악단 탄생의 단서(端緖)를 이루었다. 즉 이를 계기로 이듬해인 1970년 현악사중단이 구성되었는데, 같은 해 석탑축전에서 여학생회의 초청을 받아 인촌 묘소(仁村墓所)에서 연주회를 가짐으로써 그 역사적 출발을 본 것이다. 그러나 정식 동아리로서 최초의 현악부가 탄생한 것은 1971년이었다. 이때 30여 명의 동호인이 만든 현악부가 현 고대 관현악단의 전신이었고, 1971년은 바로 그 기원의 해가 된 것이다. 이때 부장은 최신묵(금속공69)이었다.

그 후 현악부는 1972년 서관 계단강의실에서의 제1회 정기연주회를 시작으로, 같은 해 가을 연주회(대강당 6-101), 1973년의

개교 100주년 기념 송년음악회에서 〈고대교향곡〉이 연주되었다.

제2회 연주회 등을 연속적으로 개최하면서 활발한 활동을 시작하였다. 특히 1976년에는 현악부 첫 교외공연(한국일보사 강단)이 있었고, 70년대 말부터는 입학식, 졸업식의 애국가, 교가 연주(지휘 곽병완)를 전담하기 시작하였으며 1980년부터는 송년음악회를 개최하였다. 그러다가 1982년에 종래의 현악부를 실내악부로 이름을 바꾸었고, 1983년에는 마침내 대망의 '고대 관현악단'이 창단되어 창단 연주회(유관순기념관)을 가짐으로써 공고한 반석 위에 올랐고, 그 후 욱일승천(旭日昇天)의 기세로 오늘에 이른 것이다.

이제 처음의 〈고대교향곡〉의 이야기로 돌아가기로 한다. 2005년 개교 100주년을 맞아 다양한 행사를 기획하는 가운데, 당시 어윤대 총장은 고대관현악단 교우회(회장 서경석)와 더불어 〈고대교향곡〉을 만들기로 하고, 다양한 절차를 거친 끝에 저명한 작곡가 라린(Alexey Larin, 러시아 그네신 음악학교 교수)에게 작곡을 위촉, 약 45분, 4악장의 〈고대교향곡〉이 약 2년에 걸친 산고 끝에 드디어 완성된 것이다. 라린은 곡을 만드는 동안 여러 차례 한국을 방문, 고대 캠퍼스를 둘러보면서 악상(樂想)을 키웠고, 고대 관현악단 학생들과 교류하였다.

〈고대교향곡〉을 작곡한 라린 러시아 그네신 음악학교 교수.

〈고대교향곡〉은 한민족의 혼과 정서, 그리고 반만년의 유구한 역사와 전통을 이어받아 오늘에 되살리고 있는 고대의 정신과 전통을 음악적으로 형상화한 작품이다. 이는 "작곡자가 러시아의 강한 음악적 유산을 바탕으로 한민족의 전통적 민족음악을 활용하여 민족주의풍의 소박하고 친근한 흐름과 후기 낭만파풍의 장려한 스케일을 효과적으로 접목시켰다"는 평(황장원, 음악칼럼니스트)에서도 잘 드러난다.

1악장(Sonata Allegro)에서는 짧은 서주(Prelude) 후 2개의 주제가 등장하는데, 모두 우리 민족 고유의 민요적 정서와 흥취를 자아낸다. 유연한 선율 속에 차분하고 아련한 회상적 분위기가 이어지고, 희망적 분위기로 마무리된다. 2악장(Andante)에서는 여러 서양 악기를 이용, 가야금, 거문고, 피리 등 전통악기 소리를 묘사하면서 과거와 현재, 동양과 서양의 교감을 자아낸다. 3악장

(Sporting Scherzo), 5분 33초로 제일 짧은 본 악장에서는 석탑축전의 흥겨운 분위기와 함성, 그리고 이홍렬 작곡의 응원가(일명 〈막걸리 찬가〉)가 브라스 밴드를 통해 신명과 흥취를 돋운다. 4악장(Finale)에서는 윤이상 작곡의 교가가 여러 형태로 변주된다. 첼로가 교가의 선율을 살짝 암시하다가, 당당한 행진곡풍으로 이어지고, 다음에는 교가가 팝과 재즈 멜로디로 변화하며 열정적 분위기를 보여 주면서, 종결부에서는 고대인의 높은 기상을 나타낸다.

고대인이 5월이면 들어봐야 할 〈고대교향곡〉을 여기 소개한다.

——〈고대유사〉 17회, 《고대교우회보》 제478호(2010년 5월 10일)

5. 초창기 고대 문학의 요람

1) 《석탑문학》과 고대 시문학

《석탑문학》은 창간호이자 종간호, 그러니까 단 1호로 끝난 고대 최초의 문학 동인지다. 지금으로부터 56년 전인 1953년, 6·25동란 중 피난지 대구에서 고고지성으로 태어난 《석탑문학》은 당시 피난 와 있던 학생 중심으로 이루어진 '석탑문학동인회' 회원들의 시만을 모아 낸 사화집(詞華集)이다.

비록 학교의 공식적인 간행물이 아니고, 자금 조달과 인쇄 시설이 여의치 않았던 당시 상황인지라 등사본으로 간행된 전 70쪽의 소책자에 지나지 않으나, 고대 시문학사의 원류를 이루는 자료이고, 대구 피난 시절 고대의 상황을 말해 주는 소중한 문헌이다. 특히 석탑문학동인회는 2년 후 1955년에 결성된 '고대문학회'로 이어졌고 《석탑문학》은 같은 해 고대문학회에 의해 창간된 《고대문화》 전신이 된다는 점에서 그 의의가 매우 크다.

이와 같은 점은 《석탑문학》 〈권두언〉에서 조지훈 교수가 "그 질과 양에 있어서는 혹은 거칠고 초라할지 모르나, 초창기 고대 문학의 기단(基壇)을 축조하는 데 선구의 구실을 부하(負荷)하였다는 것은 어김없는 사실이요"라 하고, 이어 "이제 《석탑문학》이 강건한 고대 문화에 일단의 돌을 더 쌓게 된 것은 얼마나 즐거운 일인가"라 하고 있는 데서 잘 드러나고 있다. 여기서 '초창기 고대 문학의 기단'이라는 말은 고대의 문학이 1945년 해방 후 종합대학 인가에 따라 문과대학이 생기면서부터 그 기틀을 잡았다는 사실을 적시한 것이다.

실상 문과가 없이 법·상 2과만으로 40년을 시종해 온 보전 시대에 이렇다 할 문인을 배출하지 못했던 것은 사실이었다. 따라서 1946년, 문과대학에 국·영·철·사의 4과가 생긴 후, 1948년 국문과 교수로 시인 조지훈이 부임하고, 이어 해방 이후 작품 활동을 하다가 1947년 《경향신문》 신춘문예로 등단한 시인 김종길(영문 51)이 합류하면서 시를 중심으로 한 고대 문단이 출발하게 된 것이다. 여기에 1953년 《석탑문학》이 나오고, 다시 1955년 고대문학회의 탄생과 《고대문화》의 창간으로, 보전 이래 문학 불모의 역사로부터 본격적인 초창기 고대 문학의 문단이 형성되었던 것이다.

석탑문학동인회 출판 기념사진(1953.7.8). 앞줄은 좌측부터 이상로(문인), 조지훈 선생, 변종하(화가, 표지 장정) 동인. 뒷줄은 좌측으로부터 이황, 이종헌, 왕학수(교수), 오주환(고대신문 주간), 조기섭(전 대구대 총장), 김동진, 민재식 동인이다. 3열 상단의 인물은 미상이다.

《석탑문학》에는 조기섭(국문50), 김동진(국문52), 민재식(영문51), 이동인(경제, 학번 미상), 최의수(국문51), 이황(국문52), 이종헌(국문50) 등 7명의 시 각각 2, 3편씩 총 20편의 시가 수록되어 전한다. 발행일은 정확하게 1953년 7월 1일인데, 동인들은 그 1주일 후인 7월 8일 이를 기념하고자 조지훈 교수를 비롯한, 도움 받은 분들과 사진을 찍었다. 사진 중 아래 중앙이 조지훈, 그 우측에 표지 장정과 컷을 그려 준 화가 변종하, 좌측에는 문인 이상로가 동석하고 있다. 조지훈 뒤에는 《고대신문》 주간 오주환, 그 우측 콧수염 기른 분은 교육학의 왕학수 교수다. 그 외는 모두 동인회 멤버들이다. 촬영을 마친 후 일행은 자주 갔다던 대구의 '감나무집'이나 '석류나무집'에 감회 어린 술판을 거나하게 벌였을 법하다. 그리고 그날의 술자리 분위기는 사뭇 희망찬 기세였을 것이다. 이는 회원 중 한 사람으로《문학예술》지를 통해 등단한 민재식이 편집후기에서 "제2집은 10월에 착수해 볼 심산이다. [···] 여하튼 제2집은 평론과 창작을 포함하여 수족관처럼 청신할 것을 약속해 둔다"라 하고 있는데서 알 수 있다. 따라서 2집부터는 문학종합지 성격의 발전적 변신을 계획했던 것으로 보인다.

한편《석탑문학》창간호가 나온 직후 당시 문리대 강사였던 김종길은 '모색의 단면'이란 제하에《석탑문학》창간호의 서평을 게재하여(《고대신문》1953. 7. 31호, 4면) 동인들을 격려하였다.

즉 7명의 수록 시들을 각각 개별 평가, 감각 추상, 토속, 직관, 오뇌, 건실, 지성 등으로 특징을 지적하면서 종합적으로는 '시는 우발적인 언어가 아니다'는 뼈 있는 말로 훈수를 두고 있다. 이로써《석탑문학》의 출간에 대한 내외의 반향이 매우 컸음을 알 수 있다.

그러나 당시는 정국이 불안한 전시였다. 같은 해 휴전이 성립되면서 고대는 바로 한 달 후 2년간의 대구 생활을 마치고 서울로 복귀하였고, 이에 따라 모두 함께 짐을 싸야 했으니,《석탑문학》2집 계획은 끝내 무산되고 말았고, 상황이 바뀐 서울에서는 그 배턴을 2년 후의《고대문화》에 넘기는 수밖에 없었다.

이처럼《석탑문학》은 창간호만으로 고대 문학사에서 자취를 감추게 되었다. 그러나《석탑문학》이 다져 놓은 토대 위에서 고대의 시문학은 그 후 대를 거듭하며 뻗어 나갔던바 그 주류를 연대별로 보면 다음과 같다.

1940년대: 조지훈, 김종길

1950년대: 박희진, 민재식, 범대순, 박재삼, 정진규 외

1960년대: 오탁번, 김명인, 이성선, 최동호 외

1970년대: 최승자, 최정례, 오태환, 김재혁 외

1980년대: 이희중, 강연호, 권혁웅, 박정대, 문태준 外

결국 1940년대의 조지훈, 김종길이 고대 시맥(詩脈)의 원류를 이루었고 여기서 석탑문학 동인들이 뒤를 받쳤으며 그 이후 활발한 기세로 발전해 간 것이다. 앞의 연대별로 거명된 시인들은 필자가 임의로 거명하고, 지면상 제한된 수로 압축한 것이어서 사실에서 벗어난 잘못이 있을 것으로 생각된다.

지금 파악되는 《석탑문학》은 2, 3권 정도를 넘지 않을 것으로 추정되는데 필자가 참고한 것은 고대 중앙도서관 소장본이다. 이 본은 원래 구자균 교수의 소장으로 국문과 소속 석탑문학 동인이 증정한 것으로 판단되는데, 증정자가 누구인지는 알 수 없다. 이 본은 1964년 선생의 사후, 다른 모든 장서와 함께 국어국문학과에 기증되었던 것인데 관리상의 부실로 모든 장서를 중앙도서관에 기증, 이관할 때 함께 갔던 것이다. 이는 표지 좌측에 '구자균선생혜존(惠存)'이라 쓰여 있고, 차례 페이지에 '일오장서'와 '고대국어국문학회'란 두 개의 인장이 찍혀 있는 것으로 알 수 있다. 일오(一梧)는 구자균 교수의 아호이다.

전쟁 중 혼란스러운 피난지의 궁핍한 상황에서 끓어오르는 문학적 욕구를 발산하지 않을 수 없었던 고대 젊은 문인들의 표정과 몸짓, 꿈을 향한 몸부림이 오롯이 담겨 있는 《석탑문학》을 찾

아내 그 실체와 내용, 의미와 가치를 살펴 초창기 고대 문단, 그중에도 시단의 원류와 흐름을 일별해 보았다.

——〈고대유사〉 2회, 《고대교우회보》 제463호(2009년 2월 17일)

2) 요절한 고대 시인 이황에 대하여

1958년 9월 《고대신문》(184호)은 다음과 같은 갈로 이황의 죽음을 애도하는 추모특집을 꾸미고 있다.

> 기성문단을 육박하면서 눈부신 발전을 거듭해 오는 고대문학회에서 알려진 애절한 비화가 문학도 간에 또 하나의 파문을 던지고 있다. 석탑문학의 동인이며 문학예술지의 시 추천을 거친 이황 씨가 의외의 영결을 고한 사실이다

이렇게 시작되는 앞말에 이어 〈이황 애사〉(조지훈), 〈이황형의 죽음〉(김종길), 〈이황의 시와 인간성〉(임종국) 등 3편의 추도문과 고인의 시 2편을 수록, 4면을 거의 추모의 글로 채우고 있다.

이황은 경북 성주 태생으로 김천중학을 졸업, 1952년 피난지 대구에서 고대 국문과에 입학하였다. 그는 재학중이었던 1956년 문학예술지를 통해 등단, 많은 작품 활동을 하였을 뿐 아니라, 1953년 석탑문학 동인으로 고대 시문학의 원류가 되는 《석탑문학》 창간에 크게 기여하였고, 학교의 서울 환도 후에는 고대문학회 결성과 《고대문화》 창간에도 남다른 열정을 쏟았다. 또 동창 임종국이 《이상전집》을 간행할 때도 힘든 편집, 실구를 도맡아 주위의

《석탑문학》 창간호(1953년) 표지와 이황. 창간 기념으로 동인들과 촬영한 기념사진의 부분이다. 《석탑문학》에서는 이황의 시 3편과 그의 편집후기가 수록돼 있다.

눈길을 끌기도 했다.

이처럼 주위와 문단의 촉망을 받던 젊은 시인이 20대 후반의 한창 나이에 무슨 이유로 세상을 떠나야 했을까. 특히 그를 잘 아는 이들의 가슴을 아프게 했던 것은 그가 음독자살이란 극단적인 방법을 택한 사실이었다. 그가 죽음의 길을 택한 것은 학교 휴학 중, 대구에 내려가 있던 1958년 7월 27일이었다. 당시 대구의 일간지들은 그의 자살 동기를 '생활고'라 보도하였다 하고, 대구에 있으면서 그의 부음을 듣고 곧바로 상가로 달려갔던 시인 허만하는 〈푸른 낙엽〉이란 조사를 그곳 신문에 발표하였다. 그러나 실상 그의 고대 동기들은 모두 서울에 있어 아무도 그의 마지막을 보지 못했고, 처음 그 소식을 접한 것은 한 달 정도 지난 뒤였다.

이황은 "질박한 풍모와 묵중한 성격, 순진한 심성이었고"(조지훈), "비위가 좋고 성미가 누그러우며 어딘지 완강하고 선이 굵은 사람이었으며"(김종길), "성실하게 살려고 무척 노력하고, 항상 젖먹이와도 같은 천진한 표정이었으며, 벗들에게 우의와 신의를 바꿀 줄 모르던 지조의 인간이었다"(임종국)고 한다. 그런 그가 스스로 목숨을 버리는 결단을 내린 까닭은 무엇이었을까.

여기서 그가 세상을 버리기 3년 전인 1955년 《고대문화》 창간호에 발표한 시 〈해바라기〉 전문을 들어 본다.

> 숨가쁜 계절을 뚫고 나와 이제 해보다 조금 작은 모습을 하고 훌륭히 하늘에 햇살을 쏜다
> 이글대는 의욕이 날로 더하여 아무도 너를 이웃하지 않는다
> 바라보면 장독대에 가파른 키가 혼자서 줄기찬 햇살을 두르고
> 살을 저미는 간난을 무릅쓰고 괴로운 꿈이 입 다문 토열에 달아
> 고래 고래 소리 지르는 황소의 몸부림을 담고, 하마 하늘을 나래 칠 보이지 않는 쭉지의 움직임……
> 해바라기
> 차라리 아무도 너를 이웃하지 못 하는 스스로의 종교, 변절을 모르는 끝내 식을 수 없는 불덩이의 노래여

〈해바라기〉는 이황의 자화상으로 보인다. 그리고 여기에는 그의 생활과 시대와 여기에 처절히 부딪히는 그의 자아가 보인다. 그가 '살을 저미는 간난' 속에서 '이글대는 의욕'으로 '괴로운 꿈'을 꾸면서 쓰는 시는 '황소의 몸부림'이요 '불덩이의 노래'일 수밖에 없었다. 조지훈은 위의 글에서 "시인으로서의 근본고(根本苦)

에 시대고가 겹치고 시작(詩作)은 부진하며 발표의 기회는 막힌데다가 학업도 중도에 쉬게 되었으며 벗들과 떨어져 벽촌에 묻혀 있었으니 그 우민(憂悶)의 정이 어떠했음을 상상하기에 어렵지 않다"고 하여 이황의 최후의 상황을 잘 말해 주고 있다. 이처럼 그의 죽음에는 여러 가지 원인이 작용하고 있다. 따라서 그의 죽음을 당시 대구의 신문이 생활고 때문이라 단정한 것은 단순한 신문 보도일 뿐이다. 또 학업 중단이나 낙향, 그리고 시작과 발표의 어려움도 주변적인 요인일 수는 있으나 그의 죽음의 원인을 모두 해명해 주는 것으로 볼 수는 없다.

그렇다면 그의 죽음의 근본적 동기는 무엇이었을까. 이에 대하여 조지훈은 '시인으로서의 근본고'를 들었고, 김종길은 "그의 세대와, 그 세대의 사조적 경향에도 관계가 있다"고 했으며, 임종국은 "그리하여 그는 그 자신의 너무나 강렬한 정열로 하여 그 모든 문제와 함께 스스로의 육신을 사르어 버린 것이 아닐까. 〔…〕 자기와 자기가 당면한 문제, 그리고 또 자기의 우주의 그 모든 것을 일거에 무로 환원시켜 버린 것이 아닐까" 하여 좀더 근원적인 차원에서 그의 죽음의 의미를 찾고 있다.

여기서 그가 죽음을 결행하기 몇 년 전에 발표한 실존주의 관계 글 2편에 주목할 필요가 있다. 이황은 1954년 6월 《고대신문》(46호)에 〈싸르뜨르와 구토〉를, 그리고 그 1년여 후인 1955년 10월 같은 지면(85호)에 〈실존주의 사상 편고—싸르뜨르의 소론을 위하여〉를 발표하고 있다. 이로 보아 그가 당시 학계, 사상계를 풍미(風靡)하던 실존주의 사상과 문학에 경도(傾倒)되어 있음을 알 수 있다. 그는 앞의 글에서 《구토》를 발표하기까지의 사르트르의 생애와 작품에 나타난 사상을 고찰하였고, 다음 글에서는 사르트르를 중심으로 한 실존주의 사상과 그 철학적 배경을 탐구하고 있다. 이황은 그때 실존주의 사상에 탐닉(耽溺)하고 있었던 것이 분명하다.

실존주의는 주체적 자아가 항상 자주적 결단에 의한 행동을 감행하고, 스스로의 선택에 의해 진정한 자기를 만들어 실천한다는 행동의 철학이다. 그리고 자기 존재에 대한 회의(懷疑)와 자각, 행동의 자유. 그 결과에 대한 책임을 진다고 한다. 사르트르는 이러한 주체적 자아는 불안과 고독과 절망 속에 놓여 있다 하더라도, 그 속에서 결단적 선택과 책임 있는 행동으로 스스로를 만들어 가야 한다고 주장한다. 이러한 실존적 사고에 의하여 살고 죽을 수 있는 주체적 결단과 실천을 행함으로써 실존적 진리에 도달한다는 것이다.

이황이 실존주의를 얼마큼 이해하고 행동하려 했는지, 또 이러한 그의 사고와 실천이 그의 죽음과 어떻게 관련되는지는 선불리 단정하기 어렵다. 그러나 전쟁 중이었던 당시의 처참한 상황과 극도로 궁핍했던 삶의 현실, 그리고 그를 간단없이 압박했던 정신적 고뇌 등이 그의 죽음의 배경에서 작용했음은 분명하다. 그렇더라도 철학을 철학으로만 이해하고 이를 자신의 삶과 생명에 결부시켜 행동하지 말았어야 했다는 아쉬움이 남는다. 하지만 그러기에는 그의 현실은 너무 힘들었고, 또 좀더 성숙한 판단을 기대하기에는 그는 아직 젊은 나이었다. 그래서 그의 죽음은 더욱 슬프다. 그런데, 더욱 가슴 아픈 일은 그가 죽음을 택한 그 날 밤, 이에 충격을 받은 그의 젊은 부인이 양잿물(수산화나트륨)을 삼키고 남편의 뒤를 따랐다는 사실이다. 두 살 된 아들을 남겨 두고…….

이황은 필자의 4년 선배이다. 그러나, 그의 긴 휴학 기간 때문에 같은 재학생의 입장이면서도 그를 만난 일은 없다. 그가 세상을 떠난 해가 1958년이었으니 벌써 51년의 세월이 흘렀다. 그러나 당년《고대신문》의 추모특집 외에 그 이후 이황이나 그의 시에 대하여 아무도 불러 주지도 말해 주지도 않았다. 그의 동기들 대부분도 이미 세상을 떠났고, 고대 시단 초창기의 당당한 시인이었던 그를 기억해 주는 후배도 없었다. 짧은 생애로 그가 남긴 시는 20여 편에 지나지 않는다. 그리고 이들 작품에 대한 문학적 평가는 필자의 몫이 아니다.

필자는 다만 짧고 서글프게 이 세상을 살다간 외롭고 쓸쓸한 시인의 넋을 위로하고자 초혼(招魂)의 심정으로 이 글을 쓴다. 조지훈의 이황 추모문 마지막 부분을 인용하면서 끝을 맺는다.

> 이미 가을 빛이 짙어 간다. 죽음의 안식을 위해서 슬프다. 황이여 내 또 무엇을 더 말하랴

——〈고대유사〉 7회,《고대교우회보》 제468호(2009년 7월 14일)

3) 만해 한용운과 고대문학회

기미년 독립운동 33인의 한 사람으로 불굴의 지조를 지켰던 민족 지사, 〈님의 침묵〉의 시인으로 한국문학사에 불멸의 공적을 남긴 시인, '불교유신론'을 통하여 재래 불교의 혁파를 과감히 외쳤던 불교학자이자 선승(禪僧), 만해 한용운(韓龍雲, 1879-1944)은 한국 근대사에 빛나는 혜성과 같은 존재였다. 만해(萬海, 이하 만해라 칭함)는 오매불망(寤寐不忘)하던 조국의 해방 1년을 앞두고 세상을 떠났다. 그리고 그가 떠난 1944년, 본교는 보전 시대의 막을 내리고 고려대학으로 새로 출발하기 직전이었다. 이로써 1905년 교육구국의 이념으로 개교하여 항일운동의 본산지가 되었던 보전과, 평생을 항일 구국의 일념으로 독립운동을 선두에서 이끌던 만해는 일제 강점기 36년을 함께 보냈지만, 서로 직접적인 관련이나 제휴를 가진 일은 없었다. 이와 같은 사실은 1919년의 3·1운동에서부터, 만해는 불교계를 대표하여 항일운동을 이끌었고, 보전은 천도교를 배경으로 독립운동을 선도하였던 종교적 입장의 상이(相異)에서 왔던 것으로 보인다. 실제로 만해는 일생을 불교인으로 보냈고, 보전은 한때 천도교 측의 운영을 받은 바 있으나, 그 교리와는 전혀 관계가 없었으며, 110년에 이르는 교사(校史)에서 다른 어떤 종교와도 무관한 채 민족의 대학으로 일관하여 왔다.

그러나 만해의 사후 10여 년 후인 1950년대 후반에 이르러 고대와 만해는 상호 밀접한 관련을 맺게 된다. 결론부터 말하면 1958년에 고대문학회가 최초로 한용운 전집의 간행에 착수하고, 고대

문학회 회원에 의해 역시 최초의 한용운 연구저서가 출간되었던 사실이 그것이다. 이미 50년 세월이 지난 당시 고대문학회는 만해 타계 후 종적을 알 수 없는 유고를 찾아내고, 여기저기 산재하던 그의 글을 모아 1958년과 1959년에 걸쳐 《한용운전집》 6권의 편집을 완료하였고(간행은 1973년) 당시 이 일에 참여하였던 국문학과 재학생이던 박노준(국문56, 한양대 명예교수)과 인권환이 1960년 《한용운연구》를 저술, 간행함으로써 만해는 고대와 뗄 수 없는 인연을 맺게 된 것이다. 실상 이때의 《한용운전집》은 그때까지 전하는 유고를 비롯한 만해의 전 저작을 모아 처음으로 전집으로 묶음으로써 본격적인 만해 연구의 단초를 마련하여 현재 세계적으로 확대되고 있는 '만해학'(萬海學)으로 성장하는 터전을 마련하였다. 또 《한용운연구》는 당시까지 회고문, 인물평 수준에 머물던 만해에 대한 관심을 독립지사, 불교인, 시인을 두루 아우른 본격적 인물 연구이자 작가 연구에 값하는 최초의 만해 연구서로서 그 이후 만해 연구의 효시가 되었다. 이상과 같은 전집 편찬과 연구서 저술은 당시 고대문학회의 획기적인 업적으로 평가되어 학계 문학계의 주목을 받았다.

여기서 그간의 경위를 간결하게 부연하기로 한다.

1958년 신학기를 맞아 당시 국문학과 3학년 재학생이던 위 두 사람과 이기서(국문56, 본교 명예교수), 이화형(국문56, 가업 종사) 등은 1955년 창간호를 내고 속간이 안 되고 있던 《고대문화》 제2집의 간행을 위한 작업에 착수하였다. 그러나 학교의 보조가 끊어진 상황에서 간행비 마련이 큰 과제였다. 그때 같은 고대문학

《한용운연구》

회 회원으로 최초의 《이상전집》을 내어 호평을 받던 정외과 임종국(정외52, 작고) 선배를 만나 숙의한 끝에, 학회의 사업으로 《한용운전집》을 내어 업적도 쌓고 수익금으로 《고대문화》 2집도 내자는 결론을 얻었다. 그리고 곧바로 국문학과 고수이자 고대문학회 지도교수인 조지훈 교수를 방문, 전적인 동의와 지도를 확약받게 되었다. 그 후 수소문 끝에 만해의 유고를 소장하고 있다는 박광(朴洸, 작고)을 찾아 취지를 설명하고 쾌락을 얻었다. 박광은 만해의 애국동지로서 만해의 사후 아무도 돌보는 이 없는 가운데 유고를 수습, 보관, 6·25동란을 거치면서도 소중히 지켜 오다가 1957년 만해의 제자였던 최범술(제헌 국회의원, 해인사 주지 역임, 작고)에게 전집 간행을 위임한 터였다. 필자 등은 직후 최범술을 방문하여 상호 협조하기로 합의, 1958년 7월, 고대 대표로 조지훈이 참여하는 전집간행위원회를 구성, 바로 작업에 착수하기로 하였다. 그리하여 같은 해 8월, 여름방학을 이용, 위의 박노준, 이화형, 인권환 등 3인은 최범술과 함께 경남 사천군의 '다솔사'(多率寺)에 내려가 20여 일 머무르면서 각종 만해의 글들을 원고지에 옮기는 작업을 진행하였다. 한편 서울에서는 임종국, 이기서, 정진규(국문58, 《현대시학》 주간), 변영림(국문57, 주부) 등이 각 도서관을 뒤지면서 자료를 조사 정리하였다. 이렇게 하여 8월 말 귀경한 다솔사 팀의 자료 원고를 합쳐 종합적인 검토 끝에 1959년 초 총 10권의 분량에 해당하는 전집 편집을 완료하고 도서출판 통문관에서 간행하기로 합의하였다.

그러나 실질적 원고의 주인이었던 최범술의 개인 사정으로(상론은 생략함) 10년여를 공전한 끝에 1970년, 최범술과 다솔사 팀 3명을 합쳐 총 9명으로 편집위원을 재편성하였는데, 이때 조지훈이 빠진 것은 그가 1968년 사망한 때문이었다. 이러한 곡절 끝에 1973년 신구문화사에서 최초의 전집 6권이 나오게 되었던바, 이때의 편집위원은 최범술, 조명기, 박종홍, 백철 등 10명, 간행위원으로는 김관호, 박노준, 이화형, 인권환 등 9명으로 짜여지게 되었다. 실로 1958년 고대문학회에서 《한용운전집》을 착수, 진행한 이래 15년 만에 그 결과가 탄생하는 순간이었다.

한편, 앞서 말한 만해 연구서 《한용운연구》는 전집보다 13년 앞선 1960년 박노준과 인권환에 의해 출판사 통문관의 이겸노(李謙魯, 작고, 본교 중문과 이동향 명예교수의 부친)의 호의로 출간되었다. 저자 두 사람은 만해전집 원고 정리와 편집에 가담하면서 그의 모든 자료를 독파하게 되었고, 이를 바탕으로 연구서를 내기로 합의, 1958년과 1959년에 걸쳐 집필한 끝에 1960년 간행을 본 것이다. 결국 학부 3, 4학년간 1년여의 산통 끝에 전집 간행에 앞서 완성을 본 셈이다. 저자들은 처음으로 유고를 포함한 전 자료를 통람한 이점은 있었지만, 학부생의 처지로서는 벅찬 일이어서 부족한 점이 많았으나, 최초의 만해의 연구서라는 사실에서 당시

《한용운전집》

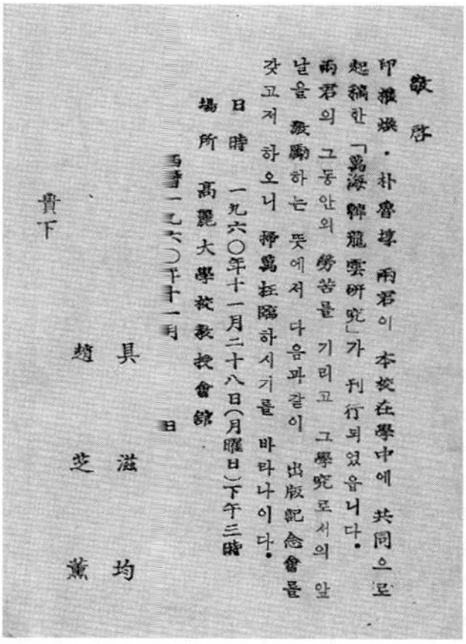

敬啓

印權煥·朴魯埻 兩君이 本校在學中에 共同으로 起稿한 「萬海韓龍雲硏究」가 刊行되었읍니다. 兩君의 그동안의 勞苦를 기리고 그學究로서의 앞날을 激勵하는 뜻에서 다음과같이 出版記念會를 갖고저 하오니 掃萬枉臨하시기를 바라나이다.

日時 一九六〇年十一月二十八日(月曜日)下午三時

場所 高麗大學校教授會館

西紀一九六〇年十一月 日

具滋均

趙芝薰

貴下

초청장

로서 의의 있는 연구서라는 평가를 받기도 하였다. 특히 조지훈은 《한용운연구》의 초고를 끝까지 읽고 꼼꼼히 고쳐 주었을 뿐 아니라 서문까지 써 주어 저자들을 격려하였다. 그리고 여기서 빼놓을 수 없는 기억은 국문과의 원로였던 구자균, 조지훈 두 교수가 출판기념회를 마련해 준 일이다. 실로 학생들의 저서 출판기념회를 교수가 초청인이 되어서 열어 준다는 것은 아주 드문 일이어서 저자들을 감격시키기에 족했다. 현재 남아 있는 당시의 초청장 문면을 보면 출판기념회는 1960년 11월 28일 교수회관에서 열렸었는데, 여기서 교수회관이란 지금의 호상 자리, 즉 대학원 도서관 남쪽 아래에 있던 식당 건물로 지금은 헐려 사라져 버렸다. 단층이나 꽤 큰 건물로 현관 우측에는 넓은 학생식당이 있었고, 좌측으로 이보다 작은 교수식당이었는데, 이를 교수회관이라고도 불렀다. 초청장의 '敬啓'(경계), '掃萬枉臨'(소만왕림) 등 구투의 용어도 그렇고 세로쓰기, 과다한 한자 노출 등이 1960년대 초반의 초청장 양식이 완연한데 문면은 조지훈 교수가 작성한 것으로 기억이 새롭다. 당일 위의 두 분 국문과 교수와 송민호, 박병채 교수, 그리고 국문학과 선배 동기와 친구들, 일부 가족들이 참석하여 축하해 주었고, 특히 사학과 김성식 교수가 축사를 해 주어 더욱 자리를 빛나게 하였다. 또 필자가 답사를 한 것으로 기억되는데 무슨 말을 어떻게 했는지 어언 50년이 지난지라 한마디도 생각이 나지 않는다.

저자 두 사람은 그 후 모두 대학원에 진학하면서 전공을 고전문학 연구로 바꾸었다. 박노준은 신라가요에서 조선 시대 시조에 이르는 고전시가 연구로, 인권환은 설화, 소설 등 고전산문과 판소리 중심의 민속학과 불교문학 연구로 각각 방향 전환을 한 것이다. 그 때문에 현대의 시인이었던 한용운에 대한 연구는 계속하지 못해 아쉬움이 남는다. 다만 필자는 한용운 연구를 계기로 고전 불교문학 연구를 주 전공으로 삼아 지금까지 계속하고 있으니 인연의 소중함을 깊이 느낀다. 돌아보매, 한용운으로 필자 등과 인연 맺었던 박광, 최범술, 조지훈, 임종국 네 분은 모두 세상을 떠났다. 그리고 학부생이던 저자들도 대학 정년을 마치고 70을 넘어 그 중반에 이르렀다. 그러나 반세기 이전의 《한용운전집》 편집과 《한용운연구》는 고대문학회의 이름과 함께 대학 시절의 기념비적 존재로 영원히 남을 것이다.

——〈고대유사〉 24회, 《고대교우회보》 제485호(2010년 12월 10일)

4) 4·19 추도 시집의 고대인들

4·19혁명 50주년이 돌아왔다. 12년간 지속되었던 독재정권을 피의 항거로 무너뜨리고, 마침내 자유와 민주를 되찾았던 1960년 4월 19일, 그로부터 어언 반세기의 세월이 흘러간 것이다. 이에 따라 4·19혁명의 도화선이 되었던 고대의 4·18의거도 50주년을 맞게 되었고, 그날을 기념하고자 1969년 제1회를 시작하였던 고대의 '4·18기념 마라톤 대회'도 금년으로 40회를 맞는다. 모든 고대인에게 감회 깊은 일이 아닐 수 없다.

이에 필자는 1960년 5월 19일, 그러니까 4·19 후 꼭 한 달 뒤에 발행되었던 4·19 추도 시집《뿌린 피는 영원히》을 열어 보면서 50년 전의 그날을 회상하고자 한다. 여기서 우선 이 시집의 서지적 상황과 이 시집의 편자였던 '한국시인협회'에 대하여 간단히 살피기로 한다. '4월혁명 희생학도 추도 시집'이란 이름으로 나왔던 이 시집은 총 157쪽의 문고판으로 춘조사(春潮社) 발행이었다. 그리고 시집의 속표지에는 '4·19 민주혁명투쟁에 쓰러진 젊은 학도들에게 이 시집을 삼가 드립니다'라고 하여 시집 발간의 취지를 분명히 하고 있다. 실상 이 시집의 편자였던 한국시인협회는 간행 직후 '삼일당'(진명여고)에서 발간 기념 낭송회를 갖기도 했다.

그렇다면 당시 시인협회는 어떤 상황이었고, 추도 시집 편찬의 주역은 누구였던가. 시집의 후면에는 '편자 한국시인협회'라고만 밝혔을 뿐, 간행의 경위나 편집 과정에 대하여는 전혀 언급이 없다. 한국시인협회는 4·19 3년 전인 1957년에 결성되었고, 첫해에

4·19혁명을 이끌어 낸 고대생의 4·18의거 모습.

75명이 가입하였다. 그리고 초기에는 회장 제도가 없이 모든 일의 운영을 간사들이 분담하는 체제였다.

그래서 조지훈(사무), 이한직(기획), 박목월(출판), 김경린(사업), 유치환(대표)의 5명의 간사를 두고 있었다. 따라서 대표간사는 유치환이었지만, 그가 지방에 있었던 관계로 협회의 모든 일은 서울에 있으면서 협회의 탄생을 주도하였던 조지훈이 맡아 하였고, 본 추도 시집 역시 그의 주동으로 이루어진 것이었다(조지훈이 대표간사로 상임위에서 선출된 것은 4·19항쟁 다음해인 1961년이었다).

《뿌린 피는 영원히》는 1, 2부로 나누어 총 39편의 시를 수록하고 있다. 1부는 초등생, 고교생, 대학생 등 22명의 22편, 2부는 기성 시인 17명의 17편, 총 39편의 시가 수록되어 있다. 필자들 중 유일한 초등학교 학생(강영희, 수송초)이 눈에 띄고, 고교생 7명 중에는 금년에 오탁번(영문64) 모교 명예교수에 이어 한국시인협회 회장이 된 이건청(한양대 교수 역임)의 작품이 들어 있어 이채롭다. 그리고 대학생 14명 중에는 모교생 김기현(국문56), 김종기(국문57), 이중흡(국문57), 정진규(국문58, 1998년 시인협회 회장 역임), 이정숙(국문59), 김재원(영문59) 등 6명이 들어 있어 다수를 차지하고 있다. 기성 시인들로는 신동문, 박희진(영문50), 박목월, 송욱, 유치환, 황금찬, 이한직, 정한모, 김수영, 박성룡, 장만영, 김원태, 박두진, 김광림, 박남수, 고원, 조지훈(모교 국문과 교수, 이상 목차순) 등 당시 저명 시인들이 모두 망라되어 있어, 본 시집에 대한 당시 시단의 관심과 열의를 느끼게 한다.

추도 시집《뿌린 피는 영원히》(필자 소장본).

수록된 39편의 내용을 보면, 4·19 직후에 쓰여진 작품들인지라 그날의 함성과 절규, 비탄과 비명, 저주와 분노, 감격과 환희가 생생하게 그대로 느껴진다. 마치 50년 전의 그날의 상황이 보이는 듯 들리는 듯 눈앞에 방불(彷佛)하다.

먼저 당일의 치열했던 현장과 처절했던 상황이 나타난다(이하

각 작품의 일부만을 인용한다).

아! 슬퍼요
아침 하늘이 밝아오며는
달음박질 소리가 들려옵니다
저녁노을이 사라질 때면
탕탕탕탕 총소리가 들려옵니다
아침 하늘과 저녁 노을을
오빠와 언니들은
피로 물들였어요
오빠 언니들은 책가방을 안고서 왜 총에 맞았나요
(강영희, 수송초)

전쟁은 아니었다
지각을 흔드는 차륜소리
피를 보려고 조준한 총구
분명 시가지에 검은 비가 쏟아지고 있었다
아 피 묻은 아우성
청년은 팔이 꺾였다 다리가 부러졌다
모세관에 죽음의 못이 박히고
질주하는 '엠브란스'마다 찢긴 옷자락이 실려가고 있었다
(김기현, 모교)

불붙는 몸둥아리가 밀물진
효자동에서 중앙청 앞에서 세종로에서
고막을 찢던 캄캄한 야만

그 가난하고 순된 소원을 짓밟는 총구는
인류와 한 겨레의 영원한 모멸로 남을 때
우리의 아픔은 허구 많은 그르침
우리의 묵념은 그 순혈
다시 일어서 나아감이여
(정현종, 연세대)

거짓없는 입과 욕기없는 눈동자와 또한 순정의 맨주먹으로
팔장을 끼고 어깨를 짜고 가던
우리들 청춘의 대열에
아! 가슴 만치 얼굴 만치의 조준으로
누구를 지키자는 조준으로
무엇이 미운 조준으로 마구다지 쏘아부친
총알 총알 총알
(신동문, 시인)

다음으로는 당시 집권 세력이었던 독재자와 부패 정치인에 대한 규탄과 저주가 나타난다.

그것은
죄 없는 죄인이 압제의 발굽에 시달리고
수갑 채인 민주주의가
암흑에서 신음하던 날
〔…〕
그 강산에 미친 바람 탄 민주반역자들은 정의를 가장한
불의와 부패의 날을 이루었구나
(윤무한, 경북고)

음산한 도시 또는 거리 거리마다
사정거리를 두고 한 핏줄기를 난사한
탐욕한 자들아
눈을 감으라. 사라지라
정말 살풍경을 만든 탐욕한 거역의 괴수들이여
(김종기, 모교)

이제 우리 앞엔 확 트인 자유의
대로가 열렸구나, 피로써 찾은 우리 주권
그것을 다시 더럽혀 되겠는가
어떻게 세운 우리의 나라라고
오! 뉘우쳐라 아직도 한 방울 피와 눈물이 있다면
뇌우쳐라, 아니 차라리 혼비백산하라
너희들 썩은 탐관오리쯤
다시 이 땅에 얼씬도 말 일이다.
(박희진, 시인)

끝으로 이 시집의 정서적 주조를 이루고 있는 것은, 피 흘리고 죽어 간 젊은이들에 대한 비통한 심정, 그리고 그들에 대한 그리움과 그들의 거룩한 희생에 대한 앙모(仰慕)의 염이다. 이는 본 시집이 4·19혁명 희생자들에 대한 추도 시집이었던 만큼 이러한 면이 더욱 두드러질 수밖에 없었다.

이 순금의 아침에
우리 한강가의 그 숱한 모래알 하나, 하나에서도

살아 눈 뜨고 있을 자네여
천의 천, 만의 만년을, 강물 속에 우리의 한강에 스미어 흐를
자네여
이 순금의 아침에 나는
네가 고이 잠들 수 있기만을
오늘의 잔치가 순수한 참회의 음식이기만을 기원하는 것이다
자네여
(정진규, 모교)

이제 밝아 오는 아침이면
살아남은 우리 모두들
계곡마다 점치는 조종을 울리며
그대들 영전에
자유와 민주의 이름으로
비를 세우리니
민주의 이름으로
비명을 쓰리니
조국의 이름으로 잠든 젊은이여
자유를 노래한 젊음이여
(이석형, 중앙대)

그날 19일
내 옆에 서서 목청이 높았는데
우정이 용기를 불러준다고 스크람을 더 굳게 했는데
꽃이 없는 4월의 하늘에
네 이맛박이 뚫어져 흘린 그 피는 크낙한 꽃을 피웠는데

아아 지금
나는 너를 기억하기 위한 까만 상장을 가슴에 달고
네가 서야 했을
어떻게도 이름할 수 없는 자리에 서 있는 것이다
(김재원, 모교)

정의는 오로지 벌거숭이다
어진 피, 젊은 피, 자라는 피다
용감하게 쓰러진 그들이다
남산도 북악도 모두 보았다
한강이 목 놓아 부를 이름들
거리마다 목 놓아 부를 이름들
영원히 영원히 소리칠 태양
(송욱, 시인)

고요한 아침에 강산에 고운 피로
새로운 공화국의 터를 닦은 날
1960년 4월 19일!
인류역사는 이날을 길이
4월혁명의 거룩한 이름으로
뭇 사람의 가슴 속에 기념하리라
아릿다운 젊음의 자랑스런 넋이여
자유와 민주주의의 영원한 주소에 편히 쉬라
그리고 꽃잎마다 풀잎마다
생시엔 아예 웃어보지 못한
멋진 웃음을 피워달라
(고원, 시인)

4·19가 지나고, 4월 25일 각 대학 교수들의 시국선언과 데모가 있었고, 4월 26일 이 대통령의 하야 성명으로 학생혁명은 성공으로 끝났다. 위의 시들은 이런 격동과 격정의 상황에서 쓰여진 시들인지라, 50년 전의 울분과 비탄, 절규와 감격이 오늘처럼 느껴진다. 시집 맨 끝에 실려 있는 조지훈의 유명한 '늬들 마음을 우리가 안다'는 본교 캠퍼스 조지훈 시비 후면에도 새겨져 있다.

——〈고대유사〉 16회, 《고대교우회보》 제477호(2010년 4월 10일)

6. 시를 통해 본 조지훈의 6·25

1) 결사의 서울 탈출과 대구의 풍류병영(風流兵營)

오후 2시
백악(白堊)의 3층에서 '시론'을 얘기한다
의정부 방면의 총성이 들려온다
교정의 스피커에서 전황보도가 떤다
〔…〕
산머리를 몽몽한 포연(砲煙)이 덮는다
황혼에 목남(木南)이 찾아왔다
서울 후퇴는 불가피라고
우리는 어쩔 것이냐

이상은 시인 조지훈(당시 국문과 교수)이 1950년 6월 26일 본교 캠퍼스의 표정을 전하면서 갑작스레 닥친 6·25동란의 상황을

석탑을 배경으로 서 있는 조지훈 선생.

읊은 시의 일부이다. 실상 지훈이 북한의 남침 사실을 안 것은 그 전날, 즉 6월 25일이었다. 일요일이라 성북동 자택에서 낮잠에 빠져 있던 그에게 동란의 발발을 알려 준 것은 시인 박목월이었다. 그리고 위 시에 나오는 목남은 같은《문장》지 출신 시인 이한직이었다. 그러니까 지훈은 전쟁이 일어난 다음 날인 6월 26일(월) 학교에 나와 본관 3층 강의실에서 '시론' 강의를 하였던 것이다.

금년으로 6·25동란이 일어난 지 60년이 되었다. 3년간 전 국토를 휩쓸면서 사망자 300여 만 명, 부상자 500여 만 명, 이산가족 1천여 만 명, 전쟁 고아 10여 만 명을 내었고, 전국을 초토(焦土)화하였던 민족 최대의 참혹한 동족상잔의 비극은 조용한 일요일 새벽 북한의 기습 남침으로 시작되었다. 그리고 개전 3일 만에 수도 서울이 함락되는 처절한 패배 속에 대한민국은 2, 3개월 후, 대구, 부산 등 경남북 일부를 제외한 전 국토를 공산군에 내주는 처참한 상황에 처해 있었던 것이다.

지훈이 고대 교수로 부임한 것은 1948년, 그의 나이 28세 때였다. 결국 고대 부임 2년 만에 전쟁을 만난 셈이다. 지훈은 황망 중

6·25 이틀 후인 6월 27일 가족과 결별하고, 28일 서울에 적군이 들어오자 서울을 떠나 하염없는 피난길에 오른다. 그 후 3년간 전쟁의 추이(推移)에 따라 남북을 종횡, 진퇴를 거듭하는 고난의 세월을 보낸 것이다. 3년간의 지훈의 역정(歷程)은 다음과 같은 5단계로 나누어진다.

① 서울-대전-전주-이리-광주-목포-대구(부산)의 피난길
② 대구-다부동(칠곡, 왜관)-도리원(의성)-안동-죽령(영주, 풍기, 단양)-서울의 9·28 수복 과정
③ 서울-봉일천(파주)-연백-해주(38선)-평양의 북진 경로
④ 평양-서울-대구의 1·4 후퇴
⑤ 대구-서울의 1953년 휴전 성립에 따른 서울 귀환

이상의 과정에서 그는 피난민으로서, 종군 문인으로서 전란에 싸인 전 국토와 대소 전장(戰場)을 휩쓸며 전정을 몸으로 체험하였다. 그리고 그는 이르는 곳마다 자서전적인 전쟁시를 남기고 있는바, 대략 22편에 이른다. 이들은 모두 전쟁의 현장을 증언하고, 참혹한 상황을 실감 있게 묘사한 우리 현대 전쟁시의 희귀하고 소중한 명작들이다. 이에 필자는 이들 시를 선별적으로 살피면서 그의 역정을 따라 60년 전 조국의 전쟁 상황과 민족의 아픔이 담겨져 있는 고난의 현장을 오늘에 되돌아 살피고자 한다. 지훈의 최초의 전쟁시는 '절망의 일기'라 스스로 이름 붙인, 1950년 6월 25일에서 6월 28일에 이르는 4일간의 4편의 일기적 시편들이다. 이 글의 맨 앞에 든 시는 두 번째인 26일의 작품 일부이다. 고

대 강의 다음 날 6월 27일, 지훈은 마침내 가족과의 결별을 선언하고 집을 나선다. 시내에 나가 김동리를 만나고, 이어 서정주, 박목월, 이한직을 만난다. 모두 해방 이후 민주와 자유 수호 투쟁에 뜻을 같이했던 문우들이다. 그리고 밤에는 원효로의 아는 집에서 눈을 붙인다.

다음 날 한강에 이르렀지만, 인도교는 이미 끊어졌고, 마포-인도교-서빙고-광나루에 이르는 강가에는 몇 십만을 헤아리는 피난민들이 몰려들어 서로 강을 건너려 아우성이었다. 그런 가운데 이미 서울에 입성한 북한군의 붉은 깃발과, 붉은 노래와 함께 러시아제 탱크가 나타나 살벌한 분위기를 연출하고 있었다(이하 시 작품의 부분만을 인용한다).

> 어디로 가야 하나 배수의 거리에서
> 문득 이마에 땀이 흐른다.
> 아침 밥이 모래알 같다
> 국물을 마셔도 냉수를 마셔도
> 밥알은 영 넘어가지를 않는다
> 〔…〕
> 마침내 숨어 앉은 절벽에서
> 한 척의 배를 향해 뛰어내린다
> 헤엄도 칠 줄 모르는 이 절대의 투신!
> 〔…〕
> 아, 죽음의 한 순간 연기
> (〈6월 28일, 서울의 마지막 일기〉 中)

이렇게 구사일생(九死一生)으로 서울을 벗어난 그는 그 길로 남쪽을 향해 피난길에 들어선다. 처음 대전에 이르러 '문총구국대'를 결성한 지훈은 그 후, 전주, 이리, 광주를 거쳐 목포로 내려갔고, 여기서 다시 대구(부산)에 이르렀는데(〈나의 역정—시주 반생 자서〉, 《고대문화》 1집, 1955, p.112) 그간의 자세한 일자와 일들은 전해 주는 자료가 없어 알 길이 없다. 대략 그가 마지막으로 정착한 대구에 도착한 것은 7월 중순 이후였을 것으로 보인다.

당시 대구에는 요행히 서울을 빠져나온 서들의 문인들이 모여 있었다. 이들은 대개 종군 문인으로 소속되어 '종군문인합숙소'에서 기거하면서 군의 사기양양과 선무(宣撫) 공작의 글을 써서 군을 돕고 있었다. 지훈은 〈풍류병영〉(風流兵營)이란 시에서 당시의 상황을 이렇게 읊고 있다.

> 보초도 서지 않은 우리들의 병영은
> 낡은 판자 울타리에 석류나무가 한 그루 서 있는 오막사리다.
> 생명이 절박할수록
> 우리는 더욱 멋스러워지는 병정
> 〔…〕
> 여기가 우리들의 싸움터. 적의 가슴을 명중하는 지탄(紙彈)을 만발하는 곳이다
> 〔…〕
> 총칼 없는 병정인 우리들 가슴에는
> 하이얀 청산가리가 마련되었는데
> 올 적에 하이얀 석류 열매는
> 어느새 다 익어서 아귀가 벌었나

종군문인 합숙소 뒷뜰 푸른 하늘에
자폭한 심장 석류가 하나.

가족들과 헤어져 만날 기약이 없는 고된 피난생활 속에서도 이들은 조국수호의 일익을 담당하고 있었던 것이다.

지훈은 대구에 머무는 동안, 부산에 잠시 다녀온다. 즉 통영이 적군에 점령되자 청마 유치환이 부산으로 옮겨와 있었고, 마침 대구에 같이 있던 서정주가 병이 나서 역시 여기에 내려와 정양하고 있었는데, 이들을 만나기 위해서였다. 몇 날 함께 묵으면서 시 〈청마우거유감〉(青馬寓居有感)을 남기고 있다. 9·28 수복 직전이었다.

이러는 가운데 전황(戰況)은 일변하여 UN군의 참전과 인천상륙 성공으로 패주만 하며 궁지에 몰렸던 한국군은 활기를 되찾으며 반격을 전개하는 호황을 맞는다. 이러면서 양측의 전투는 더욱 격렬해져 갔다. 대구에서 군을 측면으로 도우며 절망에 빠져 있던 종군 문인들도 기운이 솟고 용기가 뻗쳐올랐다.

〈이기고 돌아오라〉는 시에서 지훈은 이렇게 한국군을 격려하고 있다.

내 사랑하는 아우들아
진실로 조국을 구원하고 자유를 수호하는 힘과 영예는 늬들에게만 있다고 믿어라
무엇 때문에 늬들은 굶으며 쓰러지며 서로 앞으로 나아가며 싸워야 하는 것이냐

〔…〕
우리는 안다 늬들의 훈공을 올바로 갚을 자는
조국의 통일과 정의의 승리만이 능히 할 수 있다는 것을
〔…〕
내 사랑하는 아우들아 이 나라 호국의 혼성들아
우리는 이긴다 일찍이 불의와 사악이 망하지 않는 역사를 본 적이 있느냐
늬들 뒤에는 함께하는 만방의 기빨이 뭉치어 따르고 있다
〔…〕
이기고 돌아오라 이기고 돌아오라
우리들 가슴을 벌리고 기다린다
하늘이 보내시는 너 구국의 천사들을.

온 마음을 다해 목숨을 바쳐 싸우는 한국군에 대한 뜨겁고 진정한 격려, 민족과 자유를 위한 숭고한 투쟁에 대한 찬양, 그리고, 조국의 통일과 정의의 승리를 염원하는 지훈의 간절한 소망이 절절히 나타나 있다.

1950년 9월 이후 전국에 걸친 전선은 한국군과 UN군에 유리하게 전개되었다. 그러나 대구를 포위하고 일거에 부산까지 밀고 내려가려던 공산군의 저항은 완강하였고, 이를 기어이 돌파하고 북진하려는 연합군은 대구에서 칠곡, 왜관, 풍기, 의성, 안동을 거치면서 다부동, 도리원에서 처절한 전투를 벌이며 막대한 희생을 치러야 했다. 지훈은 북상하는 연합군을 따라 종군하며 격렬한 전장의 생생한 모습을 여실히 시에 담아 전해 주고 있다.

——〈고대유사〉 18회, 《고대교우회보》 제479호(2010년 6월 10일)

2) 다부동, 죽령전투와 서울 귀환

6·25동란 3년 중 가장 치열한, 실로 시산혈해(屍山血海)의 격전이었던 전장은 다부원(동) 전투였다. 그리고 전쟁의 흐름을 바꾸고 대한민국의 운명을 결정지은 것도 바로 이 전투였다. 대구 북방 22킬로미터에 위치한 이곳의 행정구역은 경북 칠곡군 가산면 다부리, 특히 왜관 동북쪽의 다부동 고개는 팔공산, 황학산 등의 사이에 있던 요충지로, 조선 시대 이래 문경 새재를 거쳐 한양으로 통하는 유일한 길목이기도 했다. 연합군은 이곳을 중심으로 동·남향으로 최후의 마지노선인 낙동강 방어선을 치고 있었고, 공산군은 이 전선의 돌파를 위해 최정예 3개 사단을 투입하여 전력을 집중하고 있었다. 대체로 1950년 8월에 들어 55여 일간 계속되었던 전투 중에서도, 8월 18일부터 8월 25일까지 8일간의 싸움은 처절을 극한 것이었다. 이 기간 9차례의 고지 탈환전이 거듭되었고, 인근 포남리의 328고지는 15번이나 고지의 주인이 바뀌었다는 사실이 이를 증명한다. 여기서 아군의 백선엽 사단장이 이끄는 1사단과, 서울에 최초로 입성하고 여러 차례의 연합군 방어선을 뚫고 파죽지세로 내려온 최정예 이영호 소장이 이끄는 북한군 3사단의 대결은 수류탄을 던지며 맞붙은 육박전, 백병전(白兵戰)이어서 더욱 처참할 수밖에 없었다. 이 전투에서만 국군 2,300여 명, 공산군 5,690여 명의 전사자가 나왔던바, 낙동강 전선 중에서도 제일 심한 격전지였다. 연합군으로서는 낙동강 방어선이 뚫리면 바로 부산 앞바다요, 대한민국의 종말이며, 공산군으로서

는 남한 적화(赤化)통일을 건 최후의 일전이었으므로, 양측 모두 운명의 한판일 수밖에 없었던 것이다.

그런데, 공산군의 9월 2일 마지막 공세가 무위로 돌아가면서, 9월 중순에는 전세가 역전되어 연합군의 반격이 시작되었다. 이때 대구에 갇혀 있던 지훈도 반격하는 연합군을 따라 종군하게 되었는데, 맨 먼저 다부원 전적지를 지나게 된다.

《조지훈 전집》 별책 《지훈육필시집》.

피아 공방의 포화가 한달 내리 울부짖던 곳
아아 다부원은 이렇게도 대구에서 가까운 자리에 있었고나
조그만 마을 하나를
자유의 국토 안에 살리기 위해서는
한해 살이 푸나무도 온전히
제 목숨을 다 마치지 못 했거니
〔…〕
스스로의 뉘우침에 흐느껴 우는듯
길 옆에 쓰러진 괴뢰군 전사
일찌기 한 하늘 아래 목숨 받아
움직이던 생령들이 이제
싸늘한 가을 바람에 오히려
간 고등어 냄새로 썩고 있는 다부원

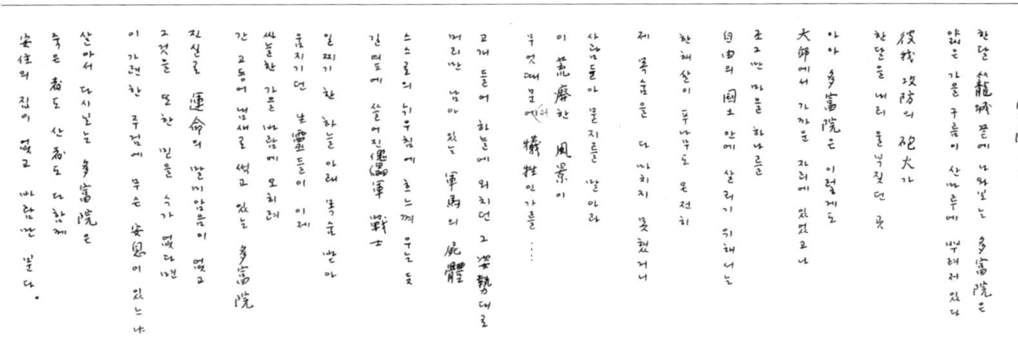

한달 籠城 끝에 나와보는 多富院은
얇은 가을 구름이 산마루에 뿌리어 있다
彼我 攻防의 砲火가
한달을 내리 울부짖던 곳
아아 多富院은 이렇게도
大邱에서 가까운 자리에 있었고나
조그만 마을 하나를
自由의 國土 안에 살리기 위해서는
한해살이 푸나무도 온전히
제 목숨을 다 마치지 못했거니
사람들아 묻지를 말아라
이 荒廢한 風景이
무엇때문의 犧牲인가를 ……
고개 들어 하늘에 외치던 그 姿勢대로
머리만 남아 있는 軍馬의 屍體
스스로의 뉘우침에 흐느껴 우는 듯
길옆에 쓰러진 傀儡軍 戰士
일찌기 한 하늘 아래 목숨 받아
움직이던 生靈들이 이제
싸늘한 가을 바람에 오히려
간고등어 냄새로 썩고 있는 多富院
진실로 運命의 말미암음이 없고
그것을 또한 믿을 수가 없다면
이 가련한 주검에 무슨 安息이 있느냐
살아서 다시 보는 多富院은
죽은 者도 산 者도 다 함께
安住의 집이 없고 바람만 분다.

《지훈육필시집》 중 육필시 〈다부원에서〉.

〔…〕
살아서 다시 보는 다부원은
죽은 자도 산 자도 다 함께
안주의 집이 없고 바람만 분다
(〈다부원에서〉 中)

휩쓸고 지나간 전쟁의 상흔을 이토록 방불하게 시화한 것은 지훈의 이 계열 시 중에서도 압권이다. 시인 김종길(본명 김치규)은 이 작품을 동란이 낳은 한국 전쟁시의 명편의 하나로 꼽는다.

지훈은 도리원 전적지를 지나면서도 시를 남긴다. 도리원은 경북 의성군 봉양면 화전리로 다부동 전지와 연결선상에 있었다.

불타버린 초가집과
주저앉은 오막사리
이 붕괴와 회신(灰燼)의 마을을
내 오늘 초연히 지나가노니

〔…〕
흩어진 마을 사람들 하나 둘 돌아와
빈 터에 서서 먼 산을 보는데
하늘이사 푸르기도 하다
도리원 가을 볕에
애처러운 코스모스가
피어서 칩다
(〈도리원에서〉 中)

폐허가 된 마을, 돌아와 먼 산을 바라보는 사람들, 애처롭게 피어 있는 코스모스. 전쟁시는 이렇게 한 폭의 풍경화가 되기도 한다.

지훈은 이어 국군이 후퇴하는 과정에서 대피하여 밀려났던 죽령전투지를 지난다. 죽령은 충북 단양군과 경북 영주 풍기읍의 경계에 위치한 천험의 고개, 1950년 7월 중순, 죽령고개를 사수하려던 국군은 물 밀듯이 내려오는 적군에게 패배하여 낙동강 방어선까지 밀려날 수밖에 없었다. 그런데 이제는 퇴퇴하는 적군을 따라 두 달 전의 격전지를 지난다.

죽령은 구절양장 천험의 고개 위에 밤이 오는데
패주하는 적군을 몰아 우리가 간다.
사람의 피로써 하마 짙은 단풍잎
검은 돌바위에 이끼도 피빛으로 물이 들었다
불 비에 녹아내린 탱크
강아지만치 타오그라진 시체
아 터져나온 뇌장(腦漿)에는 벌써 왕가미 떼가 엉겨붙었다

이 마당에 죽음을 두려워함은 사치가 아니라 차라리 만용
어두운 밤 하늘에 포문은 쉬지 않고 불을 뿜는데
구절양장 죽령은 천험의 고개
불을 죽인 트럭으로 조용히 기어간다.
(〈죽령전투〉 中)

이 무렵 지훈은 의성, 안동, 죽령을 지나 단양을 바라보며 전진하고 있었다. 전선을 취재하는 종군기자로서 군용트럭에 몸을 싣고 전투부대의 뒤를 따르고 있었던 것이다. 다음에 드는 〈여기 괴뢰군 전사가 쓰러져 있다〉도 이때의 시다.

의성에서 안동으로 죽령으로
바람처럼 몰아가는 추격전의 한때를
내 트럭에서 뛰어내려 목을 축이고
조찰히 피어난 들국화를 만지노라니
길 가 푸섶에 백묵으로 써서 꽂은
나무 조박이 하나—
'여기 괴뢰군 전사가 쓰러져 있다'
그 옆에 아직
실낱 같은 목숨이 붙어 있는 소년의 사체
〔…〕
아 이는 원수이거나
한 핏줄 겨레가 아니거나 다만 그대로
살아 있는 인간의 존엄한 애정!
누가 이 영혼에 총칼을 더할 것이냐

생사가 넘나드는 절박한 상황에서 지훈은 목숨을 걸고, 그의 임무를 수행하면서 전쟁 속에서의 그의 결연한 의지를 굳게 지니고 있었다. 다음 시는 그의 이러한 면을 잘 보여 준다.

> 총알이 옆구리를 꿰뚫어도 총알이 가슴에 박혀도 불타는 생명의 곳집, 그 오묘한 세포 구석구석에 자리한 영혼을 샅샅이 명중하기 전에는 오직 적진으로 적진으로 달리는 부르짖음이 있을 뿐
> 아 죽음을 홍모에다 비긴 자에게만이 생명은 이렇게도 악착한 것이었노라
> 포탄의 태풍이 마을을 걷어가버린 뒤 사람 그림자 하나 없고
> 개닭 소리조차 그친 마을에
> 오곡이 제대로 익어 제대로 썩을지라도 키바람을 무릅쓰고 산골짝에서 호곡하며 풀잎으로 목숨을 이으는 백성들
> (〈전선의 서〉 中)

처참한 전장의 참상을 목도하면서 북진하는 아군과 함께 지훈이 서울에 이른 것은 대구를 떠난 지 20여 일 만인 10월 3일, 이른바 9·28 수복 직후였다.

> 망우리를 돌아들면, 아 그리운 서울
> 예서 죽기로 했던 이 몸이 다시 살아
> 돌아오는 서울은 90일 전장
> 〔…〕
> 내사 충성도 공훈도 하나 없이 돌아왔구
> (〈서울에 돌아와서〉 中)

6월 27일 집을 나서, 28일 한강을 건너 허둥지둥 떠났던 서울, 약 3개월 만의 귀환이었다. 더구나 황망 중, 가족들의 피난은 전혀 살피지 못했던 그였다. 3개월간 소식도 만나지도 못했던 가족들과의 만남이었다.

버리고 떠나갔던 성북동 옛집에
피난 갔던 가족이 돌아와 풀을 뽑는다
밤길을 걸어서 아이를 데리고
울며 갔다는 먼 산중 절간
아내는 아는 집에 맡겨 논 보퉁이를
찾으러 가고 없고
도토리 따먹느라 옻이 올라 진물이 나는
세 살배기 어린 것을 안고 빰을 부빈다
〔…〕
애비를 잘못 둔 탓
찢어져 죽었다면
어쩔 것이냐
밤마다 죄지은 듯 아프던 가슴
근심은 실상 그것밖에 없었더니라
(〈서울에 돌아와서〉 中)

헤어졌던 피난지에서 돌아와 옛집에서 가족들과 만나는 기쁨은 그지없었다. 도저한 정신으로 사지(死地)를 헤맸던 지훈이지만 여기서는 가장 인간적인 면을 보여 주고 있다. 그러나 기쁨도 잠시, 그동안 뜻밖의 일이 벌어져 있었다.

아버지가 안 계시다
죽을까 염녀하시던 자식은 살아왔는데
원수가 돌려준 아버지 세간
안경과 면도만이 돌아와 있다
어머니는 아직
짓밟인 고향에서 소식이 없다.
서른을 넘어서 비로소 깨달은
내 육친에의 사랑이 아랑곳 없음이여
(〈서울에 돌아와서〉 中)

부친〔趙憲泳, 와세다대 유학, 신간회(新幹會) 동경 지부장, 제헌 국회의원, 한의학자〕이 공산군에 납북되어 종적을 알 수 없었던 것이다.

——〈고대유사〉 19회, 《고대교우회보》 제480호(2010년 7월 10일)

3) 평양 입성과 1·4후퇴

부친의 납북을 확인한 지훈은 부인도 만나지 않은 채 집을 나서 시내로 들어간다. 그날 밤 당시 의사당 자리에서 촛불을 켜 놓고 귀환보고 강연회를 한다. 그리고 그 다음날 평양행을 결행한다. 그의 평양행은 종군기자의 임무에서, 그리고 납북된 부친을 찾는다는 두 가지 이유였던 것으로 생각된다. 서울을 떠난 지훈은 걸어서 봉일천(奉日天)에 이른다.

평양을 찾아간다, 임을 찾아서. 임이시 못뵈와도 소식이나

들을까 하고

〔…〕

비행기는커녕 군용트럭 하나도 봐주는 이 없는데
여비를 준다는 '북한파견문화반' 그 명단에도 내 이름은 없다
맨주먹으로 나서도 평양은 내가 먼저 가고 말리라

〔…〕

여기는 파주땅 봉일천리. 주막집 툇마루에 앉아 술을 마신다
(〈봉일천 주막에서〉 中)

봉일천은 경기도 파주시 조리읍의 지명이다. 그리고 봉일천은 6·25 발발 직후 일선에서 밀려 내려오던 백선엽의 1사단이 6월 28일 봉일천초등학교에 CP를 차리고 마지막 저항하던 곳으로 유명하다. 국군은 수일간 적과 맞서 끈질기게 싸웠지만, 더 이상의 항전이 불가함을 알고 후퇴를 결행, 경기 시흥에서 합치거나, 아니면 지리산에 들어가 게릴라가 되자며 철수한 곳이다. 이때 연대장에는 최경록, 최영희 등이 있었다(백선엽 증언, 《중앙일보》).

봉일천에서 하룻밤을 보낸 지훈은 다음날 요행히 군용트럭에 편승하여 황해도 연백·해주를 향해 달리다 38선(현 휴전선 이전의 남북 경계)를 넘는다.

젊은 중위는 연백 사람
고향집에 가는 것이 즐겁단다
문득 헷드라이트에 비취는 큰 글씨 있어
'너는 지금 38선을 넘고 있다'고,
사랑하는 사람들이 마주 서서 우는

38선, '너는 지금 38선을 넘고 있다'.

38선 위에 비가 내리는데
옮겨간 마음의 장벽을 향하여
옛날의 38선을 내가 이제 넘는다
(《너는 지금 38선을 넘고 있다》 中)

젊은 중위의 고향집(중위는 4년 전 월남하여 군에 입대, 북진하는 우군을 따라가는 길에 고향 연백에 들른 것이다)에 도착하여 푸진 음식을 대접받는다.

> 한 잠든 닭을 잡아 모가지를 비틀고 둘러앉아 한 그릇씩 국수잔치가 푸지다. 내 뜻 아니한 이 촌가에 와 그 즐거움을 함께 하노니 반가운 손이 되어 아랫 목에 앉아 굿는 인연이여
> 흐린 하늘에서 달빛이 다시 나온다

평양 가는 트럭에 뛰어 오르니 밤은 3경!
(〈연백촌가〉 中)

천신만고 끝에 지훈은 마침내 평양에 도착한다. 대략 10월 중순경으로 생각된다. 지훈으로선 2번째 오는 평양이었다. 즉, 10년 전인 1940년, 평원선(平元線) 철로를 놓을 무렵, 친구 두 명과 함께 돈도 없이 걸어서 평양에 왔던 일이 있었다.

평양을 찾아와도 평양성엔 사람이 없다
대동강 언덕길에는 왕닷새 베치마 적삼에 소식(蘇式)장총을 메고 잡혀오는 여자 빨치산이 하나
스탈린 거리 잎지는 가로수 밑에 앉아
외로운 나그네처럼 갈 곳이 없다
〔…〕
돈 없이는 다시 안 오리라던 그 평양을 오늘에 또 내가 왔다 평양을 내 왜 왔노
대동강 다락에 올라 흐르는 물을 본다
패강무정(浿江無情), 십년 뒤 오늘!
아 가는 자 이같고나
서울 최후의 날이 이 같았음이여!
(〈패강무정〉 中)

지훈은 약 50일간 평양에 머물렀다. 그동안 많은 견문과 체험을 쌓았지만, 부친의 소식은 전혀 들을 수 없었다. 그가 주로 한 일은 아직 평양에 남아 있던 옛 지인들과의 문화활동, 후에 평양

에 온 평양 출신 친구들과 함께 '평양 문화인 서울 시찰단'의 구성과 이의 운영이었다. 그러나, 그해 말 중공군의 참전으로 부득이 12월 3일 오영진(吳泳鎭)과 함께 비행기 편으로 서울에 돌아왔다. 그리고 중공군이 다시 서울까지 밀고 나려오자, 1951년 1월 3일, 마포에서 한강을 건너 다시 대구로 향한다. 이른바 1·4 후퇴였다.

첩첩이 문을 닫아걸고
사람들은 모두 다 떠나버렸다
이룩하기도 전에 흔들리는 사직을 근심하그
조국의 이 간난한 운명을 슬퍼하여
〔…〕
불의의 그늘에선 숨도 쉬기 싫어서
차라리 일체를 포기하고 발가숭이가 되고져
사람들은 모두 다 떠나버렸다
첩첩이 문을 닫아 건 종로의 적료(寂廖)
아아 이제 나마저 떠나고 나면
여기 오랑캐의 노래가 들려오리라
허나 꽃 피는 봄이 오면
서울은 다시 우리의 서울
내 여기 검은 흙 속에 가난한 노래를 묻그 간다
(〈종로에서—다시 서울을 떠나며〉 中)

서울이 비록 오랑캐(중공군)에 짓밟혀도 다시 오고야 만다는 결의가 강렬하게 배어난다. 지훈은 철저한 반공주의자였다. 그는 해방 직후 좌우로 갈라져 정치, 사회, 문화계가 상호 격렬하게 대립, 투쟁할 때, 우익, 민족진영의 선봉장이었다. 즉, 민족문화의 수립과 옹호, 전통문화의 긍정과 발전, 순수문학의 수호와 창달 등으로 좌파 진영의 계급문학, 경향문학 등 이른바 전위문학이란 허울을 쓴 정치적 사회주의 진영과 맞서 행동과 필봉(筆鋒)으로 싸운 투사였다. 이 과정에서 그는 수많은 모함과 모욕을 당했고 테러를 맞기도 하였다. 그런 가운데서도 지훈은 생명을 건 신념과 의지로, 불요불굴의 지조와 확고부동한 사상으로 일관하였다. 그는 6·25동란 다음날인 6월 26일의 〈절망의 일기〉에서 "더럽게 살지 말자. 더럽게 죽어서는 안 된다 / 이 지조를 지키는 자승자박이여 / 내 오늘 그 힘을 입어 죽음 앞에 나설 수 있음이여"라 한 바 있다. 그의 이러한 신념과 사생관은 다음해인 1951년에 쓰여진 시들에도 잘 나타나 있다.

진실로 나의 양심을 위하여
웃으며 무찌를 수 있는 나의 신명아
〔…〕
내 여윈 살 한점을 저며서라도
안주 삼아 마시고 싶은 도적의 피
명기하라 세월이여
눈물 많은 시인이 이 아침에 총을 닦는다
〔〈신묘명〉(辛卯銘) 中〕

1951년이 저문다
역사의 분수령이 또 하나 침몰한다

후반기라는 꿈 많은 훈장은
동란 한국의 가슴 한복판에 달아주라
〔…〕
불이 붙었다 불이 탄다
스스로의 불길에 회신(灰燼)하는 공산주의
〔〈관극세모〉(觀劇歲暮) 中〕

전당에서 들리는 기도의 합창
날라리 부는 공산주의의 잔해(殘骸)
그 속으로 휴머니즘의 시위 행렬이 간다
구호도 없는 푸락카드
〔…〕
구원의 소리는 아직도 들리지 않는다
허나 이상은 항시 초음속이다
의미 없는 낡은 깃발을 찢어라
(〈Z환상〉 中, 1952)

지훈은 그때 이미 공산주의와 사회주의 국가의 멸망과 몰락을 꿰뚫어 보고 있었다. 두 번째 피난 온 대구에서 그는 매우 바빴다. 피난 온 가족들과 거처도 마련하였고, 공군 종군 문인단 '창공구락부'를 만들어 1951년 5월에는 재탈환한 서울에도 다녀왔다. 그리고 대구의 원대동에 자리잡은 고대의 임시 교사에 근무하면서 '고대극회'와 속간된 《고대신문》의 지도교수로 활약하며, 1953년 고대 최초의 시 전문지 《석탑문학》도 간행하였다. 당시 고대는 대구에서 졸업식도 행하고 신입생도 뽑는 등 학사를 진행하였는데,

피난 시절 고려대 대구 임시 교사.

국문과 교수로는 구자균(고전문학), 김춘동(한문학)이 학과 운영을 함께하였다.

이러한 지훈의 활동은 1953년 휴전 성립 후 환도하기까지 지속되었다. 그러나 환도 15년 후인 1968년 타계, 20년간 몸담았던 안암 동산을 떠났다. 하지만, 지훈의 민주와 자유에 대한 신념과 정신은 본교 캠퍼스의 호상, 4·18탑, 시비(詩碑), 고대의 교가에 변함없이 살아 있다.

6·25동란 60주년을 맞은 오늘, 6·25동란의 원인을 북침이라 강변하고, 남침의 증거가 명확해지자 이번에는 남침을 유도했다는 절충설까지 내세우던 진보의 허울을 쓴 이른바 친북좌파들은, 오늘의 천안함 폭침도 조사 시작 이전부터 남측의 음모, 조작이라 목에 힘을 주는 이 음산한 계절에, 만약 지훈이 살아 있었다면 뭐

라 했을까 상상해 본다.

——〈고대유사〉 20회, 《고대교우회보》 제481호(2010년 8월 10일)

4) 조지훈의 반공의식과 대북방송

조지훈의 짧은 생애(48세) 중 20대와 30대는 우리 현대사상 가장 변화가 심한 혼란의 시대였다. 그는 10대 후반에서 20대 전반에 이르는 10년을 일제의 탄압이 격심했던 이른바 암흑기에 보내야 했고, 20대 중반에 맞았던 8·15 민족의 해방도 잠깐, 혼란의 해방 공간을 겨우 벗어난 1950년, 북한의 도발에 의한 동족상잔(同族相殘)의 비극을 무려 3년간이나 체험해야 했으니, 그의 30대 또한 편안한 날이 없던 시대였다. 특히 이상의 두 시기가 가장 혈기가 왕성하였던 시기임을 감안한다면, 그의 20, 30대는 온통 역사적 격변 속에 보낸 고난의 세월이었다.

그렇다면 조지훈은 이상과 같은 역사적 격변기에 어떠한 역사 인식을 가지고 당시의 시대 현실에 대응해 왔으며 또 어떤 활동을 펼쳐 왔는가.

주지하는 바와 같이 1940년에서 1945년에 이르는 일제 강점기 말기, 일본 군국주의자들은 우리 민족에게 거의 무자비한 압박을 가하여 왔다. 특히 1940년에 들어서는 우리 고유의 성과 이름을 일본식으로 고치게 하는 창씨개명(創氏改名)을 강요하더니 같은 해에 《조선일보》, 《동아일보》의 민족 신문을 폐간하고, 한민족을 일본에 동화시키려는 황국신민화 운동을 전개하였다. 그리고

1942년에는 《한글》지를 폐간하고 조선어학회 사건을 일으켜 우리 한글 학자들을 검거하고 마침내 우리말의 사용과 교육을 금지하는 등의 강력한 우리 언어·문자 말살 정책을 쓰기 시작하였다. 그리고 1943년, 우리의 유일한 국사연구회인 진단학회를 해산시키고 우리 청년 학생들을 저들의 무모한 전쟁에 끌어들이는 학병제를 강행하기에 이르렀다. 이와 같은 일제 당국의 강압 정책에 당시 우리의 지식인, 언론인, 문학인들은 입을 다물거나 붓을 꺾을 수밖에 없는 절망적 상황이었다. 〈광야〉의 시인 이육사가 북경 형무소에서 순국하고(1944) 〈서시〉의 윤동주가 후쿠오카 형무소에서 의문의 죽음을 당한 것(1945. 2)도 이때였다.

1939년 《문장》지에 〈고풍의상〉, 〈승무〉를 통하여 시인으로 데뷔한 19세의 청년 조지훈은 이런 엄청난 현실에 부딪치면서 저항시·민족시의 창작과 한글과 민속학 연구의 학문의 길을 택하였다. 즉 〈동물원의 오후〉 같은 저항시를 통해 나라 없는 시인의 비애를 말하고, 〈승무〉, 〈봉황수〉 등의 작품을 통하여서는 사라져가는 민족문화재에 배어 있는 민족정서의 아름다움을 노래하였다. 그리고 한글과 전통문화의 연구를 통하여서는 민족 주체성과 문화민족의 긍지를 선양하고자 하였다. 이러한 길이 그에게 있어서 당시로서는 가능한 현실참여의 길임을 자각한 때문이었다.

이 글에서 주로 말하고자 하는 조지훈의 반공의식은 해방 직후의 좌우 대립 상황에서 촉발되고 그 후 6·25를 겪으면서 심화된 것이었다. 그러나 그 정신적, 사상적 뿌리는 이미 해방 이전부터 비롯된 것이었다. 물론 조지훈의 문단활동에서 1920-30년대 우리 문단에 풍미(風靡)하던 경향파의 문학이나 카프류의 프로문학에 동조하거나 참여한 흔적은 보이지 않는다. 조지훈이 처음 상경한 것은 1936년 그의 16세 때였고 이때부터 보들레르, 와일드, 플로베르 등 세계적 문인들의 작품을 읽으며 〈춘일〉, 〈부시〉(浮屍) 등의 습작시를 쓰기 시작하였다. 따라서 아직 중앙 문단에 참여하지 않은 상태로 그가 이상의 사상적 문학 풍조에 휩쓸릴 상황이 아니었기 때문이다. 그러므로 1920-30년대 문단의 순수문학 지향의 국민문학파와 계급문학 지향의 신경향파 프로문학파가 대립하던 상황에서 조지훈이 어느 쪽이었는가를 단정할 수는 없다. 다만 그 전후의 사상적 성향으로 보아 조지훈은 전자에 기울었을 가능성은 얼마든지 있다. 그것은 해방 이후 문단의 좌우익 대립 상황에서 앞시대의 프로문학파가 프로예술연맹 조선문학가 동맹을 주도하였고, 순수문학파가 중앙문화협의회, 전국문화단체연합회를 이끌면서 대립과 갈등을 보일 때 조지훈은 유치환 박목월 박두진과 함께 후자에 속하는 청년문학가협회에 가담하여 활동하였던 사실이 이를 증명하고 있기 때문이다.

주지하는 바와 같이 해방 후 우리 사회는 좌우익으로 갈리어 정치, 사회, 문화 모든 면에서 극도의 대립과 알력을 보이면서 양분되어 있었다. 좌익은 일본 패망 후 북한에 진주한 러시아군을 배경으로 마르크시즘과 1917년 러시아혁명을 토대로 한 공산진영에 속하는 세력이었고, 우익은 남한에 진주한 미군을 배경으로 민주주의를 바탕으로 한 민족진영에 속하는 세력이었다. 아직 38선이 확정되기 이전의 혼란한 해방 정국에서 두 파는 정치, 사회,

문화 각 부문에서 투쟁을 벌이며 자기 세력의 확장에 광분하고 있었다. 이런 상황에서 1945년 12월 미·영·러 모스크바 3상 회의에서 우리나라에 대한 향후 5년간의 신탁통치를 결정하자 두 세력 간의 다툼은 더욱 격렬하게 전개되었다. 즉 민주진영이 전국적으로 신탁통치 반대운동을 일으키자 처음에 반대하던 공산진영이 갑자기 찬성으로 선회하면서 갈등은 더욱 골이 깊어 갔다. 결국 친탁과 반탁으로 갈린 양 진영의 싸움은 서로 총력을 경주한 전국적 투쟁으로 확대되어 간 것이다. 이런 가운데 1946년 박목월 박두진과 함께 3인 시집 《청록집》을 간행하였던 조지훈은 민주진영의 신탁통치 반대운동에 가담하여 적극적 활동을 펼쳤다. 해방 이전의 순수문학파를 계승한 국민문학 계열의 청년문학가협회의 멤버였던 그로서는 선택의 여지가 없었던 터이지만, 이러한 그의 입장은 그가 작성한 당시 전국적인 규모로 반탁운동을 벌이던 전국학생총연맹을 격려하는 전국청년문학가협회의 메시지에서 선명하게 드러나고 있다.

> 비록 불의의 백성이 있어 신탁의 비운을 굴레 씌운다 하기로 끝까지 타협과 굴종을 거부하고 민족의 양심과 인류의 정의에 당당히 디디고 선 우리들은 8백만 청년이 먼저 감옥에서 같은 벌판에서 죽어 가기를 피로써 맹서하리라. 작열하는 투지 앞에 최후 승리의 길은 이미 열렸다. 정의는 영원히 우리 것이다. 신탁통치 배경의 결사대 적국학련 만세(1947. 1. 18).

신탁통치에 반대하는 조지훈의 결연한 의지가 고스란히 나타나 있다. 이러한 그의 시국관과 주장은 친탁을 내세우는 공산진영의 입장과 배치될 수밖에 없었고 그들과의 첨예한 대립은 불가피한 상황이었다. 그리고 이러한 대립은 사회 전반에 걸쳐 민족주의 사관/유물사관, 민족문학/계급문학, 순수문학/경향문학 간의 갈등의 일환으로 전개되었고 조지훈은 민족주의 사관, 민족문학, 순수문학 쪽의 이론적 선봉으로 활약하였다. 그리고 그의 활동은 시, 강연, 강의, 방송, 논설 등 다양한 방면을 통하여 전개되었는데 그가 공산진영의 문학인들이 내세우는 정치주의 문학을 비판하고 나선 것도 같은 투쟁의 일환이었다.

조지훈은 〈정치주의 문학의 정체〉(《백민》, 1947. 10)란 글에서 다음과 같이 정치주의 문학의 허망(虛妄)함을 지적하고 있다.

> 문학으로 하여금 정치에의 복무를 강요한다는 사실은 문인에 의해서 비롯된 것이 아니요 정당에 의해서 타율된 것이지만 엄밀히 살펴보면 문학이 정당에 복속(服屬)한다는 것은 아무래도 그 문학인 자신의 노예근성에서 비롯된다는 것을 말하지 않을 수 없는 것이다. 이와 같이 문학인이 문학의 존엄한 자율 정신을 파기하는 자조적 인간관을 가진다면 구경(究竟), 문학에의 충실보다는 저조의 정당적 모략에 귀결될 것도 당연한 추세라 할 것이다.
>
> 결국 저들이 내세우는 정치주의 문학은 문학이 그 본래의 순수한 목적에서 벗어나 정치의 도구화 내지 노예가 된다는 것이며, 문학자는 정치의 선전원으로 타락자를 자처하는 셈으로 그 본질에서부터 오류를 범하고 있다는 것이다.

이상과 같은 좌우 두 파의 대립 갈등은 단순한 논전에 그치지 않고 때로 집단적 시위나 습격, 테러와 폭행까지 수반되어 사회 전반을 혼란의 도가니로 몰아넣는 상황이었다. 조지훈 자신도 밤길에 테러단에 포위되어 위협을 당한 일이 있었지만, 그의 투쟁은 어디까지나 명확한 이론과 정연한 논리에 입각한 논전(論戰)에 있었다. 그리고 그가 상대한 좌파의 논객들은 많았지만, 그중에도 김남천, 이원조, 김병규, 김상훈 등과는 실명을 적시하면서 서로 맞받아치는 험악한 경우도 많았다.

이원조와 대결했던 〈봉황수〉 논쟁도 그중의 하나였다. 사단(事端)은 이원조가 조지훈의 시 〈봉황수〉의 '정일품 종구품 어느 줄에도 나의 몸 둘 곳은 바이 없었다'는 구절을 들고 사환(仕宦)욕의 표현이라 힐난(詰難)한 데서 발단되었다. 조지훈은 나라 잃은 시인이 민족의 슬픔을 하나의 봉건 유물인 건물을 통해 호소한 것, 문화유산에서 찾는 시인의 민족의식의 표현(《봉황의 시름》, 1948)이라 반박하면서 그는 아직 낡은 것, 벌레 먹은 것까지라도 민족의 주체정신을 자극하는 것이라면 무엇이나 노래해야 한다고 말하고 있다. 그리고 "성인이 나면 봉황이 운다더니 민족성, 인간성을 구원할 성스러운 사상은 나오지 않고 오늘도 봉황은 시름에 잠겨 있다. 바라건대 청량산인(淸凉山人, 이원조의 아호)은 이런 무망(誣罔)의 정신을 버리고 마땅히 민족과 문학을 위하여 언어의 유기적 구상인 시를 전체에서 파악하는 양심 있는 논필을 들어주지 않겠는가"(위의 글)라고 타이르고 있다.

위에서 여러 가지 측면으로 살펴본 좌우 양파의 싸움은 서로 적개심에 불타는 치열한 것이었지만, 남북에 각각 정권이 들어서고 38선이 굳게 막히면서는 휴전 아닌 휴전의 상태로 갈 수밖에 없었다. 그러나 몇 년 후 1950년 북한의 남침으로 전쟁이 일어나 개전 3일 만에 수도 서울이 적의 수중에 들어가면서 상황은 달라지게 되었다. 해방 직후 서로 원수처럼 싸우던 양쪽은 한쪽이 강자로 군림한 반면 한쪽은 약자로 쫓기는 힘의 논리가 지배하여 흥망과 사활이 갈리는 운명적 상황이 된 것이다. 그래서 우익 진영의 유명 인사들은 서둘러 피난을 갔으나 미처 못가고 남아 있던 이들은 숨거나 체포되어 온갖 고초에 시달리거나 죽음을 당하기도 하였고, 더러는 가족까지 참화를 당하는 피해를 입었다. 실로 민족상잔의 비극이었다. 일부 목숨을 지켰던 인사들도 9월 28일 아군의 수복 후 납북이란 운명의 길을 떠나 아직도 생사조차 모르는 상황이 된 것이다.

조지훈이 전쟁이 일어난 3일 만인 27일, 가족들을 남겨둔 채 홀로 집을 나서 28일 다리마저 끊어진 한강을 결사적으로 건너 황망히 피난길에 오른 것도 이상과 같은 상황을 예견한 불가피한 결단이었다.

그로부터 3개월 후 피난지 대구로부터 진군하는 군부대를 따라 서울에 돌아와서 남긴 시에 당시의 감회가 잘 나타나 있다.

> 버리고 떠나갔던 성북동 옛집에
> 피난 갔던 가족이 돌아와 풀을 뽑는다
> 밤길을 걸어서 아이를 데리고
> 울며 갔다는 먼 산중 절간

아내는 아는 집에 맡겨 논 보퉁이를
찾으러 가고 없고
도토리 따먹느라 옻이 올라 진물이 나는
세 살배기 어린 것을 안고 뺨을 부빈다
"가재 잡아 구워 먹는 맛이 참 좋더라"는 말
아 여섯 살짜리 큰 놈이 들어온다
애비를 잘못 둔 탓
찢어져 죽었다면 어쩔 것이냐
밤마다 죄지은 듯 아프던 가슴
근심은 실망 그것밖에 없었더니라
아 나의 어버이도
이렇게 나를 사랑했으리라
(〈서울에 돌아와서〉 中)

가족들의 피난을 아랑곳하지 않은 채 홀로 피난길에 올랐던 자책감, 서울에 남아 있던 가족들이 자기로 인하여 화를 입었을 수도 있었던 당혹감, 당시의 심정이 절절히 나타나 있다.

이런 과정을 겪으며 굳어져 갔던 그의 반공의식은 1960년 4·19 혁명 직후의 대북 방송에서 절정을 이루었던 것으로 보인다. 즉 4·19를 통해 남한의 학생들이 이승만 독재정권을 무너뜨리자 이를 찬양하던 북한에 대하여 자진해서 대북방송에 나가 조지훈은 이렇게 외쳤던 것이다. "북한의 학도들이여! 우리는 이승만 독재정권을 쓰러뜨렸다. 여러분들도 김일성 독재 정권을 몰아내고 우리 서로 만나 악수하자."

7. 석탑의 사계

1) 고대생들의 서울상대 습격 사건 전말

해방 후, 고려대학교로 출발한 지 1년여인 1947년 10월 20일, 세칭 '고대생 서울상대 습격 사건', '3대학 충돌 사건' 등으로 불렸던 불상사가 일어났다.

당일 등교했던 거의 모든 고대생이 현 종암동 사대부고 자리에 있던 서울상대에 난입하여 집단적으로 학교 건물을 파괴하고, 교수를 포함한 다수의 상대생들을 구타한 폭력 사건이었다. 60여 년 전 여기에 가담하였거나 직접 목격하였던 당시 고대생들은 이렇게 그 상황을 증언하고 있다.

> 나도 직접 가담하였는데, 법대는 서울상대 정문으로, 상대는 양 측면의 문으로, 문대는 후문으로 모두 돌과 장작개비를 든 채, 미리 알고 상대 측에서 쳐 놓은 바리케이드를 뚫고 들어가 온갖 문짝과 유리창을 박살냈다(김홍무, 국문47).

> 당시 운동부가 주동하여 운동장에 집결한 학생들은 교문을 나가, 학교 앞에 있던 장작 가게의 장작을 한 개비씩 뽑아들고는 현재 KIST가 들어서 있는 홍릉 임업시험장 쪽에서 서울상대 쪽으로 쳐들어 갔다(김종길, 영문45).

> 사학과는 그중 진취적 의욕이 강하여 서울상대 습격 때도 많이 가담하였다(박성봉, 사학47).

學窓에不祥事

高大와大兩校生衝突

釜山鐵道從業員 二百餘名을檢擧

延禧放送所凱歌

全國中繼放送에使用

奢侈品에禁足令

李承晩博士

三大學衝突事件眞相

高大傳統은

正義에살고 眞理에죽는다

祝創刊

이 사건을 다룬 당시 일간지들의 보도는 모두 미흡했다. 《동아일보》에서 사건 3일 후 보도한 기사, 일간지와 달리 《고대신문》 창간호에서 '3대학 충돌 사건 진상'이란 제목으로 이 사건을 상세히 보도했다.

한편, 사건 2일 후인 22일 사과차 서울상대를 방문한 당시 법대 교수 유진오는 이렇게 회고하고 있다. "처참한 모습이었다. 유리창이란 유리창은 투석으로 다 부서지고, 교사 앞마당에는 무기로 쓰던 부서진 책상다리가 산란(散亂)해 있었다. 박용하(朴容夏, 상과19) 학장의 부상 정도는 심하지 않았지만, 정내길(丁來吉) 교수는 머리가 터져서 온 얼굴을 눈만 내어놓고 붕대로 감고 있었다"(《양호기》, p.205).

그런데 이 사건에 대한 신문의 보도는 신속하지도 상세하지도 않았다. 사건 3일이 지난 23일에야 《동아일보》가 '학창에 불상사—고대·상대 양교생 충돌'이란 제목의 3단 기사 같은 날 《조선일보》가 '가치 없는 혈기—경기 모독한 상대 대 고대 유혈전'이란 2단 기사를 보도했다. 그리고 《조선일보》는 10월 29일, 《동아일보》는 11월 9일 각각 2단 기사로 사건의 귀결을 보도하고 있다. 한편, 이 사건을 주로 보도해야 할 《고대신문》은 1947년 11월 3일에 창간되었으므로 사건 13일 후인 창간호 3면 톱기사로 '3대학 충돌 사건 진상'이란 제하에 처음으로 상세한 보도를 하였다.

이제 《고대신문》의 보도를 토대로 사건의 경과를 날자별로 요약하면 다음과 같다.

> 10월 16일 : 당일 서울 운동장에서 전국체육대회 럭비 결승전, 고대와 서울상대 간의 경기가 있었다. 그런데 경기의 열기가 더해 갈 무렵, 조그만 트러블이 빌미가 되어 흥분한 상대 응원단 일부가 경기장에 난입, 고대 선수를 구타하고, 고대 응원단 앞에 몰려와서는 '싸울 테면 나오라'라고 고함을 쳤다. 이렇게 되면서 경기장은 혼란의 도가니, 마침내 경기는 중단되었다.
>
> 10월 17일 : 전 고대생들이 학교 강당에 도여 '명예회복 긴급 학생대회'를 열고 상대 측에 대하여 '어제의 사건 주모자의 처벌', '신문지상에 사과문 발표', '조선체육회에 책임을 추궁할 것' 등 3개항을 결의하고, 상대의 대표자는 당일 3시까지 고대에 사죄할 것을 통고하였다. 그러나 상대 대표자는 끝내 나타나지 않았고, 이에 고대생들은 해산하였다.

> 10월 18일 : 이 날은 마침 서울 운동장에서 고대와 연대의 축구경기가 있는 날이었다. 경기가 시작되기 전 돌연 상대생 600여 명이 축구장에 들어와 연대 응원단에 가세하자, 연대 측은 이들을 열렬히 환영하였다. 뿐만 아니라 그중 대표자가 마이크를 잡고 '우리는 생명을 걸고 고대를 때려 부숩시다'라고 소리쳤다.

이처럼 분위기가 험악해지자 고대 측에서는 이런 상황에서는 도저히 경기를 할 수 없으니, 상대 응원단을 퇴장시켜 달라고 체육회 측에 요구하였으나, 묵살된 채 경기는 시작되었다. 그러나 경기 도중 심판 판정에 시비가 붙어 양 응원단 간의 격렬한 충돌이 일어났다. 연대와 상대의 연합응원단이 미리 준비한 돌, 맥주병 등을 마구 던져 대자, 고대도 격렬히 맞섰지만, 수적인 열세에 16명이 부상하여 부민병원에 입원하는 사태가 벌어졌다.

> 10월 19일 : 이 날은 일요일임에도 불구하고, 고대생들은 시민훈련원에 집합하여 어제의 부상자에 대한 보고를 하였고, 조선체육회, 문교부, 중부서에 대표 5명씩을 파견하여 사건의 진상을 보고하게 하고 해산하였다.

> 10월 20일 : 고대생들은 일찍 등교하여 평온한 가운데 수업을 받고 있었다. 그런데 누군가에 의해서 고대생 2명이 등교 도중 상대생들에게 납치되어 끌려갔다는 소문이 교내에 퍼졌다. 이에 흥분한 고대생들은 교실에서 뛰쳐나와 운동장에 모여 결의를 다진 다음, 종암동의 상대 캠퍼스를 향해 돌진하였는데, 이

때 상대 교문에는 '고대 타도', '고대 매장' 등의 벽보가 붙어 있었다고 한다.

이렇게 되어 이 글의 첫머리에서 서술한 바와 같은 사건이 벌어졌던 것이다. 그리고 상황이 끝난 후 상대 측에서 중경상자 50여 명이 나왔고, 그중 19명은 병원에 입원하게 되었으며, 상대는 유리창, 책상 등 교구의 파손으로 3일간 휴교를 하였다고 일간지들은 전하고 있다. 그리고 가해자였던 고대 측에서는 학생 다수가 폭행치상 혐의로 검거되고, 그중 24명이 일건 서류와 함께 검찰청에 송치되었으며, 이어 1명은 기소, 23명은 기소유예로 석방되었다고 전한다. 그 후 당국에서는 양교 대표자와 학생들을 만나도록 주선, 원만한 화해를 통해 사건을 종결짓고, 고대 측은 상대의 파괴된 기물의 수리금으로 25만 원을 변상하기로 합의하였다고 한다.

이상이 5일에 걸쳐 벌어졌던 세칭 '고대생 서울상대 습격 사건'의 전모이다. 이로써 어느 정도 상세한 사건의 전말을 알 수 있는데, 5일간의 사건 경위가 《고대신문》 측의 보도에만 의존한 것이어서 그 객관성의 문제는 남는다. 그러나 중요한 사실은 그동안의 이 사건에 대한 세간의 평가가 그 원인이나 동기를 감안하지 않은 채, 사건 당일의 고대생의 행위에만 초점을 맞추어 재단되어 왔다는 점이다. 이렇게 될 경우 고대생들은 무지한 폭도요, 불량배일 수밖에 없고, 그들의 행위는 폭거요 난동일 수밖에 없다. 그러나 원인 없는 결과는 없다. 그날의 고대생들의 상대 습격은 그 이전 2차에 걸쳐 고대가 상대·연대로부터 당해 온 경기장에서의 수모에서 오는 누적된 분노가 젊은 혈기에 의해 폭발한 것으로 본다. 필자는 여기서 60여 년 전 고대생들의 행위를 두둔하고 합리화할 생각은 추호도 없다.

하지만, 고대 측에서까지 당시 고대생들의 행위가 운동선수 특혜입학 주장을 학교 당국이 받아 주지 않은 데 대한 불만에서 나왔다던가, 당시 좌파 학생들이 주도권을 잡고 있던 상대를, 우파 학생들이 중심이 되어 있던 고대생을 이용해 상대에 일격을 가하려는 정치적 의도가 작용하였다는 견해(유진오, 《양호기》, pp.200-206 / 《고대대학교 100년사》, pp.69-70) 등은 단순한 평가로서 받아들이기 어렵다. 물론 당시에 그런 상황이 있었던 것이 사실이고, 또 이런 일들이 고대생의 상대 습격에 그 배경이나 매개로 일부 작용하였을 개연성을 완전히 배제할 수는 없다. 그러나 고대생 분기(奮起)의 중심된 원인은, 그전에 2차에 걸쳤던 운동장 싸움의 연장선상에서 예기치 않았던 계기(상대생의 고대생 납치)에 의해 촉발된 것으로 보는 것이 타당하다고 본다.

'일제치하에서 일본과 싸워서 이길 수 있는 길은 스포츠밖에 없다.' 이는 식민지하, 보전이 스포츠를 통해 현실적 울분과 불만을 표출할 수밖에 없었던 피맺힌 절규였다. 그래서 일본계 학교와의 운동경기에서는 물론, 여타 라이벌 학교와의 경기와 응원에서도 어느 학교보다도 강한 대결과 승리를 구가해 왔고 여기서 보전의 야성과 와일드 정신이 생성되었던 것이다.

'상대 습격 사건'은 말하자면 그러한 보전정신이 시대가 달라진 해방 직후, 고대 시대로 넘어와 미처 순화(馴化)되기 이전의 타성에서 야기된 사건이었다.

——〈고대유사〉 14회, 《고대교우회보》 제475호(2010년 2월 10일)

2) 고대조도회 김포 가도 구타 사건

> 강화도 내가저수지로 출조, 오후에 강풍이 불어 고전했으며, 귀로에는 버스 고장으로 해병대 트럭을 이용, 귀가 중 깡패의 시비로 말썽이 생겨, 총무들이 경찰서까지 출두하는 곤욕을 치렀다.

이상은 《고대 조도 20년지》(고대조도회, 1981) 19쪽, 1973년 3월 18일 낚시 일지의 짤막한 내용이다. '버스 고장', '깡패 시비', '경찰서 출두' 등의 용어로 미루어, 당일 심상치 않은 상황이 벌어졌던 것으로 보인다. 그러나 이 이상 자세한 기록은 찾아볼 수 없고, 벌써 36년 전의 일인지라 당시 상황을 기억하고 있는 사람도 거의 없다.

그런데 기이하게도 필자는 그날 그 사건에 직접 개입되었을 뿐 아니라 중심인물이었다. 그래서 아직도 비교적 생생하게 기억하고 있다.

그렇다면 무슨 사건이 어떻게 일어났던 것일까. 그러나 여기서 말머리를 돌려 고대조도회의 이야기부터 하기로 한다.

고대낚시회(高大釣道會)가 최초로 탄생한 것은 1961년 10월 1일이었다. 교내 교직원들의 취미를 중심으로 한 친목단체로는 처음 있는 일이었다. 1955년 문과대 교수(처음에 철학과, 후에 교육심

리학과, 심리학과로 바뀌었음)로 부임했던 성백선은 원래 낚시 마니아로 고대낚시회를 만들고자 손수 회원 모집 광고를 게시하였더니, 고대신문사 주간 오주환(정치46)을 비롯한 2-3명의 희망자만 있어 계획은 유산되고 말았다.

고대조도회의 회기(會旗).

그 후 1960년 가을 법대 교수 최달곤(법학51, 당시 유진오 총장 비서)과 협력하여 대대적으로 재모집을 하였던바, 희망자가 30명이 넘어, 동년 10월 1일 회를 결성하고, 당일 회원 36명이 경기도 조암수로에서 조도회 깃발을 날리며 시조회(始釣會)를 가졌다. 창립 당시, 회장 성백선, 부회장 오주환, 총부 박시열의 진용이었다. 그리고 시조회 당일 입상자는 '대어상' 1등 최달곤, 2등 오주환, 3등 현승종, '중량상' 1등 민재익, 2등 박정규, 3등 한필하, '행운상' 정수영이었다.

초대 회장 성백선은 3대까지 연임하였고, 1973년부터 다시 2번 연임하여 모두 5번의 회장을 하였는데, 이는 자신의 감투욕(?)의 결과라고 자평하기도 하였다. 그 외 회장을 맡았던 교수로는 김상협, 정한숙, 한동섭, 조성식, 김하룡, 신일철, 동완, 김학수, 신두순, 전해수(이상 1981년 기준) 등으로 각 과에 망라되어 있었다. 김상협이 회장을 맡았던 것은 1968년, 그리고 1977년 10월에는 '김상

당시 조도회장 김상협 총장이 총장취임기념 낚시대회에서 시상하고 있다. 왼쪽에서 두 번째 운동모 쓴 사람이 총무 윤기형.

협 총장 취임기념 낚시대회'를 초평저수지에서 가졌었는데 당일 시상식 장면의 사진이 남아 전하고 있다. 이제 모두(冒頭)의 사건 이야기로 돌아가기로 한다.

1973년 3월 18일, 회는 강화도 내가저수지로 출조(出釣)하였는데, 강풍으로 별 수확 없이 김포대로를 통해 귀가 중이었다. 날은 점차 어두워지고 길이 돌·흙길이어서 버스가 몹시 털털거렸는데, 운 나쁘게도 김포 들판 한복판 길에서 고장이나 멈춰 서게 되었다. 첫 번째 일어난 불길한 일이었다. 할 수 없이 일행이 모두 내려 버스의 뒤에서 밀어보는 등 백방으로 노력하였으나 요지부동이었다. 다행히 그때 마침 강화 쪽에서 서울 방향으로 가던 해병대 트럭을 만나 멈춰 세우고 사정을 호소하였다. 그 결과 트럭이 버스를 견인하여 주기로 했던바, 빈 트럭에 두게를 실어 주기 위해 10명가량의 젊은 회원은 트럭에 옮겨 타게 되었다. 그때 30대 중반의 젊은 교수였던 필자도 당연히 앞차에 올라탔다.

그러나 이렇게 한참 달리던 중, 버스의 고장에 이은 두 번째의 일이 벌어졌다. 즉, 한밤의 대로를 달리던 트럭 전방에 청년 2명이 나타나 정지하라는 손짓을 하며 차를 막아서는 것이었다. 여러 번 경적을 울렸으나 막무가내로 버티는 바람에 차는 정지할 수밖에 없었다. 그러자 술 취한 두 청년이 트럭에 올라탔다. 그때 우리 일행은 몹시 기분이 상해 있었으나 묵묵히 내버려 두는 수밖에 없었다. 그런데 이윽고 차가 출발하자 그들은 우리 일행을 향하여 '이거 어떤 놈들이야, 같이 가잔 말야' 하며 위협적인 자세로 나왔다. 그래도 일행은 아무 대응 없이 바깥만 내다보고 있었다. 잠시 후 그들은 비틀거리며 일행 앞으로 다가오더니 이번에는 회원들이 쓰고 있는 낚시모를 차례로 벗겨 내던지는 것이었다. 실로 기막힐 일이었다. 내 옆에 앉았던 체육과 선병기 교수의 모자도 여지없이 벗겨져 트럭 바닥에 내동댕이쳐졌다. 모두들 속으로 분이 들끓었으나, 실로 돌발적으로 당하는 일이라 어쩔 줄 모른 채 있을 수밖에 없었다.

그런데 내 모자 벗길 차례가 된 것이다. 나는 그들이 트럭을 세워 탄 이후의 무례한 소행에 격분해 있던 터라, 한 녀석이 술 냄새 풍기며 내 모자를 벗기려고 다가왔을 때 그만 참지 못하고 벌떡 일어났다. 그리고 녀석의 얼굴 쪽을 향하여 힘껏 주먹을 날렸다. 정확하게 라이트 훅이었다. 이렇게 나의 회심의 일타를 맞은 상대는 '억' 하며 녹다운되어야 했다. 그러나 평생 주먹질 한번 제대로 해 보지 못한 나의 섬섬옥수(?)는 스피드는 있었으나 파워가 실려 있지 않았다. 그래서 나의 의외의 일격에 주춤하던 녀석은 '어, 이놈이' 하더니 자세를 바꾸어 공격자세로 나오는 것이 아닌가. 실로 순간에 일어난 일이고 나는 아무 대책이 없었다. 어떤 기적이 일어나지 않는 한, 나는 저 술 취한 20대 김포 깡패의 완강한 주먹에 추풍낙엽이 될 판이었다. 이 절대의 순간에 영화의 한 장면 같은 일이 일어났다. 그때까지 울분을 삼키고 있던 우리 일행이 내 일을 계기로 일제히 덤벼들어 두 녀석을 치고, 받고, 차고, 밟고……. 이른바 집단구타로 녀석들을 제압하고, 항거불능 상태인 그들을 트럭 밖으로 내팽개쳤다. 그러고는 그길로 귀경길을 재촉하였다.

그러고 나서 개운한 기분으로 서울 쪽을 향하여 한 20-30분 달렸을까. 이날 세 번째의 일이 기다리고 있었다. 즉, 트럭의 전방에서 경찰이 차를 세우더니, 조사할 것이 있으니 모두 내리라는 것이었다. 그곳은 인가들도 보이는 파출소 앞이었다. 어리둥절하던 일행에게 파출소에 갔다 온 윤기형 낚시회 총무가 전하는 말인즉, 조금 전 회원들에게 뭇매를 맞은 두 청년이 심한 부상으로 유혈이 낭자하여 병원 치료를 받는 중 경찰에 고발, 범인 색출을 위해 가해 차량의 퇴로 차단령이 관내 각 파출소에 내려졌다는 것이다. 별수 없이 일행은 버스에서 모두 내리고, 낚시회 회장단과 총무 등이 조사에 임하였다. 또 당일 동행하였던 법학과 한동섭 교수와 같은 일행이었던 젊은 변호사들이 가세하여 해결을 촉구하였으나, 문제는 좀처럼 풀리지 않았고, 밤은 깊어가고 갈 길이 먼 낯선 파출소 뜰에서 앉고 서고, 초조히 기다리는 수밖에 없었다.

그러던 중 필자에게는 또 하나 불길한 소식이 전해졌다. 윤 총무가 나에게 오더니 전하는 말인즉, 경찰은 제일 먼저 주먹질한 사람을 찾는다며, 혹 나를 지목하더라도 집단구타인지라 모른다고 잡아떼라는 당부였다. 순간 당황하지 않을 수 없었다. 부상을 입힐 정도가 못 되는 약한 주먹이었다 하더라도, 제일 먼저 때린 것은 사실이고, 이것이 사건의 발단이 되었으니 모든 책임은 나에게 있는 것이 아닌가. 나의 당황은 불안으로 증폭되면서 별 생각이 다 났다. 우선 내일 조간신문의 기사가 떠올랐다. '고대 X 교수 민간인 폭행치상.' 여기서 만약 X가 성(姓)으로 나올 때 '김 교수'나 '이 교수'라면 별 문제가 없다. 그러나 '인 교수'로 나온다면 고대에 나밖에 없으니 바로 내가 주범이 아닌가. 이러한 쇼크 때문이었는지 당일 그 이후의 상황은 전혀 생각이 안 난다. 그런데 분명한 것은 그날 나를 포함한 회원들이 모두 서울에 귀환, 집으로 돌아갔다는 사실이다. 결국 사건의 결말은 '불기소처분'으로 끝났고, 그 일로 총무들이 몇 차례 김포경찰서에 출두하였다는 사실을, 당일 일행이었던 법대 최달곤 명예교수를 통하여 최근 확인하였다.

그 후 필자는 1980년대 초 사고에 의한 다리 부상으로 30여 년 조력(釣歷)을 마감해야 했고, 2003년 정년까지 조도회 회비만은 빠짐없이 납부하였는데, 최근 고대조도회가 매우 부진하여 해체 직전에 있다는 소식이어서 몹시 안타깝다.

——〈고대유사〉 6회, 《고대교우회보》 제467호(2009년 6월 16일)

3) 서관과 시계탑의 역사

새야 새야 파랑새야
녹두밭에 앉지 마라
녹두꽃이 떨어지면
청포장수 울고간다

매일 정오가 되면 본교 캠퍼스 서관(문과대 건물)의 시계탑에서 은은히 울려 퍼지는 차임벨(chime bell)의 〈파랑새요〉는 지난 반세기 동안 고대인의 심금을 울려 온 멜로디이며, 앞으로 고대의 역사 속에서 영원히 울려 퍼질 고대의 소리다. 그리고 〈파랑새요〉는 전래의 민요이기에 어느 때 어느 개인에 의해서 이루어진 창작된 노래가 아니다. 그것은 민족의 집단적 정서에 바탕을 두고 자연발생적으로 형성된 겨레의 가락이며, 이를 전승시켜 온 민중의 시대적 아픔과 현실적 소망을 담고 있는 집단적 창작으로서의 민족의 시(詩)이다. 특히 〈파랑새요〉는 1894년 동학농민봉기, 갑오경장, 청일전쟁 등이 연이어 일어나던 역사의 소용돌이 속에서 열강(列强)의 각축(角逐)으로 국가와 민족의 운명이 경각(頃刻)에 달렸던 한말의 비극적 상황이 고스란히 담겨져 있는 민요여서 그 역사적, 문화사적 가치가 매우 높다. 그래서 〈파랑새요〉는 민요 중에서도 참요(讖謠)에 속한다. 참요는 민족의 역사적 전환기나 혼란기에 발생하여 나라의 운명을 예언하고, 민족의 갈 길을 계시(啓示)하는 특수성을 갖는다.

〈파랑새요〉는 참요이다. 따라서 다양한 시대적 의미와 복합적인 알레고리(Allegory)가 함축되어 있어 그 해석에 있어서도 제설(諸說)이 분분하다. 이 점은 고대인에 있어서도 마찬가지여서, 필자는 차제(此際)에 〈파랑새요〉의 본모습과 참뜻을 밝혀 이를 둘러싼 그동안의 의문점을 풀어 보기로 하겠다. 그런데 여기서 〈파랑새요〉의 시계탑 건물인 서관의 우여곡절이 많았던 건축 과정을 먼저 살피지 않을 수 없다.

본교 캠퍼스에 본관(1932년 착공, 1934년 준공), 도서관(1935년 착공, 1937년 준공)에 이어 3번째 건물로 서관의 건립이 시도된 것은 1950년대 말 6·25동란 직전이었다. 당시 인촌은 교실난 해소를 위하여 본관 우측 언덕 위에 서관 건축을 계획하고 박동진(朴東鎭)에게 설계를 의뢰하였다. 그리고 부지의 정지 작업과 일부 기자재까지 마련하였으나 곧 이은 1950년 동란의 발발로 중단되고 말았다. 그 후 대구에 피난하였던 본교는 1953년 정전협정의 성립으로 서울에 귀환하였는데, 본교 건물은 유엔군이 사용 중이어서 부득이 계동의 중앙중학을 빌려 쓸 수밖에 없었다. 그러다가 당시 유진오(俞鎭午) 총장이 백방(百方)으로 유엔군 측과 교섭한 결과로 1년 후인 1954년 봄에야 본교의 건물로 돌아오게 되었다. 그리고 같은 해 5월, 전쟁으로 중단되었던 서관 건축에 착공하여 1년 만인 다음 해 1955년 5월 개교 50주년 기념으로 완공을 보았던바, 이것이 최초의 서관의 탄생이었다. 그러나 이때의 서관은 석조 2층 계단교실을 포함한 본관 쪽에 면한 일부분이었다. 그런데 서관의 완공을 목전에 두었던 1955년 2월 18일 인촌이 서거하였다. 최초의 건축 당시 비용 관계로 시멘트-콘크리트로 하자는 유

1950년대 중반 안암 캠퍼스의 설경(《고려대학교 100년사》 II). 당시 서관은 본관 쪽 일부분만 있었다(원 내).

진오의 제안에 반드시 석조 건물로 짓는다는 고집을 관철하고, 환도(還都) 후 병중에도 서관에 대한 깊은 애정으로 건축 현장에 나와 살피던 인촌의 서거는 매우 애석한 일이었다.

다른 하나 서관에 관련된 이야기는 당시 유엔군 측이 전쟁 중 본교 사용에 대한 답례로 서관을 지어 기증하였다는 사실이다. 그래서 1954년 기공식 때는 당시 유엔군 사령관이었던 테일러(M. D. Taylor) 장군 일행이 헬리콥터로 본교 운동장에 내려 유진오 총장 등 교무위원과 만나 환담하고 기념사진까지 촬영하였다는 것이다. 이 사실은 학생 대표로 참여하였던 당시 《고대신문》 편집국장 신일철(철학51)에 의해 알려졌는데, 신일철과 《Granite Tower》 편집국장 민영빈(영문51)은 교사 반환식 때도 학생 대표로 참가하였다고 한다(신일철, "서울 환도와 다시 찾은 석탑", 〈교풍 100년〉 51회, 《고대교우회보》 376호, 2001. 11). 그런데 이에 대한 언급이 《고려대학교 100년사》와 유진오의 《양호기》에는 빠져 있다.

석탑에 시계를 설치하던 공사 사진(1964년 7월 11일자 《고대신문》).

그 이후 서관은 4년 후인 1959년 5월 다시 대대적인 확장 공사에 들어간다. 그리고 2년 만인 1961년 5월에 6층 석탑을 포함한 전체 건물을 완성하였다. 결국 서관은 1954년 부분 착공으로부터 1961년 전관 완공에 이르기까지 7년에 걸친 2차의 공사 끝에 마침내 완성을 본 것이다. 특히 서관은 6층 높이의 석조 시계탑을 가진 한국 최초의 건물이란 영예를 가지게 되었는데, 석탑에 시계를 설치하고 각종 부품을 입수하여 조립, 차임벨이 울리기까지는 다시 몇 년을 기다려야 했다. 즉 고성능 확성 스피커와 야광 조명시설 등은 국내에서 구입할 수 없는 고가품이어서 미국, 일본 등지로부터 수입해야 했기 때문이다. 그리하여 최초의 시계 가동(稼動)은 1962년의 모형시계를 거쳐 서관 준공 3년 후인 1964년 7월에 이르러서야 가능하였고, 〈파랑새요〉도 고고(呱呱)의 소리를 울리게 된 것이다. 그리고 시계 설치의 비용 일체는 전 교우회장 김성곤(金成坤, 상학30)의 독지(篤志)로 이루어졌다.

그렇다면 차임벨의 〈파랑새요〉는 어떻게 어떤 과정을 통하여 선정되었는가. 여기에 대하여 유진오는 "차임벨에 쓴 곡조는 민족 고유의 것으로 하기 위하여 〈새야 새야 파랑새야〉(동학운동의 지도자 전봉준 장군이 활동하던 때에 유행하던 민요라 전해 옴)의 곡조를 썼다"(유진오, 《양호기》, 1977, p.301)라 하여 선곡과 그 취지만

시계 설치 비용 일체를 기부한 김성곤 전 교우회장.

을 말하고 있을 뿐이어서 그 이상 상세한 사실은 알 수 없다. 다만 〈파랑새요〉의 편곡자가 이흥렬(李興烈, 1909-1981)이어서 그가 〈파랑새요〉 선정 작업에 참여한 사실은 분명하다. 이흥렬은 당시 최고의 작곡가 지휘자 피아니스트로 일본 동양학교에서 피아노를 전공, 졸업 후 귀국하여 한국 음악 발전에 크게 기여하였다. 특히 수많은 명곡을 작곡하여 한국의 슈벨트라고도 불리는데, 그가 작곡한 가곡, 교향시, 동요 등은 총 400여 곡에 이르며 그중에도 가곡 〈바위고개〉, 〈봄이 오면〉, 〈어머님 마음〉 등과 동요 〈자장가〉, 〈섬집아기〉 등은 불후(不朽)의 국민 애창곡으로 유명하다. 해방 후 숙대 음대학장까지 지냈던 그가 음악의 불모지(不毛地)였던 고대와 인연을 맺은 것은 1948년경부터였다. 즉 1948년 《고대신문》 창간 1주년 기념 행사에서 고대 음악부의 공연을 지도한 것(《고려대학교 100년사》 II, 2008, p.67)을 시작으로 고대 합창부의

지휘, 재학생들의 고전음악 감상 해설을 전담하였고, 〈막걸리 찬가〉로 유명한 조지훈 작사의 고대 응원가를 작곡한 것도 그였다. 이러한 인연으로 1957년에는 고대의 객원 교수로 부임하게 되어 음대 없는 고대의 유일한 음악 교수가 되기도 하였다.

이상으로 시계탑의 서관이 건립되기까지의 과정과 여기서 울려 퍼진 〈파랑새요〉를 둘러싼 당시의 상황에 대하여 대강 살펴보았다.

이제 〈파랑새요〉에 대하여 집중적으로 검토하기로 한다.

〈파랑새요〉는 전래동요 〈달아 달아 밝은 달아〉(달타령이 아님)와 함께 조선 후기에 가장 많이 불린 민요다. 전국적으로 분포되어 지방마다 약간씩 다른 〈파랑새요〉가 다수 보고되어 있으며, 그 명칭도 〈파랑새요〉 외에 〈새야요〉, 〈새날리기노래〉, 〈녹두새요〉, 〈전봉준요〉, 〈개남요〉 등 다양하게 불렸는데, 이 중 〈개남요〉는 전봉준과 함께 동학농민군의 장수로 크게 활약한 전설적 인물인 김개남(金開男)을 지칭한 것으로 역시 파랑새요류에 속한다. 한편 음악적 측면에서 볼 때 〈파랑새요〉는 가창(歌唱) 민요이기보다는 음영(吟詠) 민요로 4음을 기본률로 하여 간결한 정형적 형태로 되어 있다. 그리고 곡조는 전통적인 한국 민요의 정조(情調)인 애조(哀調)를 띠고 있는데 멜로디가 조용한 가운데 호소력을 지니고 있어 자장가의 음률로도 사용되었다.

——〈고대유사〉 33회, 《고대교우회보》 제494호(2011년 9월 10일)

4) '파랑새'는 누구인가

앞서 말한 대로 〈파랑새요〉는 참요다. 참요는 속성상 예언이나 신비로운 도참(圖讖)적 내용을 지니기에 그 이해가 쉽지 않다. 〈파랑새요〉의 내용과 의미 해석에 제설(諸說)이 구구하여 왔던 것도 바로 이 때문이었다. 따라서 〈파랑새요〉의 내용과 의미를 올바로 파악하기 위하여는 이들 기존 논의를 정밀히 검토함이 마땅하다. 그러나 이 글의 성격상 이와 같은 학문적 검토는 불가능하다. 이에 필자는 기존 논자들(고정옥, 이은상, 이병기, 임동권, 최승범, 유종국 외)의 논의를 참고하면서, 나름대로 〈파랑새요〉의 올바른 이해를 시도해 보고자 한다.

지금까지 〈파랑새요〉의 가장 큰 관심사로 떠올랐던 것은 '파랑새'는 무엇을 지칭하는가의 문제였고, 그것은 대체로 동학군의 지도자 전봉준을 지칭하는 것으로 알려져 왔다. 대체로 오지영(吳知泳)의 《동학사》(東學史)에 근거를 둔 이 설은 파자음사설(破字音似說)에 해당하는 것으로 '파랑새'는 '八王새'라 하여 '八'과 '王'이 합쳐 '全'이 되고 이것은 전봉준과 그가 거사를 시작한 '全州'와 연결된다는 것이었다. 즉 '全'을 파자하면 '八王'이 되고 이것이 '팔왕 → 파랑 → 파랑새'가 되며 파랑새는 곧 전봉준을 의미한다는 것이었다. 또 전봉준이 전북 부안군 팔왕리(八旺里)에서 태어났기 때문에 여기서 유래한다는 설도 있다. 한편 〈파랑새요〉가 고대 서관에서 최초로 울려 퍼지던 해, 이에 대하여 처음 글을 썼던 신일철(철학51)도 오지영의 설에 의거, 팔왕은 전봉준을 의미한다고 보고, 그의 민중혁명에 대한 농민대중의 기대를 엿볼 수 있다고 하며, 또 파랑새를 민생(民生)에 비유하기도 했다(《고대신문》 386호, 1964. 9. 19).

그런데 이상과 같이 파랑새가 곧 전봉준을 지칭한다는 종래의 설에는 문제가 있다. 즉 〈파랑새요〉의 파랑새가 다음 부분인 '녹두밭에 앉지 마라'와 '녹두꽃이 떨어지면'으로 이어질 때 상호 의미의 연결이 되지 않기 때문이다. 즉 문맥상으로 '파랑새 → 전봉준'은 등식관계가 아니라 대립관계로 나타난다. 왜 그런가. 여기서 〈파랑새요〉의 핵심어가 되어 있는 '파랑새-녹두밭-녹두꽃-청포장수'의 상호관계와 전봉준과의 관계를 살필 필요가 있다.

녹두밭과 녹두꽃의 '녹두'(綠豆)는 전봉준을 지칭하는 것으로 일찍부터 알려져 와 이론의 여지가 없다. 전봉준의 어렸을 적 이름이 '녹두'였다는 설도 있고, 그의 체격이 녹두알같이 작고 단소(短小)한 데서 붙여진 이름이라고도 한다. 그러나 작은 몸집에도 불구하고 담력이 세고 기백이 뛰어나 녹두장군이란 별칭을 얻게 되었고, 결국 녹두장군은 전봉준 장군으로 통하게 된 것이다. 이와 같이 전봉준을 녹두장군이라 할 때, '녹두밭'과 '녹두꽃'이란 말의 의미도 대략 유추(類推)가 가능하다. 즉 녹두밭은 전봉준과 농민대중이 운명을 함께하는 삶의 터전인 농촌사회를 말하는 것으로, 그리고 녹두꽃은 농민대중의 지도자로 동학농민봉기의 선봉장인 녹두장군 전봉준을 상징적으로 나타낸 것으로 볼 수 있다. 그리고 이런 맥락에서 볼 때 '녹두밭에 앉지 마라'는 전봉준과 동학농민군을 짓밟거나 억압하지 말라는 뜻으로, '녹두꽃이 떨어지면'은 전봉준의 죽음이나 동학군의 패퇴를 가정하는 표현으로 볼 수 있다. 특히 '앉지 마라', '울고 간다'는 말과 표현에는 농민대중층의 탄원 섞인 절박한 요구와 좌절, 그리고 파랑새로 대표되는 상대층에 대한 처절한 원망과 탄원이 깔려 있는 것으로 보여진다. 여기서 파랑새가 전봉준일 수 없는 이유는 자명하다.

황토현 전적지에 있는 전봉준 동상.

그러면 '울고 간다'의 주체인 청포장수는 누구인가. 청포(淸泡)는 물에 불린 녹두를 갈아 앙금을 앉힌 뒤 말린 녹말(綠末)이다. 이 녹말가루로 만든 녹말묵이 녹두묵이요, 청포묵이다. 따라서 청포장수는 당시에 녹두묵을 팔러 다니던 행상으로 역시 서민대중을 나타내는 말이다. 그리고 '청포장수 울고 간다'는 서술은 강력한 외부의 힘에 의해 지도자인 장수를 잃고 전의를 상실한 채 패퇴하는 동학군의 잔병(殘兵)을 나타낸 것으로 파악된다.

이상과 같이 녹두와 녹두밭, 그리고 녹두꽃과 청포장수가 전봉준과 농민대중, 그리고 그들의 처참한 현실적 패배를 나타내는 것으로 볼 때, 앞서 지적한 바와 같이 파랑새의 정체는 전봉준이나 농민대중과 대척적(對蹠的)인 존재임이 분명하다. 즉 전자가 강자로 가해자의 입장이라면, 후자는 약자로 피해자의 처지에 있다. 여기서 파랑새는 전자의 입장에서 후자인 전봉준과 서민대중에게 강압적으로 군림하는 존재임이 확인된다.

그렇다면 파랑새의 현실적 정체는 누구, 또는 어떤 집단을 지칭하는가.

주지하는 바와 같이 1894년 전봉준은 인내천(人乃天)과 제세구민(濟世救民)의 동학 이념을 바탕으로 포학하고 부패무능한 지방 수령과 당시 정치 지배층을 타도하여 민생을 구출하고, 일본으로 대표되는 외세를 물리쳐 국가의 주권을 수호하여 국위(國威)를 선양하고자 축멸양왜(逐滅洋倭)의 기치를 높이 들고 혁명적 봉기를 감행하였다. 처음에는 농민대중의 절대적인 지지에 힘입어 호남 지방에서 호서 지방으로 세력권을 넓히며 기세가 충천하던 동학농민군은 관군(官軍)과 청나라, 일본 군대까지 가세한 연합군의 반격으로 1년 만에 막대한 인명 피해를 입은 채 패퇴하였다. 그리고 전봉준도 체포되어 이듬해인 1895년 형장의 이슬로 사라지게 된다. 이와 같은 동학군의 참패와 전봉준의 비극적 최후는 이에 가담하고 따르던 이들에게 좌절과 슬픔으로 돌아왔고, 이들의 집단적 정서는 관군에 대한 분노와 청일 양군에 대한 증오와 적개심으로 변하게 되었다. 그러나 그들에게 이와 같은 한(恨)의 응어리와 정신적 울분을 발산할 현실적 방법은 없었다. 여기서 이러한 한과 울분을 전래의 애조 띤 민요 가락에 얹어 은유적으로 표출한 것이 〈파랑새요〉였다. 그러므로 여기서의 파랑새는 동학군과 전봉준의 패망과 죽음을 가져오게 한 관군 및 청일군 등 진압군(鎭壓軍)이라 할 수 있다. 그리고 〈파랑새요〉는 농민군이 패세로 기운 이후에 생성된 것으로 볼 수 있는데, 이와 같은 사실은 패전 이후 확산된 〈파랑새요〉에서 좀더 강렬한 증오와 적개심이 나타나고 있는 데서 잘 알 수 있다. 다음에 그 2편을 들어 본다.

① 새야 새야 파랑새야
깝죽깝죽 잘 논다만
녹두꽃을 떨구고서
청포장사 부지깽이
맛이 좋다 어서 가라
(원주 지방)

② 새야 새야 파랑새야
녹두 잎에 앉은 새야
녹두 잎이 깐닥하면
너 죽을 줄 왜 모르니
(평양 지방)

지금까지 〈파랑새요〉의 텍스트가 '녹두밭에 앉지 마라'라 하여 호소와 애원의 탄원적 성격을 타나냈다면, 위의 ①, ②에서는 '어서 가라', '너 죽을 줄 왜 모르니' 하여 경고적 명령과 강압적 위협을 나타내고 있어, 파랑새에 대한 적대적 감정이 강하게 나타남을 알 수 있다. 이와 같은 점은 〈파랑새요〉 각 편 간의 의미의 편차(偏差)를 보여 주는 것으로 전국적 분포의 〈파랑새요〉가 지역에 따라, 그리고 그 형성 시점에 따라 의미 내용이 달라져 갔음을 알게 한다.

안암동 서관 앞에 있는 손병희 흉상.

문과대 배지(고대박물관 소장). 3년간 패용되다가 1959년 현 배지로 바뀌었다.

마지막으로 남는 문제는 왜 파랑새가 진압군으로 비유되었을까 하는 점이다. 이에 대하여는 진압군이었던 관군과 청일 군대의 복색(服色)에 유래하였다는 설, 청군(淸軍)의 '淸'이 '靑'과의 음사(音似)에서 유래하였다는 설 등이 있다. 모두 매우 유력한 근거를 지닌 설로 생각되나, 여기에는 당시 3국의 군대 복식(服飾)에 대한 연구가 선행되어야 하기에 과제로 남겨 둔다.

끝으로 〈파랑새요〉의 배경이 된 동학농민혁명의 이념과 고대의 건학 이념 및 정신적 전통의 공통적 특질을 다음 3가지로 요약한다.

첫째, 동학혁명은 한국 최초의 민족주의 운동의 실천적 행동이었고, 고대의 개교는 한국 최초의 민족주의 교육의 실현이었다.

둘째, 동학혁명의 양대 인물은 전봉준, 손병희였던바, 전봉준은 남접(南接)으로 10만 호남군을 거느리고 투쟁하였고, 손병희는 북접(北接)으로 10만 호서군을 이끌고 싸웠으며 이어 보성전문을 인수, 운영하고 3·1운동을 주도하였다.

셋째, 녹두장군 전봉준은 동학혁명을 이끈 녹두의 꽃이었고, 녹두색(초록색, 연두색)은 녹두문대(綠豆文大)의 대표색이다. 1956년 7월에 새로 제정된 배지(badge)는 단대별로 색깔이 달랐는데 문대는 초록색이었다(《고려대학교 100년사》 II, p.201).

——〈고대유사〉 34회, 《고대교우회보》 제495호(2011년 10월 14일)

8. 석탑, 호랑이, 막걸리 정신

1) 석탑의 정신과 이념

'호랑이'가 고대의 의지나 기상, 도전정신을 나타낸다면, '막걸리'는 고대의 품성이나 감성, 민족정신을 대변한다. 이에 비하여 고대의 또 하나의 이름인 '석탑'은 고대의 지성과 예지(叡智), 고결과 정중(鄭重), 그리고 냉철한 판단력과 날카로운 비판정신을 표상한다. 이런 점에서 석탑은 지성의 본산이요, 학문의 전당인 고대의 이미지를 가장 잘 상징한다. 그래서 고대인들은 오래전부터 스스로를 '석탑가족'이라 자칭하면서 석탑이란 말을 즐겨 써 왔다. '석탑축전', '석탑문학', '석탑춘추' 등이 그렇고 고대인들의 모임인 '석정회'(石正會), '석란회'(石蘭會), '석림회'(石林會) 등이 그 예다. 고대의 영자신문 《Granite Tower》는 그대로 석탑이며, 교우회관의 건립 단계에서 가칭으로 '석탑회관'이란 이름을 사용했다고 전한다.

그러나 대부분의 고대인들은 석탑이란 용어를 애용하면서, 그저 고대를 상징하는 하나의 아름다운 석조 건물로만 우러러 볼 뿐, 석탑이 지니는 고귀한 의미와 심오한 정신에 대하여는 잘 알지도 못하고, 또 알려고 하지 않는다. 그래서 대부분의 고대인들은 석탑을 배경으로 사진을 찍어 스스로 고대인이란 자긍심을 내세우면서도, 석탑이 의미하는 이념과 정신이 무엇인지는 깊이 생각하지 않는다.

석탑이란 말은 '石'과 '塔'의 합성어다. 이에 대하여 처음으로 그 깊은 의미를 부여한 것은 조지훈이다. 즉, 1953년 피난지 대구에서 창간된 《석탑문학》(石塔文學)의 창간호 서문에서 그는 이렇게 말하고 있다.

> 석탑은 고려대학의 높고도 밝은 전통적 이상의 상징과, 그 외형적 형자(外形的 形姿)를 뜻하는 말이 된 지가 이미 오래다. 〔…〕 돌은 바로 석굴암을 조성한 그 화강암이요, 탑은 바로 노아의 홍수 뒤에 하늘에 오르려는 인간의 의욕이 쌓아올리던 바벨(Babel)의 탑-석탑문학의 지향은 바로 민족적이요 세계적인 것이라야 한다.

화강암이란 돌을 매개로 하여 찬란한 신라문화의 꽃인 석굴암을 고대의 상징인 석조 건물에 견주고, 탑이란 예술적 건축물을 통하여 성서에 나오는 인간 의욕의 상징인 바벨탑과 고대의 석탑을 연결시키는 시인의 상상력이 놀랍다. 시간과 공간을 초월하고 고금과 동서를 일체화하는 이러한 직관력은 시인의 형안(炯眼)이 아니고서는 도저히 미칠 수 없는 경지이며, 이는 조지훈의 선(禪)

적 투시에 의해서 가능한 높은 안목이다. 그리고 석탑문학의 지향이 '민족적'이요 '세계적'인 것이어야 한다는 것은, 혼란이 극에 달했던 1950년대 초 전쟁의 와중에서 이미 민족을 바탕으로 세계화를 주창하는 오늘의 고대를 예견한 선견지명으로, 놀라운 통찰력이 경탄스럽다. 그리고 그는 이러한 생각을 1955년 교가를 작사하면서 '겨레의 보람이요 정성이 뭉쳐 드높이 쌓아올린 공든 탑'이라 석탑을 노래했던 것이다.

석탑의 역사는 70여 년을 거슬러 올라간다. 즉 인촌이 1934년 본관, 1937년 도서관(현 대학원 도서관), 1955년 서관 등을 모두 화강암(花崗巖, 艾石-애석, 쑥돌)을 자재로 한 석조 건물을 지으면서 고대의 '석조 고딕 양식'의 건물이 비롯된 것이다. 그 후 인촌기념관(1991), 백주년기념관(2005) 등 수많은 석조 건물이 계속 들어서면서 고대의 본교 교정은 한국 석조 건물의 반세기 역사를 대변하게 되었는데, 이를 모교 건축학과 김현섭 교수는 '석풍(石風)의 위력'이란 말로 표현하고 있다(《고대신문》 1629호, 2009).

이와 같은 고대의 석조 건물 중에서도 석탑이라 불리는 것은 본관 좌측 언덕 위에 높이 솟은 대학원 도서관이다. 인촌의 원대한 민족 교육의 이념과 한국 근대건축학의 일인자였던 박동진의 뛰어난 건축예술이 어울려 빚어낸 걸작인 석탑은 현재 사적 제286호로 지정된 기념물로 고대의 상징적 건물일 뿐 아니라 한국에서 손꼽히는 석조 건물이다. 그리고 석탑의 건축에서 모델로 참고가 되었던 것은 미국 듀크대 퍼킨스 도서관(1930)이라 하는데, 이는 인촌이 보전 인수 전 세계여행 시 각 대학을 순방하며 촬영해 온 사진첩과, 당시 교수였던 오천석의 미국 대학 졸업 앨범에서 참고하였다 하나 확실한 근거 자료가 없어 아직 속단하기는 이르다.

한편, 1970년대 말 일본의 석조 건축 전문가 일행이 한국 석조 건물 견학차 내한하여 전국을 둘러본 다음, 한국의 석조 건물 3대 명품으로 꼽은 것이 중앙청(일제 시 조선총독부 건물로 1926년 완공되었는데, 1995년 김영삼 정부에 의해 헐리고, 현재 그 자리에 광화문이 지어지고 있다), 덕수궁 석조전(石造殿, 1938), 그리고 고대의 석탑 건물이었다.

석탑은 단순한 석조 건물만이 아니다. 본교 캠퍼스의 북동쪽 높은 곳에 자리하여 본관과 함께 그 이후에 건립된 수많은 크고 작은 건물들을 조감(鳥瞰)하면서 통솔하는 고

석탑의 위용을 자랑하는 대학원도서관(上)과 인촌기념관(中)의 모습. 미국 듀크대 퍼킨스 도서관(下)이 고려대 석탑의 원형이라는 설도 있다.

대 모든 건물의 종주적(宗主的) 건물이다. 항상 아침 햇살을 가장 먼저 이마에 받고, 언제나 변함없는 우아한 자태로 고대를 찾는 이들에게 제일 먼저 눈에 띄는 의연한 모습, 저 찬란한 신라의 문화를 대변하는 석굴암을 비롯한 불국사의 석가탑, 다보탑 등 수많은 한국의 아름다운 석탑의 계보를 이어, 돌의 문화를 계승하고 이렇게 자랑스러운 모습으로 안암 언덕에, 우리의 자랑으로 높이 솟아 있다. 석탑은 진정 근대 우리 조국과 민족의 역사를 지켜온 증인이며, 고대의 높은 정신과 훌륭한 전통을 표상하는 고고한 존재다. 그리하여 석탑에는 고대의 혼과 넋이 살아 숨 쉬고, 뜨거운 열정과 드높은 기상이 응축되어 있다.

그렇다면 석탑의 정신은 어떤 정신인가. 돌은 인간의 냉철한 지성을 상징하고 탑은 인간의 무한한 의욕을 상징한다. 그리하여 석탑정신은 좌절과 나약(懦弱)을 물리치는 인내와 강인의 정신이며, 허무와 모방을 극복하는 이상과 창조의 정신이고, 경망과 나태(懶怠)를 이기는 은인(隱忍)과 자중의 정신이며, 침체와 답보를 뚫고 나가는 활력과 약동의 정신이다.

모름지기 고대인들은 세상이 귀찮고 삶이 고달플 때, 석탑을 바라보며 의욕과 용기를 되찾고, 실망과 좌절이 가슴을 억누를 때, 석탑을 바라보며 꿈과 희망을 불태울 일이다. 그리고 수많은 교우들이여, 젊은 날 한없이 부풀었던 20대의 낭만이 그립고, 지나친 추억이 아쉽거든 거침없이 모교로 달려오라. 그리고 한없이 석탑을 바라보라. 그리하여 생애 중 가장 아름다웠던 시절, 안암의 학창 시절로 돌아가 보라.

다음에 석탑을 읊은 절창(絕唱), 김종길(영문46)의 시 〈돌의 논리〉 6연 중 2번째와 6번째 연을 소개한다(《고대신문》 657호, 1973. 5).

> 여기 그 돌로 쌓은 탑이 있다. 조국의 지층, 민족의 태반에서 캐낸 화강암으로 쌓은 탑, 조국의 명맥을 위해 민족의 피땀으로 쌓아올린 석탑이 있다. 그러므로 석탑은 한갓 냉각된 화강암의 퇴적이 아니라 조국의 생명의 불꽃을 민족의 힘으로 응고, 농축시킨 에네르기의 결정체다(2연).
>
> 보라 창공에 높이 솟은 석탑을. 그것은 민족의 힘과 민족의 슬기의 상징, 그것은 비약을, 비상을 다짐한다. 그것은 위대한 에네르기, 무서운 모멘텀을 다짐한다. 그러기 위해 그것은 그 본연의 깨끗함과 차가움과 경도(硬度)와 중량을 다짐한다. 그것의 줄기찬 저력과 그것의 냉철한 예지와 그것의 활달한 기상을 다짐한다. 그리하여 석탑은 꺼지지 않는 자유와 정의와 진리의 횃불을 다짐한다(6연)

바위가 돌이 되고, 돌이 모래가 되고 모래가 흙이 되고, 흙이 다시 바위가 되는 억겁(億劫)의 시간 속에서 고대의 석탑정신은 영원히 변하지 않을 것이다.

──〈고대유사〉 15회, 《고대교우회보》 제476호(2010년 3월 10일)

2) 호랑이 정신과 고대 전통

새해 경인(庚寅)년은 호랑이해다. 그래서 연말연시 온 나라 사람들의 관심은 모두 호랑이에게 쏠려 있다. 한국민속박물관은 호랑이 국제학술대회를 열어 성황을 이루었고, 종로구에서는 옛날 호랑이가 많았다는 인왕산에 호랑이 조형물을 세운다고 하며, 서울 대공원에서는 새해 소원성취 호랑이 행사를, 에버랜드에서는 백호 사파리를 운영한다고 한다.

각 신문들과 호랑이 특집을 내고 호랑이 관련 새 책들도 광고가 한창이다. 또 각 대형 유통업체들은 호랑이 관련 세일과 이벤트를 행하며, 서울대 김난도 교수는 새해 한국 소비자의 10대 트렌드 '타이거로믹스'(Tigeromics)를 발표하여 주목을 끈다. 여기에 새해는 60년 만에 돌아오는 행운의 상징인 백호(白虎)의 해라 더욱 사람들의 관심이 높다. '백호 해에 태어난 낙성들 중에는 독립투사나 충신이 많고, 여성도 정치인과 판사, 의사가 많다'는 역술인(易術人)의 예언도 있는 터여서, 젊은 부부들은 금년 중 아기를 가질 계획이라 하며, 출산을 앞둔 산모들 중에는 아기 이름을 '백호'라 지어 놓고 기다리는 경우도 있다고 전한다.

•고대 호랑이의 역사는 80년 전, 보성전문학교의 엠블럼에서부터

그러나 뭐니뭐니해도 호랑이해인 금년은 고려대(이하 고대)의 해이다. 최근 고대 외에 학교의 상징물로 호랑이를 내세우는 대학이 늘고 있다. 한경대(호랑이), 배재대(호랑이), 대구대(비호), 경주대

(쌍호) 등 대부분 지방의 후발 대학들이다. 그러나 아무래도 호랑이 대학의 원조(元祖)가 고대임은 두말할 나위도 없다.

호랑이가 고대의 상징적 동물로 등장한 것은 대략 80년 전인 1930년대로 거슬러 올라간다. 즉 이때에 보성전문학교(이하 보전)의 엠블럼(emblem, 旗章, 紋章)으로 호랑이가 등장했고, 보전이 출전한 운동경기에 호랑이가 그려져 있는 응원기가 나부꼈다는 사실에서 알 수 있다. 그리고 인촌(仁村) 김성수 선생이 1932년 보전을 인수하고, 1933년 착공, 1934년에 준공한 안암 캠퍼스 본관의 현관 입구 양옆 기둥에 화강암으로 조각된 호랑이의 두상(頭像)이 들어가게 됨으로써 그 존재를 확고히 한 것이다. 당시 인촌은 "우리나라에는 옛날부터 호랑이가 많다 하지 않느냐. 호랑이는 영특하고 용맹하며 기품이 있으니 민족의 상징으로 삼을 만하지 않느냐"라고 말했다고, 유진오(兪鎭午) 전 총장은 전하고 있다(유진오, 《양호기》, 1977, p.50).

그 후 1955년 개교 50주년을 맞아 당시 유진오 총장이 인촌의 뜻을 받들어 고대의 전일적(全一的) 상징동물을 호랑이로 정하고, 교기·응원기·배지(Badge)에 이를 넣게 되면서 호랑이는 고대의 불변의 심벌이 된 것이다. 또 1964년 학생들이 성금을 모아 개교 60주년 기념으로 호상(虎像)을 건립, 그 웅장한 자태가 조지훈의 유명한 명문(銘文)과 함께 본교 캠퍼스에 위용을 떨치면서, '안암골 호랑이'는 영원한 고대의 가족이 된 것이다.

이런 과정을 거쳐 고대와 호랑이는 불가분의 인연을 맺는다. 그리하여 많은 고대인들의 모임에는 '호'(虎) 자가 들어가고, 응원가의 가사에도 호랑이가 등장한다. 호박회(虎博會), 호영회(虎影會), 호문산악회(虎文山嶽會)를 비롯해 경영대 졸업생들은 《호상》(虎商)이란 회보를 내고 있고, 고대 출신 장교들의 모임의 이름은 무호회(武虎會)다. 응원가 가사의 경우는 '맹호는 굶주려도 풀은 먹지 않나니'(조지훈), '장안을 뒤흔드는 젊은 호랑이'(오탁번)라 하여 젊음의 열기가 넘치는 고연전의 응원에도 호랑이는 고대 승리를 위해 한몫을 한다. 그러더니 최근에는 본교 캠퍼스에 '타이거 플라자'(Tiger Plaza)란 건물까지 들어섰다. 보전과 고대에서 36년을 보낸 경험을 적은, 전 유진오 총장의 회고록의 이름도 '양호기'(養虎記)였다.

• 호랑이는 마을의 수호신이며, 호랑이 꿈은 길몽

우리 민족은 먼 옛날부터 호랑이와 함께 살아왔다. 신석기 시대의 경북 울주 반구대 암각화(巖刻畵)에도 호랑이 무리가 나타나며, 고구려 벽화 사신도(四神圖)에도 백호(白虎)가 그려져 있다. 민족의 개국신화 단군신화에도 호랑이가 등장하며, 신라의 김현감호(金現感虎) 설화에는 스스로를 희생하여 김현의 약속을 지키고 호원사(虎願寺)를 짓게 하는 의리의 호랑이가 등장한다. 후백제의 견훤(甄萱)은 어려서 호랑이 젖을 먹고 자랐다는 전설이 있으며, 고려 건국신화에 나오는 장군 호경(虎景)도 호랑이의 도움으로 살아나 왕건의 선조가 된다. 조선 시대의 소설로 호섬전(虎蟾傳)이 있으며, 박지원(朴趾源)의 소설 《호질》(虎叱)에 나오는 호랑이는 썩은 양반으로 도학자인 체하는 위선자 북곽선생(北郭先生)

고려대 본관 입구의 호랑이 두상.

을 심히 꾸짖고, 수절과부로 표창 받은 동리자(東里子)가 성이 다른 다섯 아이를 낳은 여인임을 폭로하여 당시 사회의 부패상과 타락한 윤리를 질타하고 있다.

이러한 호랑이를 우리 조상들은 신수(神獸), 산신(山神), 산군(山君)이라 하여 일찍부터 숭상하였고, 액을 막고 복을 가져다주는 벽사진경(辟邪進慶)의 존재로 믿었으며, 은혜를 알고 효를 아는 영물(靈物)로 추앙하였다. 민간 신앙에서 호랑이는 마을의 수호신이었으며, 그래서 신당에 모셔져 있는 산신도에는 기호노인(騎虎老人)이 등장한다. 태몽에서도 호랑이 꿈은 길몽으로 건장한 남아를 낳는다고 믿었으며, 호랑이 호(虎) 자나 호랑이 그림을 대문이나 벽에 붙이면 악귀가 집안에 들어오지 못한다고 생각했다. 옛날이야기에서도 호랑이가 빠지면 재미와 스릴(thrill)과 서스펜스(suspense)가 없었다. 호랑이 담배 먹던 시절의 이야기에서부터 곶감 소리에 도망간 호랑이 이야기에 이르기까지 호랑이는 민담과 동화의 단골손님이었다. 그렇다면 이렇게 우리 민족의 신앙, 생활, 풍속, 민담, 전설 등에 빈번히 나타나는 호랑이의 정신은 어떤 정신인가? 그리고 어떤 면에

서 고대정신, 고대 전통과 연맥(連脈)이 되는가

• 보전의 야성과 와일드한 호랑이 정신이 고대의 전통으로 계승돼

호랑이의 이미지는 강인한 의지와 용맹스러운 기상이다. 그리고 불패의 신념과 집요하고 치밀한 지략, 불퇴의 진취적 도전정신이다. 백수(百獸)를 제압하는 위엄과 공격적인 강력한 힘은 어떤 위기와 난관이라도 극복하고 과감하게 돌파하는 결단력을 발휘한다. 역사적으로 온갖 역경을 이기며 살아왔던 우리 민족이 호랑이를 숭상했던 것은 이 때문이었고, 일제에 맞서 항거하고 불의와 투쟁해야 했던 보전과 고대의 정신이 호랑이 정신과 접맥(接脈)되는 것도 여기에 있다. 특히 40년 역사를 온통 식민지하의 압제 속에서 보내야 했던 보전과 보전생들로서는, 당시 현실과 부딪히며 체험하는 격정과 울분, 분노와 불만을 발산하기 위하여는 호랑이의 포효(咆哮)만이 유일한 탈출구였다. 고대 전통의 한 속성으로 내려오는 야성과 와일드 정신은 이때부터 나려온, 이른바 호랑이 정신, 즉 보전정신에서 유래된 것이었다. 이러한 정신이 해방 이후 반세기가 넘는 고대사에서도 불의와 투쟁, 독재에의 항거, 민주 수호의 쟁취에서 고대정신의 한 맥으로 내려오면서 용기·의지적 전통을 형성하게 된 것이다.

그러나 해방이 되어 1946년 고대가 종합대학으로 바뀌면서 상황은 달라졌다. 우선 투쟁의 대상이었던 일제가 물러갔고, 이제 아카데미를 내세우는 유니버시티의 길을 가야 하는 시대가 된 것이다. 그래서 1955년경부터 '사색하는 고대'로 변화의 바람이 불기 시작한 것이다. 그러다가 1970년 김상협 총장이 그의 취임사에서 '지성과 야성의 조화' 즉, '치밀한 지성과 아울러 대담한 야성을 한 몸에 지니면서도 능히 그 조화를 이루어 낼 수 있는' 고대인과 고대정신을 주창하면서 고대정신은 새로운 국면을 맞게 된 것이다. 이에 따라 호랑이 정신도 그 긍정적 측면은 계승하되 부정적 측면에는 심각한 반성과 과감한 혁신이 수반되지 않으면 안 되는 상황이 된 것이다. 이제 고대 호랑이는 거친 야성이나 저돌적인 만용을 탈피하여 세련되고 유연한 자세로 전환해야 한다. 그리하여 조선 시대의 우리 호랑이들이 지나치게 포악하여 인간에게 해를 끼친 나머지 국가적인 포호 정책(捕虎政策)에 의해 멸정되다시피 한 사실을 교훈 삼아야 한다.

• 인왕상 호랑이에서 88올림픽 호돌이까지 이어지는 호랑이의 역사

어쨌든, 시베리아 호랑이의 혈통을 이은 한국의 호랑이 일부가 서울 인왕산에 살던 중, 그 어느 날 밤 먹이를 찾아 북악산 줄기를 타고 안암의 언덕을 거쳐 제기동 민가에 내려와 개를 잡아먹다가, 날이 새는 바람에 돌아가지 못하고 안암골에 정착하게 된 것이 고대 호랑이의 유래라 한다면, 아직 한국의 호랑이는 남아 있는 셈이다. 이렇게 살아남은 고대 호랑이는 월남에서 혁혁한 공을 세운 '맹호부대'로, 여기서 열 번이나 한국 시리즈를 제패한 '해태 타이거즈'(현 기아타이거즈)로, 한때 신발계를 주름잡은 '범표 신발'로, 그리고 88올림픽의 마스코트 '호돌이'로 이어졌고, 멀리 태평양을 건너 골프의 황제 '타이거 우즈'에까지 그 영예가 미쳤는데, 이 친구는 요즘 심한 불륜을 저질러 호문(虎門)의 영광을 더럽혔으니 심히 통탄할 일이다.

• 무늬만 사이비 호랑이는 다 가라!

고대는 호랑이 대학이다. 아무리 여학생이 많아도 고대의 고대다움은 남성적인 데에 있다. 그리고 이러한 점은 호랑이 기질과 정신에서 온다. 호부견자(虎父犬子)라더니 최근에 이르러 이 호랑이 정신이 점차 약화되어 전통의 호위(虎威)가 날로 떨어지고 있음은 매우 유감이다. 호가호위(狐假虎威)하는 무늬만 사이비(似而非) 호랑이는 다 가라. 끊임없이 호시탐탐(虎視眈眈) '항상 자유의 불을 밝히고 정의의 길을 달리고 진리의 샘을 지키는'(조지훈의 호상 비명의 일부) 언제나 호심(虎心)을 잃지 않는, 그리고 지성과 더불어 야성을 겸비한 호랑이만이 영원한 고대의 호랑이다.

——《고대 Today》, 2009년 겨울호, pp.16-17, Vol. 39

3) 막걸리 정신에 대하여

새로 입학한 고대생이 진정한 고대생이 되기 위하여는 세 가지 관문을 통과해야 한다고 한다. 첫째는 사발식으로 신입생 환영회에서 막걸리 한 사발을 쉬지 않고 마시는 일, 둘째는 매년 열리는 4·18기념 마라톤 대회에 참여하여 함께 뛰는 일, 셋째는 정기 고연전 때 운동장에 나가 응원에 참가하는 일. 이들을 거쳐야 비로소 참 고대생이 된다고 하니, 결국 이 세 관문은 고대생이 되기 위하여 반드시 겪어야 하는 통과의례(通過儀禮, Rite of passage)인 셈이다. 이와 같은 관행이 언제부터 관습화되었는지는 확실히 알 수 없다. 어쨌든 보전 시대 이래 고대의 술로 알려진 막걸리를 마셔야 한다거나, 1960년 자유당 독재정권을 무너뜨린 4·19혁명의 기폭제가 되었던 선배들의 4·18 장거(壯擧)를 마라톤을 통하여 직접 경험하는 일이나, 수천 명이 한 몸이 되어 모교의 승리를 위해 열광하는 고연전 응원의 거의 환상적인 분위기에 몰입하는 일 등은 진정한 고대생이라면 누구나 체험해야 할 필수적인 요건이라는 점에 이의를 달 사람은 아무도 없다. 그런 점에서 위의 세 단계의 고대인 통과의례는 매우 적절한 관행으로 계승되어 마땅하다는 생각이다.

그런데 여기서 주목되는 것은 고대생의 첫 번째 관문이 막걸리 마시는 일이란 점이다. 결국 고대생의 출발은 막걸리로부터 비롯된다는 것인바, 이는 고대생과 막걸리와의 최초의 만남인 셈이다. 이렇게 맺어진 막걸리와의 인연은 세칭 막걸리 대학을 다니는 동안 모교 응원에서, 그리고 수많은 술자리에서 〈막걸리 찬가〉를 부르며 막걸리를 마시면서 대학생활을 보낸다. 항간에서는 돈이 좀 생기면 S대생은 노트를 사고, Y대생은 구두를 닦고, 고대생은 막걸리를 마신다는 이야기가 오래전부터 전하는 터이지만, 실제로 고대생 자신들도 '마셔도 사내답게 막걸리를 마신다'면서 스스로 막걸리 대학생임을 자임한다. 그리고 최근에는 대학으로서는 최초로 학교 차원에서 '건강바이오식품단'(일명 막걸리 사업단)을 꾸리고 금년 5월에 고대 막걸리 시제품이 나와 교내에서 시음회까지 마친 상태라 하니(여기 대하여는 뒤에 부가 설명함) 이제 바야흐로 막걸리 대학으로서의 면목을 갖추는 셈이다.

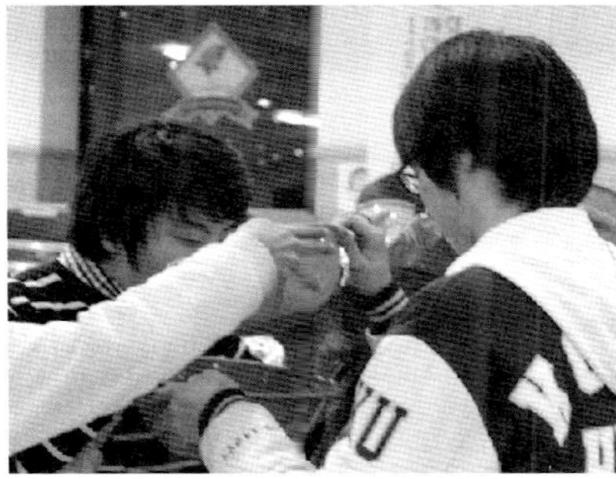

사발식을 하며 고대생으로 거듭나는 신입생들.

건강바이오식품단의 막걸리 시음회는 성황을 이뤘다.

막걸리가 어느 때부터 어떻게 해서 고대를 상징하는 대표적인 술이 되었는지는 알려진 바 없다. 원래 민속적인 전통주로 옛날부터 서민층의 애호를 받던 막걸리가 1920년대 초 보전의 친목회나 운동경기 후 즐겨 마셨다는 기록과 1930년대 초 보전의 단골 주점이던 신설동의 형제주점 중심으로 보전생들의 막걸리 문화가 확산되었다는 사진 자료 등이 전하나, 좀더 명확한 근거나 사실은 추후의 논고가 필요한 터여서 속단은 금물이다. 다만 보전 이래 고대인들이 즐겨 마시던 막걸리가 재래적 민속적, 서민적인 전통주로 텁텁하고 걸걸하며 걸쭉한 술인지라, 개교 이래 향토적이며 순박하고 털털하던 고대인의 기질과 합일되면서 고대의 막걸리 문화가 자연스럽게 이루어졌던 것으로 보인다. 그리고 이러한 막걸리 문화 속에서 항일운동을 하고 반민주

반독재 투쟁을 하면서 고대의 막걸리 정신과 전통이 형성되어 왔던 것이다.

그렇다면 고대의 막걸리 정신이란 어떤 정신을 말하는가.

고대는 막걸리 대학이란 호칭과 함께 호랑이 대학, 돌(石塔)의 대학이란 별칭이 있다. 이처럼 '막걸리' 또는 '호랑이', '돌'이란 것으로 표상되는 이면의 바탕에는 이들 상징적 존재들이 내포하고 있는 기질과 정신과 이념이 담겨져 있다. 이를 파악하지 못하고 겉에 드러난 상징물만 아는 것은 올바른 고대인의 자세가 아니다. 필자는 호랑이 정신을 고대의 강인한 의지, 용맹한 기상, 진취적 도전 정신 등으로 정리한 바 있고(《고대 Today》, 2009년 겨울호, Vol. 39) 돌의 정신으로는 고대의 냉철한 지성, 무한한 의욕, 인내와 강인의 정신 등으로 설명한 바 있다(〈고대유사〉 15회, 《고대교우회보》 제476호, 2010) 이제 막걸리가 현대에 부활하여 세계적인 술로 각광을 받아 전 세계인의 애호를 받는 요즈음 고대의 술로서의 막걸리가 지니는 정신적 의미와 가치가 어떤 것인지를 생각해 보고자 한다.

고대는 민족의 대학이요 막걸리는 민족 고유의 술이란 점에서 고대와 막걸리는 민족이란 공통분모를 공유한다. 그리고 이와 같은 민족적인 토대 위에서 고대와 막걸리는 고대 전통의 한 갈래인 서민적 전통과 대중적 전통의 기본적이고 중심적 축을 이룬다.

서민적 전통이란 비관료적, 반권력적 순박성, 토속성을 나타내고, 대중적이라 함은 비귀족적, 반지배적 소박성과 집단성을 의미한다. 보전은 순수 민간 사학으로 출발한 이래 도시의 관료층, 부유층의 자제보다는 서민층, 농민층의 자제들이 많이 다녔고 이와 같은 점은 고대 시대 이후에도 한동안 지속되었다. 이렇게 되어 보전, 고대생들은 순박한 토속적 기질을 갖게 되었고 소박한 인간미를 바탕으로 한 집단적 대중적 사고와 행동 양식을 지니게 되었거니와 이들이 즐겨 마시는 술이 향토적인 토속주, 우리 고유의 술 막걸리였음은 자연스럽고 당연한 일이었다 이와 같은 고대의 막걸리를 통한 음주 문화가 고대의 역사를 따라 장장 100여 년을 지속하게 되었고, 마침내 오늘날 사발식에까지 이르게 된 것이다.

이제 오늘날 새로운 막걸리 시대를 맞아 막걸리 대학인으로서 해야 할 일은 지난날 고대의 막걸리 문화사를 뒤돌아 반성하는 일이다. 전통은 부단히 개선하면서 재창조되는 것이듯 과거의 고대 막걸리 음주 문화도 냉정히 성찰하여 타개해야 할 음주 관행이나 타성, 버려야 할 막걸리 정신이나 전통은 과감히 정리하고 새로운 시대의 새로운 막걸리 정신과 전통을 세워 나가야 할 시점에 이른 것이다. 음주란 원래 차원 높은 교양과 사교 행위이며, 술자리에는 각각 나름대로의 예절과 의리와 인정이 있는 법이며 비록 막걸리 한잔을 마셔도 주도(酒道)가 있는 법이다.

과연 아직도 우리 주변의 막걸리 술자리에서 보전과 50, 60년대식 복고적인 속물적 음주행태를 일삼는 고대인은 없는지 한번 반성해 볼 일이다. 그들은 과연 누구인가.

몇 잔의 막걸리에 못되게 취하여 거친 말을 쓰며 거칠게 행동함을 고대의 야성적 막걸리 정신으로 착각하는 사이비 고대의 아마추어 술꾼.

막걸리 정신을 맹목적 애교심으로 착각하고 만취한 채 교호, 교가를 고성방가하는 국수주의적 광적인 안하무인의 고대 졸장부.

품위 없는 하급 주정뱅이로 전락하여 선후배를 구별 못하고 특히 여학생 앞에서 객기를 부리며 좌충우돌하는 전형적인 속물적 근성의 주정뱅이.

막걸리의 힘을 빌려 술자리의 분위기를 짓밟고 호랑이의 야성을 빙자하여 폭력을 휘두르는 조폭계의 고대 아류들.

고대의 막걸리 정신은 민족적, 서민적, 대중적인 고대 전통의 소중한 정신적 유산이다. 막걸리 정신은 대장부적 호연지기의 정신이며 고대적 의리와 화합의 정신이며, 또 활기찬 젊음의 낭만과 부푼 꿈과 이상의 정신이고, 그리고 고대인 상호간의 영원한 우정과 우의의 정신이다. 이제 청산하고 쇄신하고 탈피해야 할 과거 막걸리 정신의 퇴폐적 유산은 과감히 버리고, 과거의 막걸리 정신에서 비롯되었던 맹목적 야성은 비판적 지성으로 바꿔 새롭게 거듭나야 한다. 막걸리 정신의 본질을 망각한 몰지각한 고대인이 다시 있어서는 안 된다.

앞에 잠깐 언급하였던 고대 막걸리 사업단(원명, 건강바이오식품단)은 2009년 본교 식품공학과 황한준 교수를 단장으로 출범하여 양질의 고대 막걸리 제조를 목표로 시험 제조장을 설립, 지난 5월부터 시험 가동되었다. 또 지난 5월 말에는 '막걸리 시음회'가 열렸고, 오송 생명공학원과 덕소농장 벼베기 행사에도 선보여 호평을 받은 바 있다. 내년에 사업화를 추진, 자립기반 확보에 노력한다니 모든 고대인이 고대 막걸리 마실 날도 머지않았다.

위스키처럼 독하지도 않고 맥주처럼 싱겁지도 않으며 포도주처럼 시고 떫지도 않은, 심심하고 뿌옇고 텁텁하며 걸걸한 술. 김시습의 풍자가 스며 있고 김삿갓의 해학이 깃들어 있으며 방자의 익살이 담겨져 있고 조지훈의 멋과 풍류가 배어 있는 민족의 술 막걸리.

'자유'의 쌀에 '정의'의 누룩을 빚어 '진리'의 물로 걸러낸 막걸리. 고대 막걸리를 마시자.

——〈고대유사〉 35회, 《고대교우회보》 제496호(2011년 11월 11일)

4) 민주당 좌파는 부활하는가

최근 여러 가지 동향으로 보아 민주당 좌파가 부활할 듯한 조짐이 여러 정황에서 포착되고 있다. 그런데 문제는 민주당 좌파의 부활이 과연 바람직한 것인가 아니면 그렇지 않은 반대의 결과를 가져올 것인가에 대하여 많은 이들의 관심이 집중되고 있다는 점이다. 특히 고대인들이 이 문제에 대하여 유난히 예민한 반응을 보이고 있음은 어찌 보면 당연한 일일는지도 모른다.

해방 후 우리 정치사에서 최초의 민주당은 1945년 송진우(수석총무), 김성수(총재)의 주도로 김병로(중앙감찰위원장), 조병옥, 장덕수(외교부장) 등이 참여하여 민족진영 중심으로 결성한 '한국민주당'(약칭, 한민당 또는 민주당)이었다. 그리고 현재의 민주당은 김대중, 노무현 정권 10년을 거치면서 여러 단계의 이합집

산을 거치면서 살아남은 정당이다. 그런데 같은 이름의 두 민주당은 그 성향에 있어 서로 다른 이념과 정책의 정당들이란 점에서 대비된다. 가장 두드러진 차이는 해방 직후의 민주당이 우파의 정당이라면, 현재의 민주당은 좌파의 정당이란 점이다

먼저 1945년에 태어난 한국민주당은 그 태생에서부터 우파일 수밖에 없었다. 즉 한국민주당은 당시 좌우파로 갈려 첨예한 갈등과 대립을 하고 있던 상황에서, 같은 해에 결성된 여운형 주도, 안재홍, 허헌(법과01) 등이 가담하였던 '조선인민공화국'을 표방한 '조선건국준비위원회'(약칭, 건준)에 맞서 민족진영이 결집된 우파 정당이었기 때문이다.

이에 비하여 현재의 민주당은 지난 10년간의 집권 기간 보여 주었던 대북 정책이나 기타 사회 정책, 경제 정책에 있어 좌파적 성격을 분명히 드러내었기 때문이다. 통일 정책에 있어 일방적 친북 정책이었던 소위 햇볕 정책이 그렇고, 분배 정책에 있어서 지나친 계층 간 분리, 차별 정책이 그랬으며, 수많은 좌파 세력들과 제휴한 선동 정책에 있어서 그랬다. 그래서 앞의 민주당이 당시의 좌파들로부터 우익반동, 민족반역자, 친일파, 미군정의 앞잡이로 매도당하였던 것처럼, 현재의 민주당은 대다수 국민과 우파들로부터 좌파정권, 친북좌파, 반미종북, 북한추종 세력으로 비판받고 있다. 그러니까 같은 이름의 민주당이 60년의 시차를 두고 우파에서 좌파로 입장이 뒤바뀌었으니 한국 정치사의 아이러니라 할까. 그런데 문제는 이러한 좌우간의 대립과 갈등이 정권 교체를 불문하고, 어느 쪽이 야(野)가 되든 여(與)가 되든 쉽게 가라앉지

해방 직후의 민주당이 우파 정당이라면 현재의 민주당은 좌파 정당이라고 할 수 있다. 민주당 좌파의 좌장이라 할 정세균(법학71) 교우가 민주를 들고 있다.

않는 채, 정치와 사회의 혼란을 계속 야기시켜, 우리나라 정치 발전을 크게 저해할 것이란 사실이다. 원래 좌파(The left, leftists)와 우파(The light, rightists)라는 말은 멀리 18세기 말 프랑스혁명 이후의 국민공회(國民公會)에서 비롯되었다. 혁명으로 왕정을 무너뜨린 후 새 헌법을 만들기 위해 선출된 국민공회는 다양한 분야의 인물 749명으로 구성되어 있었다. 그런데 의원들은 온건파의 지롱드당, 급진파의 자코뱅당, 그리고 중간파인 마레당 등의 3파로 나뉘어 있었다. 그리고 이들은 의장석을 중심으로 지롱드당이 오른쪽, 자코뱅당은 왼쪽, 중간파인 마레당은 가운데의 자리에 위치하고 있었다. 한편 이들 각당은 정치적 성향이 서로 달랐다.

즉, 오른쪽 온건파의 지롱드당은 보수적이면서 민족주의적 성향으로 우파, 우익이라 불렸고, 왼쪽 급진파의 자코뱅당은 혁명적 진보주의적 성향으로 좌파, 좌익이라 불렸다. 결국 우파와 좌파란 말과 그 정치적 성향의 차이는 여기서부터 유래된 것이다. 이로 보면 좌파, 우파의 분열을 서구의 정치사상사에서 일찍부터 보편

화된 것임을 알 수 있다.

우리나라의 경우에도 1945년 해방 이래 좌우익의 분열이 심화되어 정치, 사회적으로 심한 혼란과 정쟁의 불씨가 되었던바, 이는 앞에서 잠깐 살핀 바와 같다. 그리하여 그 이후의 우리 정치, 사회 사상계는 다음과 같이 양분, 계열화되어 있는 것이 사실이다.

좌파: 진보, 공산주의, 계급주의, 사회주의, 혁명적 노선, 좌익
우파: 보수, 국수주의, 민족주의, 민주주의, 민주적 노선, 우익

물론 이상의 두 계열로 분명하게 구분되는 것이 아니더라도, 현재 우리 사회의 정계, 학계, 교육계, 노동계는 두 가지 성향으로 갈라져 있는 것은 사실이다. 그렇다면 이런 현상이 과연 국가발전을 위하여 바람직한 것인가. 그렇지 않다면 좌우를 통합한 새로운 중도주의(中道主義)를 창출(創出)하여 국가적 난국을 타개할 비책은 과연 없는 것일까. 필자는 인문학도로서 이 방면에는 전혀 문외한이고, 또 그런 해결책을 모색하고자 이 글을 쓰는 것은 아니다. 다만 앞서 소개하였던 두 개의 민주당으로는 전혀 희망이 없으므로 비정치적인 차원에서의 새로운 민주당의 출현, 그중에도 민주당 좌파의 부활을 조용히 예견해 보려는 것뿐이다. 그렇다면 비정치적인 '민주당 좌파'란 어떤 당의 어떤 파를 말하는가.

고대의 교색(校色)은 진홍색, 교수(校樹)는 잣나무, 교수(校獸)는 호랑이, 교주(校酒)는 막걸리다. 특히 막걸리는 고대정신의 하나인 서민정신과 부합되면서 고대의 술로 정착되어 있는 것이 사

실이다. 고대 응원에서 불리는 〈막걸리 찬가〉는 '맥주는 싱거우니 신촌골로 돌려라'면서 고대를 '막걸리 대학교'로 호칭한다. 신입생들의 이른바 '사발식'에 등장하는 술도 물론 막걸리다. 이 막걸리가 언제부터 어떤 사유로 고대의 술이 되었는지는 알 수 없다. 아마도 순하고 비싸지도 않은 술로서 서민들이 많이 마셨고, 술의 종류도 많지 않았던 시대인지라 일찍부터 보전(普專) 학생들이 자주, 많이 마시던 전통이 해방 후 고대생에게도 이어진 것이 아닌가 하는 생각이다.

막걸리는 우리 고유의 전통주 가운데 가장 보편적인 술로 쌀과 누룩을 버무려 발효시킨 가양주(家釀酒)다. 술이 독에서 익으면 윗부분에 고여 있는 부분을 밥알째 그대로 떠내는 것이 '동동주', 그리고 술독에 용수를 박아 용수 안에 고인 술만을 떠내는 것이 '맑은 술'〔淸酒, 일본식으로는 정종(正宗)에 해당〕이다.

그런데 막걸리는 동동주나 맑은 술을 떠내지 않고, 또는 일부 떠낸 후에 나머지 독 안의 술을 모두 섞고 주물러 자루나 헝겊으로 걸러 짜낸 것이다. 그리고 이때 막걸리를 걸러내고 남은 찌꺼기를 술찌끼, 또는 술지게미, 재강이라고도 한다. 또 한자어로는 주조(酒糟), 조박(糟粕), 모주(母酒) 등으로 불린다. 이렇게 걸러낸 막걸리는 빛깔이 희뿌옇고, 탁하며 알코올 성분이 적은 대신, 전분(澱粉)이 풍부하다.

막걸리란 명칭은 '막 걸렀다'는 말에 명사형 어미가 붙은 말이지만, 한자어로는 탁주(濁酒), 탁료(濁醪), 백주(白酒), 농군들이 즐겨 마신다 하여 농주(農酒), 백성들이 많이 마신다 하여 민주(民

민주(民酒) 막걸리 애호가들이 점점 늘어나고 있다.

酒)라고도 한다. 그런데 요즘 이 막걸리가 대중은 물론 젊은이들의 애호를 받으면서 인기가 상승, 옛날의 영화를 되찾고 있다. 이런 추세를 틈타 색깔, 병의 모양, 원료가 다양화되면서 그 수요가 엄청 늘어 막걸리만 전문으로 파는 술집도 생기고 있다는 소문이다. 뿐만 아니라 일본을 비롯한 외국으로 대량 수출되고 있으며, 편의점에서의 매출이 포도주의 판매량을 훨씬 능가하고 있다고 한다.

이쯤 되면 막걸리 대학교를 자임(自任)하는 고대인들은 그야말로 민주당(民主黨)이 아닌 민주당(民酒黨)을 결성하여 막걸리(民酒)를 선전하고 민주정신을 드높여야 하지 않을까. 옛날에는 주막이나 술청에서 막걸리를 마실 때 주로 서서(立派) 마셨으나, 오늘날에는 앉아서(坐派) 마시니, 그야말로 '민주당 좌파'(民酒黨坐派)의 시대가 마침내 도래한 것이다.

민주당 좌파는 부활하는가. 민주당 좌파의 부활은 이제 시대의 대세다. 막걸리 정신이여 부활하라.

*'民酒黨坐派'란 용어의 출전은 조지훈의 수필 〈右翼左派〉이다(《新太陽》, 1956).

——〈고대유사〉 9회, 《고대교우회보》 제470호(2009년 9월 16일)

9. 젊은 그대 잠 깨어 오라

1) 1920년대 보전 스포츠와 조택원, 김성태 선수

보전 스포츠는 1920년대에 들어서 본격적으로 출발하였다. 이와 같은 사실은 다음과 같은 몇 가지 당시의 상황에서 알 수 있다.

첫째, 1920년 제6대 교장에 취임한 고원훈(高元勳, 1891-1950년 납북)과, 1922년에 교수로 부임한 홍성하(洪性夏, 경제·재정학 담당) 두 사람의 스포츠에 대한 남다른 열정으로 보전 체육은 그 굳건한 기반을 마련하게 된 것이다. 고원훈은 일본 메이지대(明治大) 출신으로 1911년부터 보전 교수로 재직하면서 학교 발전에 크게 기여하여 왔는데, 1920년에는 현 대한체육회의 전신인 '조선체육회'를 결성하여 민족체육 발전의 터전을 마련한 체육계의 선구적 인물이었다. 그는 스스로 1대에서부터 4대까지 체육회 이사장직을 맡으면서 많은 보전인들을 조선체육회의 활동에 참여시켜 보전 스포츠의 토대를 마련하였다. 그리고 홍성하는 1922년 보전 교수로 부임한 이래, 1938년 직을 사임하기까지 16년간 보전 체육부 창설과 육성에 전념하여, 정구(1921년), 축구(1923년), 농구(1928년), 럭비(1929년, 한국 최초), 육상(1922년경) 등 무려 13개의 운동부를 탄생시켰을 뿐 아니라, 직접 각 운동부의 감독과 책임을 맡아 보전 스포츠의 전통을 확립하는 데 혼신의 힘을 다하였다.

둘째, 이상 두 사람의 헌신적 노력으로 탄생한 각 운동부가 전국적인 각종 대회에 출전하여 우승하는 등 괄목할 성적을 거두어 보전 스포츠의 위력을 과시하고 그 명성을 떨친 것도 이때부터였다. 최초의 고연전(보연전)이 열린 것도 이 시기로, 정구가 1925년의 전조선정구대회(1회전에서 대전, 3 대 1 승리), 축구는 1927년 전조선축구대회(준결승 대전, 3 대 0 패배)에서 격돌하여 그 이후 고연전의 서막을 열었던 것이다.

셋째, 이 시기 보전 스포츠의 탄생과 활동은 단순히 체육활동에 국한되는 것이 아니라, 항일민족운동의 일환으로 전개되었다. '일제치하에서 일본을 이길 수 있는 것은 스포츠밖에 없다'는 일념이었으므로, 당시 보전의 스포츠는 독립운동의 연장선상에 있었다. 이때 보전 스포츠 발전의 주역이었던 홍성하 교수는 뒷날의 회상에서 이렇게 말하고 있다.

> "보전의 젊은 학도들을 민족적 역군으로 만들기 위해서는 그들의 육체적 능력의 발달이 정신적 능력의 발달과 반드시 평행해서 이루어져야 한다는 사실을 간과할 수 없었다." 즉 체육을 통한 인격도야와 아울러 능력을 가진 인물을 육성하여 특히 조국의 독립 회복에 역군이 되게 하는 동시에 미래에까지 유지 계승시키는 사도의 역할을 할 인물을 배출시키는 것이 보전 체육의 전통이라고 생각했던 것이다(홍성하, 〈석탑야사〉, 《고우회보》, 1973. 2. 5).

이로써 1919년 3·1운동의 실패 후 일어났던 1920년대 보전 스포츠 열기의 이념적 지향을 알 수 있는데, 이런 점은 당시 불린 보전 응원가의 "높은 이상, 넓은 도량, 민활한 기술 / 대지 위에 스포츠 레코드를 그은 자 / 오늘날도 이겼다네 고성전문군 / 영원토록 승리 가질 이 나라 용사"란 가사 내용에도 잘 나타나 있다.

이상에서 1920년에 비롯된 보전 스포츠가 1930년대, 그리고 1945년 해방 후 오늘날에 이르는 고대 스포츠사의 원류를 이루었고, 그 중심에는 고원훈, 홍성하란 공로자가 있었던 것이다.

그렇다면 당시에 활약한 운동선수로서 보전 스포츠를 대표할 만한 스타는 어느 종목의 누구들이었는가. 결론부터 말하여 이 짧은 글에서는 당시의 기라성(綺羅星) 같은 보전 각부의 선수들을 다 소개할 겨를이 없다. 그래서 이 글의 표제에 올린 정구의 조택원과 축구의 김성태 두 사람에 국한하여 말하기로 한다. 그런데 위의 두 사람이 보전을 다닌 사실이나, 보전 운동선수였다는 사실을 아는 사람은 거의 없다. 그 이유는 이들이 보전 입학 후, 1년 후 중퇴하였을 뿐 아니라, 이들이 그 후 스포츠와 완전히 다른 분야에 진출, 크게 성공하여 이들의 전력(前歷)이 가려졌던 때문이다. 즉 조택원(趙澤元, 1907-1976)은 근대의 명무(名舞)로 이름을 날린 한성준(韓成俊, 1874-1941)은 물론, 현대 한국 무용의 전설 최승희(崔承喜, 1911-1967)와 쌍벽을 이루면서 일본, 프랑스에 유학하고 유럽과 미국에서의 수많은 공연을 통하여 절찬을 받은 한국 무용계의 선구자였다. 그리고 김성태(金聖泰, 1910-)는 〈동심초〉, 〈산유화〉, 〈이별의 노래〉 등 수많은 명가곡을 작곡한 음악가로 서울 음대 교수, 예술원 원장 등을 역임하였으며 현제명(玄濟明, 1902-1960)과 함께 한국 음악을 주도한 뛰어난 작곡가 겸 지휘자였다.

앞서 말한 대로 최초의 고연전은 1925년 정구 게임에서 이루어졌다. 이 대전에서 보전은 3 대 1로 이김으로써 첫 고연전을 승리로 장식하였는데, 이때의 주력 선수가 조택원이었다. 조택원은 원래 휘문고보 정구선수였다. 그의 출중한 정구 실력이 인정되어 1922년 정구팀을 결성하여 1924년부터 두각을 나타내었던 보전팀에 스카우트되었고, 마침내 첫 고연전에서 실력 발휘를 한 것이다. 그런데 그는 좀더 운동에만 전념하기 위하여 다니던 보전 법과를 2년 만에 중퇴하고 조선상운 정구팀에 입단하였다가 곧 일본에 건너가 무용의 길로 들어섰다. 한편 1920년대 초반, 정구부에 이어 창단된 고대 축구부는 실력이 미치지 못해, 각종 대회에 출전하였으나 번번이 초반에 탈락하여, 당시 호화 멤버로 승승장구하던 연전 축구팀에 완전히 압도당하였다. 그러다가 1927년 첫 번째 축구 고연전에서도 3 대 0이란 참담한 스코어로 패배하여 커다란 충격에 휩싸이게 되었다. 이와 같은 일방적 패배의 원인은 당시 선수 스카우트전에서 연전에 우수 선수들을 모두 빼앗긴 때문이었다. 당시 연전은 고

보전 정구선수 조택원(上), 축구선수 김성태(下).

1929년 축구 우승 기념사진.

지가 넓어 다양한 운동장을 가지고 있었으나 보전의 송현동 교지에는 달랑 정구 코트만이 있는 터여서 스포츠 환경상 매우 불리한 조건을 가지고 있었다. 이것이 중학을 졸업한 우수 선수들이 보전을 기피하는 원인이 되었던 것이다. 그러나 첫 번째 고연전에서마저 완패한 보전 축구팀은 절치부심(切齒腐心) 설욕을 벼르고 있었다.

이 시기 경신중학 축구팀은 축구의 천재라 일컬어졌던 김용식과 김성태 외에 다수의 우수한 선수를 확보하여 전문학교 축구팀을 이기는 막강한 전력을 갖추고 있었다. 여기서 보전 축구부는 경신의 주력인 두 선수를 연전과의 치열한 경쟁 끝에 마침내 스카우트에 성공, 최강의 팀을 구성하기에 이르렀다. 그러나 1년 후

보전 축구선수 김용식.

어렵게 스카우트한 김성태가 다른 곳도 아닌 라이벌 연전으로 재입학하는 상황이 벌어졌다. 양교 간 양보 없는 스카우트전에서 연전의 교묘한 술책에 빼앗긴 것으로 생각하기 쉬우나 사실은 그렇지 않았다. 즉 김성태가 연전에 가서 한때 연전 축구선수로 활동한 것은 사실이지만, 그의 연전 재입학은 본인의 종교와 음악공부에의 열망 때문이었다. 김성태의 집안은 대대로 기독교 신앙의 가정이었다. 그래서 그는 어려서부터 교회의 피아노나 오르간, 그리고 합창에 관심을 가지면서 일찍부터 서양음악에 익숙해 있었다. 그래서 연전 종교학과에 옮겨 음악에 전념하려한 때문이었고, 그는 곧 음악 공부차 일본으로 떠나 평생을 음악인으로 보냈다.

당시 보전 축구팀에는 김성태와 함께 경신에서 온 김용식(金容植, 1910-1985)이 건재하였고, 30년대 들어 입학한 배종호(상과30), 임창식(상과32), 우정환(법과34), 민병대(상과34) 등 한국 축구사에 찬란한 별들이 모여 국내 대회는 물론, 전일본선수권을 여러 차례 제패하는 막강의 전력을 과시하였다. 그중에도 김용식은 한국 축구사의 전설적 영웅으로, 한국 축구의 영원한 스승으로 호칭되는 축구 천재로, 1936년 베를린 올림픽에 일본팀의 유일한 한국인으로 참가해 우승후보 스웨덴을 물리치는 눈부신 활약을 펼쳐 보전 축구의 명성을 드높이기도 하였다.

——〈고대유사〉 26회, 《고대교우회보》 제487호(2011년 2월 10일)

2) 징어회 이야기

징어회는 1970년대에서 1980년대 중반을 전후한 10여 년간 존속했던 고대 스포츠 애호가들의 모임이었다. 고대팀이 출전하는 웬만한 경기면 종목 불문, 장소 불문, 찾아가 열띤 응원을 펼치며 경기의 진미를 만끽(滿喫)하는 고대 스포츠 마니아들의 단체였다. 대체로 50, 60년대 학번인 장년(壯年)의 교우들이 중심을 이루고 있었지만, 그 열기만은 청년 못지 않았고, 50대가 넘어서까지도 모교의 스포츠에 대한 열정은 식을 줄 몰랐다. 그래서 전성기 한때에는 100명에 가까운 회원 수를 자랑하였고, 그 존재가 교내외에 알려져 일간 신문 스포츠 기사에 오른 바도 있었으며, 징어회의 존재를 대견하게 여긴 당시 김상협(金相浹) 총장이 전원을 남산 중화요리집 '동보성'에 초청하여 만찬을 베풀어 준 일도 있었다.

그런데 징어회는 예사로운 고대 교우들의 모임과 다른 특이한 면을 가지고 있었다. 우선 경기장에서 하나 둘 만나 응원하다가 그 수가 점차 늘어나 자연스럽게 모임이 이루어졌고, 경기가 끝나면 경기장 근처 술집에 몰려가 그날의 경기를 1회부터 되풀이 음미하며〔징어회에서는 그것을 바둑 용어를 사용하여 복기(復碁)라 했다〕 화제의 꽃을 피우다가 그 연장선상에서 회가 생긴 터여서,

自鳴鼓

에서, 알게 챙기에 스포츠에 조
그마한 공헌을 하자는데 反對
가 없었다. 龍虎짓 角戰을 모
아서 나이 어린 후배선수들을
격려하는 곳에서 모교도 만들
어 그날의 스타플레이어에게 偉
達도 했다. 「高大징어회」! 오
징어에서 따온 이름이다. 運動
경기판탐과 「오징어뛰다리」는
한 兄弟間이기 때문이다. 앞에
서 언급했듯 大捧을 누비는 오
징어가 우리네 韓國人 누구에
게나 人氣있듯 「高大징어회」회
원들도 主俗的이며 구수한 人
間味가 있으며, 스포츠를 즐기
는 스포츠애호가들이다. 社會
人이며 直接경기장에서 뛰지는
못하지만 스포츠 애호에서 스
포츠 옹호자들로 뒤에서 활동
할 것이다. 「高大징어회」의 會
員이 누구에게나 환영받는 由
品의 사회인들이기에 또 누구나
入會를 환영하고 있기도 하다.
男女老少 區別없이 사랑받는
오징어 같이 男女老少 누구나
열성校友모임인 「징어회」의 한
멤버가 되어 韓國의 스포츠를
즐기고 育成했으면 좋겠다.
멕시코 香氣가 있는 휴일점
보다 노린냄새 풍기는 오징어
를 좋아하는 韓國사람이야 말
로 쓸種公害에 오염되지 않은
순수한 人間이라고 나는 항상
믿고 있다.
〈英56·(株)世邦海務理事·
本報 編輯委員〉

이상필(영문57)의 '오징어 예찬'.

딱히 언제 누구에 의하여 어떻게 징어회가 형성되었는지는 아무도 모르는 채 지내 왔다. 이러다 보니 징어회에는 회칙도 없었다. 회칙이 없다 보니 회원과 임원, 조직과 운영, 회비와 예산에 대한 규정이 있을 리 없었고, 회원의 입회나 탈퇴가 불분명하니 회원의 명부가 있을 리 없었다. 그래서 정확히 회원이 몇 명인지조차 전혀 파악된 바가 없었다. 그저 많건 적건 경기가 있는 날 경기장에 나오는 이들이 회원이었고, 이들의 응원 장소가 징어회의 본부였고, 소재지였다. 경기장은 해당 경기가 열리는 종목과 장소에 따라 일정하지 않았다. 그래서 야구의 경우는 지금은 없어진 동대문 야구장, 농구는 장충동 실내체육관, 축구는 동대문 구장이나 효창운동장이었는데, 정기전을 포함한 고연전은 물론 여느 대회라도 준결승 이상의 경기라면 장소를 불문하고 아무 연락이나 소집이 없어도 대부분의 회원이 모두 모였다. 주로 야구, 축구, 농구가 그들이 즐겨 관전하는 종목이었지만, 그중에도 야구가 중심이어서 동대문 구장 본부석 뒤의 관람석이 징어회의 상설 본부 역할을 하였다.

징어회의 명칭만 해도 그랬다. 처음에는 관중석이나 뒤풀이 주석에서 술안주로 뜯어먹던 오징어에 착안하여 '오징어회', '오징어 뒷다리회' 등으로 무심히 불러 댔지만, 어느 날 KBS 야구중계 아나운서였던 이규항(국문57)이 '징어회'로 정하자고 제안하여 그대로 채택되어 정식 회명으로 굳어졌다. 그리고 열성 회원의 하나였던 이상필(영문57)이 당시 《고우회보》(高友會報, 106호, 1979. 5) 자명고(自鳴鼓)란에서 자신의 고향인 속초의 향수가 어린 '오징어 예찬'을 펼치는 가운데 '고대징어회', '징어회'란 용어를 반복 사용함으로써 기록상 정식으로 공인(?)되기에 이른 것이다. 이렇게 탄생한 징어회는 단순한 응원부대만은 아니었다. 때로 고대팀이 우승하면 감독과 주장에게 우승 선물을 시상하고 팀 전체의 식사를 제공하기도 하였다.

필자는 일찍부터 유달리 스포츠 관람을 좋아했고 고대 운동부에 대한 애정이 남달라 징어회 초창기부터 깊이 간여해 왔지만, 필자와 더불어 징어회의 중심 멤버로 운동장에 자주 나와 고대팀의 응원에 헌신적으로(?) 열성을 보인 고대광(高大狂)들은 꽤 많았다. 벌써 30, 40년이란 세월이 흘러 당시의 열기도 다 식었고 모두 직장을 떠나 뿔뿔이 헤어졌지만, 열성파 회원들의 면면들과 그들과의 경기장에서의 추억들은 아직도 생생하게 남아 잊히지 않는다.

1978년 고연전 야구경기 한 장면.

이남국(철학56)은 필자와 더불어 징어회 원년 멤버로 스포츠에 대한 해박한 지식의 소유자였다. 그는 고대의 각 선수들에 대한 상세한 정보와 상대 팀의 전력까지 훤히 꿰뚫고 있었다. 그뿐 아니라 경기 결과에 대한 예측이 기가 막히게 적중하는 남다른 판단력의 소유자이기도 했다. 특히 그의 관전 매너의 특징은 차분하게 관전하며, 경기 결과에 전혀 흔들리지 않고 냉정함을 잃지 않는 점이었다. 우리 팀이 패하여 분해하는 회원들에게 역으로 상대 팀의 승리를 축하한다고 박수를 치는 그에게 화가 난 다른 회원이 시비를 건 적도 있었다. 당시 선수로 뛰던 현 LG 감독 박종훈(경영78)에게 힘세고 박력 있다고 '쿤타킨테'란 별명을 지어 준 것도 그였다. '징어회'란 이름을 지어 준 이규항(국문57)은 당시 KBS 아나운서실장으로 야구중계 전문 캐스터였는데, 그 외에도 유도와 씨름 중계의 일인자이기도 했다. 특히 그는 야구에 대한 해박한 지식으로 투수의 투구폼과 구질, 그리고 타자들의 배팅 자세와 타격법을 세밀하게 설명해 주어 회원들의 관전 수준을 한껏 높여 주었다. 이기서(국문56, 명예교수)는 야구장에도 자주 나왔지만 그의 관심 종목은 축구였다. 특히 고대 축구선수 개개인에 대한 기량 평가에 탁월한 안목을 가졌던 그가 가장 주목하였던 선수는 박성화(행정74)였다. 축구 수비수로 가장 높이 평가한다고 칭찬하던 박성화는 그의 말대로 한국 최고의 수비수로 군림하였다. 이상필(영문57)은 당시 굴지의 여행사 전무, 사장이었지만 고대의 경기가 있는 날이면 만사를 제처놓고 운동장에 나타났다. 고대 태권도부 출신 스포츠맨인 그는 매우 다혈질이어서 경기 내내 흥분과 고성에 주먹까지 흔들어 대는 열혈(熱血)의 사나이였다. 그의 옆에 앉아 있으면 힘이 솟고 신이 저절로 났다. 김문식(수학56)은 조용한 색시 같은 친구로 동대문에서 사업을 하고 있었는데, 특히 야구장이 가까운 탓인지 빠지는 일이 없었다. 항상 말이 없었지만 그의 관전 매너는 언제나 진지했다. 목정균(국문60)은 특유의 유머와 위트로 좌중을 웃겨 분위기를 주도했다. 고대 축구의 센터포드로 뛰어난 기량을 보이던 조원규에게 '조펠레'란 이름을 붙여 준 것도 목정균이었다(조원규는 그 후 진해에서 합숙훈련 중 교통사고로 세상을 떠나 고우체육회 명단에도 빠져 있다). 김춘섭(국문67)은 경기를 보는 안목이 누구보다도 치밀했다. 어느 대회인지 연대와 야구 결승에서 1점 차이로 지고 있던 9회 말 2아웃 상황에서 타자의 짧은 안타 때 3루에 있던 고대 선수가 홈으로 대시하다 주심의 아웃 판정으로 패한 일이 있었다. 바로 본부석 뒤에서 본 우리들로서는 세이프라고 항의하고 소리쳤지만 소용없었다. 특히 우리를 더욱 격분시킨 것은 그날의 구심이 연대 출신 M 심판이었기 때문이었다. 이때 흥분한 김춘섭은 그날 밤 분을 이기지 못하여 판정의 부당함을 지적하는 항의서를 야구협회와 M 심판에게 발송하는 뒷심을 발휘하였지만, 결과는 당연하게도 무반응이었다.

이상에서 각 징어회 회원들의 경기장에서의 면면을 살펴보았거니와, 뭐니뭐니해도 징어회의 백미(白眉)는 신수식(경영60, 명예교수)이었다. 그의 뜨거운 야구 사랑은 마침내 지청(경영58, 교수)에 이어 고대 야구부장에 등극(登極)(?)하는 결과를 낳았지만, 고대 야구부와 선수들에 대한 그의 애정은 지극정성 그 자체였다. (필자가 신수식에 이어 야구부장을 맡았던 것은 1980년대 후반이었다.) 그의 이러한 점을 가장 잘 보여 주는 예가 그의 꿈 이야기다. 꿈속에서 그는 고대 야구선수로 팀의 2루수가 되어 출전하였다. 상대 팀의 공격 1아웃 주자 1루의 상황에서 다음 타자가 친 공이 2루수인 신수식 앞으로 굴러 왔다. 당연히 그가 공을 잡아 유격수에게 토스, 1루 주자를 잡고 유격수는 1루에 던져 타자를 잡아 겟투로 마무리하는 공식적인, 그러나 숨 가쁜 순간이었다. 그러나 어찌된 일일까. 그가 공을 잡아 유격수에게 토스하려는 데 공이 글러브에서 안 빠지는 것이다. 공을 빼려고 애쓰는 사이 주자들은 모두 살았고 그 상황에서 신수식은 꿈을 깨고 말았다고 한다.

징어회원들은 이제 모두 70대의 노인들이 되었다. 이들의 젊음과 함께 징어회도 사라져 버렸다. 그렇다면 후배들에 의한 제2의 징어회의 부활은 무망(無望)한 것일까. 그날을 기대해 본다.

——〈고대유사〉 30회, 《고대교우회보》 제491호(2011년 6월 10일)

3) 강의실에서 만난 허구연과 김경문

야구경기에서 2 대 1로 지고 있는 팀의 9회말 마지막 공격, 첫 타자가 안타로 나가고 다음 타자가 번트 성공, 이어 두 타자가 연속 포볼로 1사 만루의 상황…….

이 아슬아슬한 장면은 작년 8월 23일 베이징올림픽 한국과 쿠바의 결승전 상황이다. 4강 진출이 목표였던 한국팀은 이미 8전 전승의 놀라운 성적으로 결승에 임하였고, 세계 최강의 쿠바는 예선에서 우리에게 당한 1패를 안고 결승에 올라 있었다. 우승과 준우승, 금메달과 은메달이 가려지는 이 결승에서, 한국팀은 1회 이승엽의 투런 홈런과 7회 이용규의 안타로 3점을 얻고 있었고, 쿠바는 1회, 7회에 각각 싱글 홈런으로 2점을 얻어, 결국 1점차인 상황에서 우리 팀은 9회말 1사 만루의 위기를 맞은 것이다.

그런데 위기는 계속 이어졌다. 즉 포수 강민호가 볼 판정에 불만을 표시하다 주심으로부터 퇴장을 당한 것이다. 김경문(경영78) 감독은 주저없이 투수 류현진도 내리고 투·포수를 정대현과 진갑용(체교93)으로 바꿨다. 안타 하나면 2점을 뺏길 수도 있는 절체절명의 상황. 여기서 주장 진갑용의 투수 리드는 노련하였다. 새로 등장한 타자를 투 스트라이크로 몰아붙인 뒤, 아웃코스 낮은 공으로 유도하여 유격수 박진만, 2루수 고영민, 1루수 이승엽으로 이어지는 6, 4, 3의 깨끗한 병살타를 이끌어냈다. 순간 선수들은 모두 뛰쳐나와 투수를 중심으로 엉클어졌고, 한국 응원단의 드높은 함성이 충천하였으며 국내 TV 앞에서 가슴 졸이던 국민들은 목이 터져라 만세를 부르며 열광하였다. 실로 야구사상 최초로 세계 최정상에 등극하는 기쁨이요 영광이었다.

학창 시절 필자의 교양국어 수업을 들었던 김경문 두산베어스 감독(上)과 허구연 해설위원(下).

그런데 참가 선수단에는 감독 김경문, 주장 진갑용 외에도 김동주(경영94), 정근우(체교01), 이택근(체교99) 등 모두 5명의 교우 선수들이 있었고 팀의 승리에 중추적 역할을 하였다. 그리고 허구연(법학72) 교우는 모 방송의 야구 해설을 맡아 전 경기를 중계하면서 현지에서 후배 선수들을 격려하였다.

이 글에서는 위의 교우 야구인들 중 일찍이 필자와 남다른 인연이 있는 허구연 해설위원과 김경문 감독에 대한 이야기를 하면서 1970년대 고대 야구의 상황을 회상하려는 의도로 시작한다. 우선 필자가 두 사람을 처음 만난 것은 그들의 신입생 시절 교양국어 시간에서였다. 교양국어를 오래 담당하다 보니 수많은 선수를 알게 되고 가까워지게 되었는데, 그중 위의 두 사람에 대한 당시의 기억이 생생하고, 그들의 졸업 이후의 야구 역정에 대하여도 야구를 좋아하는 터라 남다른 관심을 가지고 계속 지켜보았다.

교양국어 시간의 허구연은 유달리 질문이 많았다. 어떤 때는 강의가 끝난 후 복도에까지 따라오면서 질문을 하였다. 운동선수지만 무척 학구열이 강한 학생이었다. 김경문은 허구연보다 6년 후인 78학번이었는데 운동선수임에도 자주 강의실에 들어왔고 강의실에서는 같은 과에 야구선수로 입학한 박종훈(경영78, 현 두산 2군 감독)과 제일 뒤쪽 자리에 항상 나란히 앉았었는데 둘 다 체격 좋은 미남들이라 유난히 눈에 띄었다. 사실 나는 원래 야구를 좋아해서 당시 고대 선수는 물론 고교의 유망 선수들에 대하여도 관심이 많았다. 가끔 고교야구 결승전도 관전하였고, 신문의 스포츠 기사를 보면서 고대가 스카우트해야 할 고교 유망주들을 수첩에 기록하기도 했다. 그래서 이미 내 수첩에는 경남고의 허구연, 공주고의 김경문, 신일고의 박종훈이 기록되어 있는 터였다(그때 나는 야구부와는 아무 관계도 없었다. 야구 부장을 맡았던 것은 그 훨씬 뒤인 1986년이었다).

허구연과 김경문은 한국야구사에 영원히 남을 야구 명인의 반열에 올라 있다. 허구연은 최고의 명해설가로, 김경문은 명감독으로 현재 활약 중이지만, 이들이 이런 위치에 이르기까지는 남다른 야구 생애를 걸어왔고, 이는 후배 야구인들이 배워야 할 귀감이 될 만하다. 이에 두 사람을 계속 지켜봤던 필자로서 다음과 같은 칭호를 각각 붙여 주고자 한다. '해박하고 치밀한 야구학자'(허구연), '집념과 노력과 겸손의 야구 인간'(김경문)이라고.

허구연은 초등학교 5학년 때 야구를 시작하여 경남중, 경남고, 고대를 거쳤는데, 고2 때 고대 진학을 확정했다가 부득이한 사정으로 상업은행 선수로 1년간 뛰고 나서 1972년 고대 법과에 진학하였다. 졸업 후 법과대학원에 진학, 석사학위를 받았고 대학 강단에 서기도 했다. 고교, 대학, 실업의 선수 시절 활약도 눈부셔 대학야구 홈런왕, 최우수 선수상 등 수많은 상을 받았다. 그러나 1976년 시합 중 불의의 부상으로 1978년 일찍 현역을 은퇴한 그는 1982년 프로야구의 출범과 함께 코치(롯데), 감독(청보핀토스) 등을 역임하였다.

허구연의 야구 인생에 있어 하나의 터닝 포인트가 되었던 것은 바로 위에서 말한 부상이었다. 그때 한국 실업선발팀과 일본 올스타팀과의 전국 순회경기 3차전(대전)에서 2루수였던 그는 2루로 대시하던 주자의 슬라이딩에 정강이뼈 골절상을 입고 4차례의 수술을 받았다. 그러나 끝내 이로 인해 그 2년 후 선수생활을 접어야 했다. 그런데 재미있는 것은 그날의 경기를 공주고의 야구선수인 김경문이 스탠드에서 지켜보고 있었다는 사실이다. 김경문은 공주와 가까운 대전에서 열리는 한·일 대표팀 간의 경기를 견학 갔었다고 어느 글에서 회상하였다. 어쨌든 이 일을 계기로 허구연의 야구 인생은 180도 전환을 하게 된다.

명석한 두뇌를 지닌 학구파 야구인인 그는 미국에 건너가, 토론토 블루레이스 마이너리그팀 유급코치로 활동하기도 했고, 귀국해서는 MBC 야구해설위원을 계속하면서 끊임없이 야구 공부를 하였다. 그가 미·일 프로야구에 누구보다도 정통한 것은 결코 우연이 아니다. 또 이런 지식과 경험을 토대로 7권의 야구 관계 저서를 저술한 것도 드문 일이다. 그 외 일본식, 미국식 야구 용어도 그에 의해 바로잡아진 것도 다 아는 일이다.

김경문은 대구 온산초등학교에서 야구를 시작하여 경상중, 부산 동성중, 공주고를 거쳤다. 이러한 그의 지역순례는 부친의 사업 관계로 인한 잦은 이사 때문이었다. 동성중 시절 이미 그의 기량이 출중하여 야구 육성에 교력을 기울이던 공주고에 스카우트되었고, 77년 공주고가 전국대회 우승을 하면서 더욱 성가가 올라 78년 고대에 스카우트되었다. 그의 희망은 유격수였으나 포수의 능력을 인정받아 선수생활 내내 안방을 지켰다. 모든 선수들이 다 그렇듯 김경문도 수많은 부상에 시달렸다. 그중에도 고교 때 머리 부상으로 5일간 혼수상태에 빠진 일도 있었고, 고대 3학년 동계훈련 때는 허리를 다쳐 하반신 마비 증상으로 수술 권유까지 받았으나 정신력으로 버텼다. 그러나 이때의 허리 부상으로 타격이 부진하여 결국 수술을 받았다. 그럼에도 타격은 좀처럼 나아지지 않았고, 그는 타격을 포기한 채 자신 있는 투수 리드와 송구 능력, 게임 상황 파악을 무기로 수비형 포수에 매진했다. 실로 대졸 후 10년간의 타격 성적이 타율 2할2푼, 홈런 6개, 타점 126개라는 초라한 성적은 한심하다고 할 만하다. 그러나 수비형 포수로서의 능력은 같은 연배의 포수 이만수(대구상-한양대), 조범현(충암고-인하대)을 능가하였고, 프로야구 원년 우승 OB의 주전 포수였다는 사실이 이를 증명한다. 당시 박철순이 22연승 기록을 올릴 때의 포수도 김경문이었다. 물론 OB의 강타자 윤동균, 김우열의 밑받침이 컸던 것도 사실이다.

김경문은 11세 때 시작한 야구를 23세에 마감했다. 은퇴 직후 그는 미국 애틀랜타 브레이브스팀으로 가서 1년 반 동안 머물면서 선진 야구를 배웠다. 진정한 야구 인생의 출발이었다.

김경문의 야구는 집요한 집념, 꺾일 줄 모르는 의지, 끊임없는 노력, 그리고 변함없는 겸손의 결과로 이루어진다. 그의 트레이드 마크가 된 '뚝심야구'도 그 산물이요, 그가 오늘날 '국민감독'으로 우뚝 선 것도 여기서 유래한다.

마지막으로 필자는 프로야구 현역으로 있는 고대 출신 선수들을 망라하여, 올스타 '드림팀'의 진용을 짜 보기로 한다.

1번: 정근우(2루수, SK)
2번: 김종국(유격수, 기아)
3번: 김동주(3루수, 두산)
4번: 최희섭(1루수, 기아)
5번: 진갑용(지명대타, 삼성)
6번: 박용택(좌익수, LG)
7번: 이택근(중견수, 히어로즈)
8번: 김상훈(포수, 기아)
9번: 강봉규(우익수, 삼성)
투수: 손민한(롯데)
투수: 김선우(두산)
(가히, 국하대표팀으로도 최강이다. 그러나 투수진의 다양성이 없어 걱정이다.)

——〈고대유사〉 8회, 《고대교우회보》 제469호(2009년 8월 12일)

4) 고연전의 역사와 현실, 그리고 미래

고연전의 역사는 1925년 조선체육회 주최 제5회 조선정구대회 전문부 1회전으로부터 시작된다. 비록 1종목만의 대결이었지만, 이것이 고연전의 첫 게임이었고, 결과는 3 대 1 보전의 승리였다. 그리고 이렇게 시작된 고연전은 오늘에 이르기까지 장장 86년이란 역사를 헤아린다. 비록 오늘날같이 5개 종목의 정기전이 된 것은 1960년대부터이고 그동안 여러 가지 사정에 의해 더러 중단된 경우가 있었다 해도 고연전의 역사가 86년간 지속되어 왔다는 것은 한국 체육사상 특기할 만한 일이며, 그동안 양교가 우리나라 체육 발전에 기여한 공로 또한 지대함을 잘 말해 주고 있다.

한편 보전 운동부가 처음으로 대회에 출전한 것은 1921년 10월 15일 열린 전조선정구대회였다(《고대 60년지》 p.51, 《고대 70년지》 p.422). 이는 최초의 고연전보다 4년 앞선 것으로 이로 볼 대 고대 스포츠는 장장 90년의 역사를 자랑한다. 그리고 이와 같이 1세기 가까운 역사 속에서 고대 스포츠는 모교의 명예를 드높였고 우리나라 체육 발전에도 크나큰 공적을 쌓았는데, 그 의의는 대략 다음의 5가지로 정리해 볼 수 있다.

첫째, 우리나라 현대 스포츠의 개척과 발전에 선도적 역할을 하여 민족 체육의 기반을 확립하였다.

둘째, 체력의 연마와 정신력 강화를 통해 교육구국의 건학 이념과 민족적 주체의식의 토대를 굳게 다졌다

셋째, 모교애를 증진하고 애교심을 드높여 고대정신을 앙양하

1978년 고연전(자료 제공: 고려대학교박물관)

였다.

넷째, 지덕체(智德體)의 균형을 갖춘 고대적 인간상의 기반을 마련하였다.

다섯째, 동지애와 협동심을 고취하여 고대인으로서의 자긍심과 자신감을 공고히 하였다.

이상의 5가지는 고대가 민족의 사학(私學)으로서 그 사명을 다 한 것으로 우리나라가 일제 강점기나 해방 후 독립국가, 민족국가, 산업국가를 건설해 나감에 있어 유능한 인적 자원을 배출하여 국가 건설의 파워를 제공하였다는 점에서 그 민족사적 의의가 매우 크다고 하지 않을 수 없다.

고대의 정신적 전통은 대체로 '민족·민주적 전통', '비판·저항적 전통', '화합·신의적 전통', '서민·대중적 전통', '용기·진취적 전통'의 5가지로 논의된다(《고대정신 전통과 미래》, 인권환 외, 고려대출판부, 2010). 이들 모두 고대의 스포츠 정신과 연관되는 것이

1984년 고연전(자료 제공: 고려대학교박물관)

지만, 가장 밀접한 관계에 있는 전통이 '용기·진취적 전통'이다. 이 전통은 고대의 와일드(wild)하고 야성적인 기질을 말하며 호랑이 정신으로 대표되는데 고대 스포츠 정신의 모터를 이룬다. 호랑이 정신은 강한 의지와 용맹스러운 기상이며 불퍼의 신념과 불퇴(不退)의 정신이다. 호랑이의 위엄과 용기, 공격적이고 도전적인 정신과 힘은 스포츠 정신의 생명이다. 이러한 백건불굴의 고대 스포츠 정신은 일제하 보전 시절에 형성되었다. '일제하에서 일본과 싸워서 이길 수 있는 것은 스포츠밖에 없다'는 시대적 절박함이 싸우면 용감히 싸우고 싸우면 반드시 이겨야 한다는 이 전통을 낳았던 것이다. 일제가 물러간 해방 후에도 그 기본적인 정신적 바탕에서 전통은 변함없이 지속되었다.

그러나 시대적인 변화 속에서 '행동하는 고대에서 사색하는 고대'로, '야성에서 지성과 야성의 조화'라는 전환기적 상황을 맞으면서 고대는 새로운 시대를 맞게 되었다. 그리고 이에 따라 고대의 스포츠 정신도 과거의 고식적인 타성에서 탈피하여 시대의 변화에 대응하는 유연한 정신과 자세가 필요하게 되었다. 그리하여 천박한 야성에서 세련된 야성으로, 저돌적 용기에서 임기응변의 지혜로운 용기로, 합리적인 변화가 요청되는 시대가 된 것이다. 그리하여 사납기만 한 호랑이가 아니라 용맹과 현명함을 겸비한 호랑이, 고지식한 호랑이가 아니라 능동적으로 변화에 대처할 수 있는 유능한 호랑이가 필요한 시대가 된 것이다.

이러한 시대적 변환기 속에서 고대 스포츠와 고연전은 안팎으로 매우 힘든 도전을 받고 있다.

우선 외적인 문제는 올림픽, 월드컵 등 대형 스포츠 이벤트의 빈번한 개최로 대학 스포츠 행사가 왜소하여졌으며 축구, 야구 등 프로 스포츠의 흥행과 활성화로 대학 스포츠에 대한 관심도가 상대적으로 위축되고 있는 현실이다. 과거 60, 70년대까지 고연전이 전국적인 스포츠 행사로 전 국민의 뜨거운 관심 속에 벌어졌던 상황은 이제 먼 꿈이 되고 말았다. 고대나 연대를 택하던 유능하고 촉망받는 고교 스타 플레이어들이 국내 프로 팀 내지 미국, 유럽, 일본 팀으로 가서 활약하는 상황에 대학팀들의 전력은 약화될 수밖에 없고, 이에 따라 게임의 수준도 저하될 수밖에 없는, 어쩔 수 없는 현실이 되고 말았다.

한편 안으로는 대학 스포츠의 중심 팬(fan)이어야 할 대학생들의 대학 스포츠에 대한 관심이 날로 떨어지고 있다는 것이 주목할 사실이다. 비록 스포츠에 무관심한 성격이라 해도 자기 학교, 자기와 같은 학생 선수들과 그들의 게임에 무관심하다는 사실은 자기 모교에 대한 애정이 박약하며 자기가 다니는 대학의 학생으로서의 정체성(identity)에 문제가 있다고 보지 않을 수 없다. 다른 하나 대학 스포츠가 내면적으로 당면하고 있는 문제는 고대의 경우, 소위 '안티 고연전'과 같은 일부의 반스포츠적 움직임이다. '운동부 유지와 고연전 등의 행사에 지나친 비용이 과대 지출된다', '고연전 등 운동선수들만의 잔치다', '고연전 등은 응원단 중심의 행사다', '고연전 등의 행사에서 여학생, 장애인 학생이 소외된다', '경기 중의 불상사가 아마추어 스포츠 정신에 위배된다', '뒤풀이의 혼란이 주민에게 피해를 준다', '고연전은 양교만의 일류의식, 명문의식의 과시로 타 대학생들에게 열등의식을 조장한다' 등으로 표현되는 안티고연전론은 극히 일부의 주장이나 경청할 부분도 있다. 그러나 이들이 과거로부터 일부 있어 왔던 '고연전 무용론', '고연전 폐지론', '고연전 축소론' 등으로 확대되는 것은 결코 바람직하지 않다.

오늘날의 고대 스포츠와 고연전은 변화하는 현대사회 속에서 몇 가지 현실적인 어려움이 있는 것이 사실이다. 그러나 1세기 가까운 장구한 세월 속에 쌓아온 빛나는 공적을 바탕으로 영원한 미래로 향한 군건한 발걸음을 멈추지는 않을 것이다. 특히 대학 스포츠의 꽃인 고연전은 사학의 쌍벽끼리의 선의의 경쟁을 통하여 양교의 우의와 명예를 더욱 빛낼 것이며, 우리나라 스포츠 발전의 영원한 힘으로 커 갈 것이다.

――《SPORTS KU》, 2011년 9월호, pp.50-51, Vol. 27

인명 찾아보기

고대유사

초판 발행 2012년 3월 20일
초판 2쇄 2015년 6월 29일
지은이 인권환
펴낸곳 고려대학교 출판문화원
www.kupress.com
kupress@korea.ac.kr
136-701 서울특별시 성북구 안암동
02-3290-4230, 4232
Fax 923-6311
찍은곳 (주)동화인쇄공사

ISBN 978-89-7641-774-9 03000

값 15,000원

* 잘못 만들어진 책은 바꿔드립니다.